JN225968

ウクライナ映画
完全ガイド

まえがき

　私はモスクワを夜発ってキーウへ早朝に着く列車に乗り、モルドバのキシナウを経て、ルーマニアのブカレストに再度早朝に着く、夜行列車を乗り継いで行く旅が好きだった。キシナウ発ブカレスト行き夜行列車の食堂車で供されるシュニッツェルの味は今でも舌先に残っているし、多くの一期一会の出会いがあった。ブカレストまで行けば、そこからマケドニアにもブルガリアにも、すぐ行くことができた。学生時代、私は何度もこの列車に乗った。行く先々では、映画館にふらりと入って、たとえ言葉が分からなくても、寝不足で充血した目に眩しすぎるスクリーンの光を浴びていた。

　この行程がある日、突然不可能になった。マイダン革命時、私はちょうどモスクワに留学していた。率直に言って、モスクワにいてキーウでの政変の深刻さは肌身では感じづらかった。大学寮の近所でよく利用していたベトナム料理店のテレビは、ソチ五輪の熱狂を連日伝えていた。だがそれから間もなくして、モスクワのキエフスカヤから出るキーウ行きの列車が運行を停止したという知らせを聞いたのだ。

　私が留学し、またその敷地内に住んでいた大学寮から歩いて数分のところには、チェチェン戦争を取材し、プーチンを追及していたジャーナリストのアンナ・ポリトコフスカヤが、エレベーター内で殺されたアパートが建っていた。その玄関前には「卑劣な手段によって殺された」と彼女を追悼するプレートがあり、毎年命日には花がうず高く積まれていた。私が留学していた国は、そんな国だった（だからこそ、どれだけ多くのことを学んだだろう）。当時はまだコーカサスでの政情不安のイメージが強かったのだが、ウクライナでの政変とその後に続いた銃撃を、暗澹たる気持ちで眺めるようになった。私は 2013 年以来、ウクライナを訪れることができていない。ただ文字通り無数の映画を見続けることで、この国に視線を注いできた。

　本書の主な部分は、100 本のウクライナ映画を取り上げ、その内容を紹介しているところにある。その際、2021 年にウクライナの国立映画機関であるドヴジェンコ国立センターが発表したリストを参照し、選出された作品を取り上げる際には、「オールタイムベスト何位」という表記で、可能な限り順位を明記した。このようなランキングは、往々にして何らかのイデオロギーの制約を免れ得ないものである。同時にま

さにその点によって、このリストで選ばれた作品は、現時点での同国内の公式規範を体現する作品となっている。ウクライナ映画に関する初めての本という点も考慮し、本書が取り上げる作品はこれらのカノンを中心として組み立てることにした。

　ただし、リスト発表以後の作品やリストが対象外としている外国人監督によるウクライナとの共同製作作品なども積極的に取り上げ、ウクライナの多彩な姿を紹介するように努めてもいる。通常、ウクライナ映画と呼ぶとき、それは同国内のスタジオで製作された映画を指す。旧ソ連諸国においては、主にソ連時代に各国に設置されたスタジオ製作の映画を各共和国の映画として規定していて、ウクライナもこの伝統に従っている。だが 2014 年以降、戦火の影響が直接及んだドンバスといった同国内の地域では、リトアニアやスロヴァキアといった近隣諸国の映画作家がカメラを携え、果敢に撮影の対象とした。こうした作品を除外しては、ウクライナ映画の世界を貧しいものにしてしまうだろう。映画とは、たやすく国境を越えてしまうものである。外国人監督による作品や、共同製作作品などは、国境を多くの国と接するウクライナらしい、この国の姿を示してくれるものである。

　本書を書くにあたっては、日本語表記をウクライナ語とロシア語のどちらに依拠するか、想像以上に悩まされることになった。20 世紀に大きな発展を遂げた映画において、この問題はほとんど解決不可能なほど入り組んでいる。本書は基本的に、慣例を優先しつつ、1991 年の独立時を分水嶺とし、以前をロシア語、以後をウクライナ語で表記することにした。加えて、映画で用いられている言語・製作時の言語も判断材料にしている。そのため、地名を含め、同じ原語が日本語で違う綴りとなっている場合が多々ある。また、ソ連時代の作家であっても、ウクライナ人としてのアイデンティティを強調する場合には、ウクライナ語に基づく表記方法をとった。

　映画館を訪れた者は、場内の明かりが暗くなると、辺りのざわめきが急に収束していくときに生じる高揚感を覚えているだろう。その後に続くのは、目の前に未知の世界が開示されるという喜びである。本書が、日本におけるウクライナ映画紹介の不足を補うと同時に、ここで紹介した作品の大半が日本の観客にアクセス可能となることを願う。未知の映画の世界へようこそ。今ここに、ウクライナ映画の幕が上がる。

2 ……… まえがき

3 ……… 目次

6 ……… 年表

8 ……… 地図

10 …… ウクライナ映画史への招待

16 …… 用語解説

19 …… 人名解説

25　第1章 映画の誕生からサイレント映画期

26 …… **セヴァストーポリの防衛** ウクライナ人監督・製作による、ロシア帝国最初の長編劇映画

28 …… **亡霊がヨーロッパを徘徊している** マルクス「共産党宣言」とポーの怪奇小説が融合し、革命を告げる

30 …… **愛の果実** ウクライナが生んだ世界的巨匠、ドヴジェンコの初単独監督作

32 …… **2日間** 国内戦のさ中、貴族に仕えた老人が革命精神に目覚める過程

34 …… **夜馬車の御者** ベテラン御者の変節を描く、ウクライナ無声映画の代表的作品

36 …… **ズヴェニゴラ** ドヴジェンコが抒情詩作家としての才能を開花させた記念碑的作品

38 …… **武器庫** キエフ一月蜂起を中心に、歴史の転回を圧倒的な疾走感で描く

40 …… **カメラを持った男** 世界のドキュメンタリー映画史上、最重要作品のひとつ

42 …… **利己主義者** 内戦下、ラクダを引き連れた利己主義者のコミカルな珍道中

44 …… **春** カウフマンが兄ヴェルトフと決別して撮ったドキュメンタリー

46 …… **パン** 第一次五カ年計画を主題に、不遇の監督が新旧の世代交代を描く

48 …… **大地** 世界の映画史に燦然と輝く、サイレント映画の名作

50 …… コラム1　ウクライナ映画を配信で見る

51　第2章 トーキー映画から戦前

52 …… **熱狂：ドンバス交響曲** 映画史における工業地帯ドンバスの原風景

54 …… **コリーイの乱** ポーランド・リトアニア圧政下、18世紀末の蜂起を描く史劇

56 …… **航空都市** 日本人スパイ「サムライ」も登場する、極東を舞台にした冒険映画

58 …… **プロメテウス** ジョージア系監督が撮った1930年代ウクライナ映画の代表作

60 …… **愛してる** 革命の到来を予感させる、ドンバスを舞台にした最初の劇映画作品

62 …… **厳格な青年** 人気作家オレーシャが脚本を担当した、超現実主義不倫ドラマ

64 …… **虹** ナチス占領下のウクライナ農村の村民の抵抗を描いた反戦映画

66 …… コラム2　ドヴジェンコ国立センターの100作品リスト

67　第3章 戦後のウクライナ映画の隆盛

68 …… **ザレチナヤ通りの春** ソ連雪解け期映画の先駆的作品にして、観客動員数3000万人の大ヒット作

70 …… **わが身を捧げて** 農奴制下の19世紀ウクライナに生きる男女の悲恋の物語

72 …… **二兎を追って** ふたりの女性を追う、ろくでなしの男が繰り広げるコメディ映画

74 …… **ガソリンスタンドの女王** ウクライナでも親しまれている、ソ連コメディ映画の決定版

76 …… **忘れられた祖先の影** 山岳民族を色彩豊かに描く、ウクライナ映画オールタイムベスト1

78 …… **夢** シェフチェンコ生誕150周年を記念する、国民的詩人の伝記作品

80 …… **我らの清きパン** 欲に目が眩んだ者の教訓を伝える、コルホーズを舞台にした物語

82 …… **渇いた者たちの井戸** ウクライナ映画ベスト作品にも挙げられる、詩的映画の代表作

84 …… **外国の女の子** 国際都市オデッサを舞台に育まれる、多国籍な少年少女の友情

86 ····· **愛の告白** 詩人ウクラインカに導かれ、女性たちがソ連史を振り返る

88 ····· **短い出会い** 吟遊詩人ヴィソツキー演じる男性とふたりの女性の三角関係ドラマ

90 ····· **退屈なために**「退屈」を持て余した結果、おとなしい料理女の身に起きた悲劇

92 ····· **イワン・クパーラの夜** ゴーゴリ原作の怪奇譚が幻想的な様式美の映像で甦る

94 ····· **限界を超える七つの歩み** 超能力ドキュメンタリーとしてソ連国内外で大きな反響を呼んだ作品

96 ····· **良心** 20年以上、上映が許されなかったウクライナ詩的映画の真髄

98 ····· **アンヌィチカ** ナチス・ドイツ占領下フツル人を描いたロシア語映画の傑作

100 ····· **石の十字架** カナダへの集団移住問題を背景にした、貧しい農夫の厳粛なドラマ

102 ····· **黒い模様のコウノトリ** 支配者が変わり戦争に巻き込まれる、フツル人の苦難を描く

104 ····· **長い見送り** ムラートワ独自の反復演出が出現する、息子を見送る母の躊躇

106 ····· **ザハル・ベルクト** タタールの侵略を前にして、民族のための尊い犠牲を描いた大作

108 ····· **ブンバラシ** ミュージカル要素を取り入れた、赤軍兵士の異色の物語

110 ····· **私と他の人たち** 他者が自己の心理に与える影響を検証する、科学映画の代表作

112 ····· **失われた手紙** ゴーゴリの幻想文学を原作に、ウクライナ文化の精華を示す

114 ····· **出陣するのは「老兵」のみ** 戦中の流行歌が多く登場し、前線での人間関係を描いた戦争映画

116 ····· **一匹オオカミ** 農奴制問題を告発した、ツルゲーネフ原作による文芸映画

118 ····· **バビロンXX** ウクライナ映画を代表する俳優ミコライチュクの監督代表作

120 ····· **コラム3　ウクライナのアニメーション**

121　第4章 体制の崩壊へ

122 ····· **夜は短し** 戦後たくましく生きる孤児ワーニャの青春を抒情豊かに描く

124 ····· **夢と現実の跳躍** 仕事にも家庭にも居場所を見失った、中年男性の危機を描く

126 ····· **戦場のロマンス** 戦場で出会った女性を忘れられない、優柔不断な男の三角関係

128 ····· **口づけ** 名優オレク・ヤンコフスキーが演じる、内気な将校の内面のドラマ

130 ····· **チェルノブイリ：困難な日々の記録** 命と引き換えに撮影された、チェルノブイリについての最初の映画

132 ····· **無気力症シンドローム** ソ連末期の変調を「無気力症」というシンドロームを通して描く

134 ····· **デジャ ヴュ** オデッサに送られたアメリカ人殺し屋を描く、ポストモダン・コメディ

136 ····· **崩壊** チェルノブイリ原発事故と同時に描かれる、社会と人間関係の崩壊

138 ····· **追放／記憶せよ** 第二次世界大戦下における、ユダヤ人一家迫害の物語

140 ····· **海の果てを走るまだらの犬** オホーツク海を舞台にニヴフの生活を描いた「ウクライナ映画」

142 ····· **1階** モノクロの映像でテンポよく語られる、男女の壊れていく恋愛関係

144 ····· **夢判断** 20世紀前半の全体主義を、フロイト自ら夢判断のように振り返る

146 ····· **七月の雷雨** ソ連崩壊を予言する、体制の末期に声をあげ始めた労働者の記録

148 ····· **沼地ストリート、あるいはセックスの治療薬** ソ連末期に生まれた、放縦なエキセントリックコメディの怪作

150 ····· **酸素飢餓** ソ連映画の栄光ある軍隊と異なる、過酷ないじめが露呈する

152 ····· **コラム4　外国映画が映し出すウクライナの風景**

153　第5章 新生ウクライナ映画

154 ····· **思いやりのある警察官** 孤児を養子にするため奔走する、思いやりある警官を描く寓話

156 ····· **死者の友人** 資本主義経済が流れこんだキーウで、変化に馴染めない男を描く

158 ····· **三つの話** 三者三様の犯罪を通してムラートワが問う、人間が守るべき倫理

160 ····· **アメリカへの手紙** 稼ぐ術を持たないインテリが、アメリカへ移民した友人に送る手紙

162 ····· **イースト／ウェスト：遙かなる祖国** 冷戦下ウクライナにおいて亡命を願う、フランス人の絶望的な試み

164 ····· **ヘチマン・マゼッパのための祈り** ロシアでは裏切り者扱いのマゼッパが愛国者として描かれる

166 ····· **存在の効果** 様々な作品の引用を通して、文化都市オデーサの豊かさを示す

168 ····· **調律師** 恋人に唆され、裕福な未亡人から金を騙し取る調律師の犯罪ドラマ
170 ····· **名前の綴りを教えて** スピルバーグも製作に名を連ね、ホロコーストの歴史を後世に伝える
172 ····· **わが幸せ** 暴力が蔓延した、ポストソヴィエト世界の不吉なロードムービー
174 ····· **故郷よ** 原発事故で激変した、ふたりの語り手の交わることのない人生
176 ····· **ゲーマー** ゲームに青春を捧げる青年を描く、センツォフの鮮烈なデビュー作
178 ····· **ザ・トライブ** 世界中で称賛された、手話のみで描くろう者たちの青春と暴力
180 ····· **薄明かり** 82歳の老いた母とほとんど目が見えない息子の農村での日常生活
182 ····· コラム5　ハリウッド映画の中の「危険なウクライナ」

183　第6章 マイダン革命以降

184 ····· **マイダン** 現代ウクライナ社会の分岐点となった、ナショナリズム高揚の記録
186 ····· **さようなら、シネフィルたち** 若きシネフィルたちが語り合う、ウクライナの自由と未来
188 ····· **武器よりも強く** マイダン革命を機に結成された映像集団による、ウクライナの覚醒
190 ····· **平和あれ** スロヴァキア人監督がドンバスで分断された市民の声を記録する
192 ····· **やさしい女** やさしい女への暴力を通して暴かれる、不条理な現代のドラマ
194 ····· **ブラック・レベル** 中年男性に突然訪れる愛する者たちとの別れを描く、無言の演出劇
196 ····· **火山** 独特のリズムが物語る、2014年以降のヘルソン州に住む人々の疎外感
198 ····· **ドンバス** ドキュメンタリーの名手が劇映画で描く、ドンバスの「真実」
200 ····· **アトランティス** ドンバス紛争後の近未来に、すべてを失った男の回復が描かれる
202 ····· **ヒート・シンガーズ：労働組合合唱隊** ソ連時代の暖房設備の保守に努める、市営会社で結成された合唱団
204 ····· **わが思いは静か** 動物の声を採集する男と母との珍道中を描いた大ヒットコメディ
206 ····· **故郷へ** 父子の世代の違いを描く、クリミア・タタール語映画の代表作
208 ····· **キーウ発、戦場行き列車** さまざまな乗客を乗せて「戦場」へ向かう、列車映画
210 ····· **ヴァレンチン・シルヴェストロフ** 現代ウクライナ音楽の巨匠が、自身の音楽と半生を語る
212 ····· **悪路** 他者に向けられる悪意がむき出しになる、4つの「悪路」での物語
214 ····· **地球はオレンジのように青い** 映画好き一家がカメラを手にとり、超現実「ドンバス」を撮影する
216 ····· **俺は墓地で働いている** 墓地で働く生きる気力を失った男が、自らの手で人生を取り戻す過程
218 ····· **バビ・ヤール** ウクライナ史の暗部を通して伝えられる、歴史を知ることの重要性
220 ····· **リフレクション** 愛する人を失った人間の、傷と回復を目撃することを要請する
222 ····· **オルガの翼** 見る者が想像する、祖国を離れて宙を舞うオルガの着地点
224 ····· **世界が引き裂かれる時** 親露派の誤爆により半壊した家で、出産を迎える女性の物語
226 ····· **マリウポリ：7日間の記録** 監督が自らの命と引き換えに遺した、爆撃下のマリウポリ市民の姿
228 ····· **キエフ裁判** ナチス・ドイツの市民虐殺が次々と明かされる裁判の一部始終
231 ····· コラム6　世界市民ロズニツァとナショナリズムをめぐる緊張
232 ····· **どの川も** ウクライナの豊かな水源と汚された現状を伝えるドキュメンタリー
234 ····· **ルクセンブルク、ルクセンブルク** 20年前に姿を消した父を追って、兄弟はルクセンブルクへ向かう
236 ····· **オン・ザ・フロント・ライン：極限戦線** 分離派の攻勢に遭う国境警備隊の孤立した戦いで浮かぶ、双方の論理

238 ····· 参考文献
239 ····· あとがき

アイコンの意味

- 監督　● 原題　製作年　9 製作国
- 製作スタジオ　言語　時間
- プロデューサー　/ 脚本　撮影　音楽
- 出演　IMDb IMDb　▶ YouTube　公式動画

年表

882	キエフ・ルーシ成立
988	キリスト教を国教化
1240	モンゴル軍キエフ攻略
1340	ポーランドによる東ハリチナ地方占領
1362	リトアニアのキエフ占領
1648	フメリニツキーの蜂起、ヘチマン国家成立
1654	ペレヤスラウ協定
1667	アンドルソヴォ条約
1709	ポルタヴァの戦い
1863	クリミア戦争
1893	★オデッサでヨシフ・ティムチェンコが独自のキネトスコープを開発し、撮影に成功
1907	★オデッサで撮影技師ミロン・グロスマンが撮影工房「ミログラフ」を設立し、ドキュメンタリーを撮影し始める
1911	★オレクサンドル・ハンジョンコフほか『セヴァストーポリの防衛』
1914	第一次世界大戦開始
1917	ウクライナ人民共和国（中央ラーダ政権）成立
1917〜1921	ウクライナ・ソビエト戦争
1919	★グロスマンの撮影工房は国有化され、オデッサ映画スタジオに
1922	ウクライナはソビエト社会主義共和国連邦の構成共和国に ★全ウクライナ写真映画管理局（〜1930まで）が設立され、映画産業を支配下に
1925	★キエフでキエフ映画工房の設立が始まる
1926	★オレクサンドル・ドヴジェンコ『愛の果実』
1928	★ヘオルヒー・タシン『夜馬車の御者』、オレクサンドル・ドヴジェンコ『ズヴェニゴラ』
1929	★オレクサンドル・ドヴジェンコ『武器庫』、ジガ・ヴェルトフ『カメラを持った男』、ムィコラ・シピコフシキー『利己主義者』『パン』、ミハイル・カウフマン『春』
1930	★オレクサンドル・ドヴジェンコ『大地』
1931	★ジガ・ヴェルトフ『熱狂：ドンバス交響曲』
1933	★イワン・カヴァレリゼ『コリーイの乱』
1932〜1933	大飢饉（ホロドモール）
1935	★オレクサンドル・ドヴジェンコ『航空都市』
1936	★イヴァン・カヴァレリゼ『プロメテウス』、アブラム・ローム『厳格な青年』
1937〜1938	スターリン政権による大粛清
1939	第二次世界大戦が始まり、西部ウクライナ（ブコヴィナとハルイチナ地方）がソビエト社会主義共和国連邦に編入 ★レオニード・ルコフ『愛してる』
1941	独ソ戦開始、独によるウクライナ占領
1944	★マルク・ドンスコイ『虹』
1945	第二次世界大戦終結
1954	クリミア半島がウクライナに移管
1956	★フェリックス・ミロネル、マルレン・フツィエフ『ザレチナヤ通りの春』
1957	★キエフ映画工房がドヴジェンコ映画スタジオと改称
1962	★ヴィクトル・イワノフ『二兎を追って』

1964	★セルゲイ・パラジャーノフ『忘れられた祖先の影』、ヴォロディーミル・デニセンコ『夢』
1965	★ユーリー・イリエンコ『渇いた者たちの井戸』
1967	★キラ・ムラートワ『短い出会い』
1968	★ユーリー・イリエンコ『イワン・クパーラの夜』、ヴォロディーミル・デニセンコ『良心』、レオニード・オシカ『石の十字架』
1970	★ユーリー・イリエンコ『黒い模様のコウノトリ』、キラ・ムラートワ『長い見送り』
1971	★レオニード・オシカ『ザハル・ベルクト』、フェリックス・ソボレフ『私と他の人たち』
1972	★ボリス・イフチェンコ『失われた手紙』
1979	★イワン・ミコライチュク『バビロン XX』
1982	★ロマン・バラヤン『夢と現実の跳躍』
1986	チェルノブイリ原発事故
	★ヴォロディーミル・シェフチェンコ『チェルノブイリ：困難な日々の記録』
1989	★キラ・ムラートワ『無気力症シンドローム』
1991	ウクライナ独立、ソビエト社会主義共和国連邦解体
	★アンドリー・ドンチク『酸素飢餓』
1991.12	レオニード・クラウチュクが初代大統領に就任
1994.07	レオニード・クチマが第 2 代大統領に就任
1994.12	ブダペスト覚書
1996.06	憲法制定、通貨フリヴニャ導入
2001	★ユーリー・イリエンコ『ヘチマン・マゼッパのための祈り』
2004.02	オレンジ革命
	★レオニード・パウロウシキー『存在の効果』、キラ・ムラートワ『調律師』
2005.02	ヴィクトル・ユシチェンコが第 3 代大統領に就任
2010.02	ヴィクトル・ヤヌコーヴィチが第 4 代大統領に就任
2013.11-2014.02	マイダン革命
2010	★セルゲイ・ロズニツァ『わが幸せ』
2014	★ミロスラウ・スラボシピツキー『ザ・トライブ』、セルゲイ・ロズニツァ『マイダン』、スタニスラフ・ビチュツキー『さようなら、シネフィルたち』、Babylon'13（ヴォロディーミル・チーヒイほか）『武器よりも強く』
2014.02	ロシアによるクリミア半島併合
2014.03	ロシアと親ロシア派武装勢力はドネツィク州とルハンシク州で反ウクライナ政府抗議開始、一部占領
2014.4	ドネツィク州の親ロシア派武装勢力が「ドネツク人民共和国」、ルハンシク州のロシア派武装勢力が「ルガンスク人民共和国」の建国を宣言。
2014.6	ペドロ・ポロシェンコが第 5 代大統領に就任
2017	★セルゲイ・ロズニツァ『やさしい女』
2018	★セルゲイ・ロズニツァ『ドンバス』
2019	★ヴァレンチン・ヴァシャノヴィチ『アトランティス』、ナリマン・アリエフ『故郷へ』
2019.5	ヴォロディーミル・ゼレンシキーが第 6 代大統領に就任
2021	★セルゲイ・ロズニツァ『バビ・ヤール』、ヴァレンチン・ヴァシャノヴィチ『リフレクション』、エリ・グラップ『オルガの翼』
2022.02.24	ロシア軍がウクライナ侵攻を開始

ウクライナ映画史への招待

映画はオデッサで生まれた

1893 年、ロシア帝国下のノヴォロシア大学（現在のオデーサ大学）で技術者ヨシフ・ティムチェンコが、独自のフィルムカメラを発明・設計・製作し、2 本の記録映像を撮影している。「映画の父」とも呼ばれるリュミエール兄弟が、自身で開発したシネマトグラフなる撮影装置で撮った短編をパリのカフェ地階で有料公開した、2 年も前のことである。もちろん、映画史では不特定多数の観客が参加した有料の上映会という形態こそが重視され、それゆえここに映画史の始まりが記録されることになったのだった。ただし、思いきって「映画はオデッサで生まれた」と言ってみたとしても、あながち見当違いというわけでもない。

ロシア帝国において黎明期にオデッサを中心とするウクライナが担った役割は大きかった。撮影機材や技術が十分に発達していない映画史初期には十分な陽光のもとで撮影することが求められたため、明るい太陽の降り注ぐ黒海沿岸のオデッサやヤルタには 1907 年以降、複数の映画撮影所が設立された。他方、キエフでも 1907 年、ウクライナ最初の劇映画の 1 本とされる、ロシアの詩人アレクサンドル・プーシキンの叙事詩「ポルタヴァ」（1829）を映像化した短編『地下牢のコチュベイ』が制作されている（フィルムは現存していない）。これは、ロシア帝国の劇映画としても最初の作品だった。ウクライナ生まれのオレクサンドル・ハンジョンコフ率いるハンジョンコフ商会が製作した、『セヴァストーポリの防衛』（1911）も重要な作品である。これまでロシア映画史上最初の長編劇映画として言及されることの多かったこの作品は、ウクライナ人監督・製作によるウクライナで撮影された作品だからである。

世界映画史に輝くウクライナ映画の数々

1917 年に革命によって帝政が倒され、22 年にウクライナを含むソビエト社会主義共和国連邦が成立すると、レーニンの「あらゆる芸術の中でもっとも重要なものは映画である」といった有名なスローガンのもと、国有化された映画産業は、プロパガンダの役割も担いつつ発展した。1922 年から 1930 年にかけてウクライナの映画製作を担ったのは全ウクライナ写真映画局で、実際の撮影はキエフ映画工場（1957 年に「オレクサンドル・ドヴジェンコ記念キエフ映画製作所」と改称）を中心におこなわれた。この時期、ジガ・ヴェルトフとオレクサンドル・ドヴジェンコのふたりが残した作品は、世界映画史上でも屈指の作品ばかりである。ヴェルトフは『カメラを持った男』（1929）と『熱狂：ドンバス交響曲』（1931）、ドヴジェンコは『ズヴェニゴラ』（1929）や『大地』（1930）を撮り、当時のウクライナ映画の栄華を物語っている。

こうしたウクライナ国外でもすでによく知られた作品だけでなく、国内で古典となっている、国際的には無名な作品群に目をやれば、よりこの時代の充実さを知ることができるだろう。マルクスとエンゲルスによる『共産党宣言』（1848）とエドガー・アラン・ポーの怪奇小説が融合した、ウラジーミル・ガルディン『亡霊がヨーロッパを徘徊している』（1923）、国内戦を描いたヘオルヒー・スタボヴィーの『2 日間』（1927）、2000 年代になってフィルムが発見されたサイレント・コメディの傑作『利己主義者』（1929）をはじめとする、ムィコラ・シピコフスキーの諸作品である。当初、兄ヴェルトフのカメラマンを務めていた、弟のミハイル・カウフマンが袂を分かってひとりで撮ったドキュメンタリー映画『春』（1929）も、長年フィルムの所在が不明であったが、2000 年代に発見された重要な 1 本である。

サイレント映画期から半世紀もの長きにわたってウクライナ映画界で活躍したイワン・カヴァレリゼは、この時期に代表作となる『コリーイの乱』（1933）でサイレント的な演出にトーキー映画の魅力を盛り込み、18 世紀のポーランド・リトアニア共和国下での歴史的な事件を描き出した。

なお、オデッサ映画スタジオも健在で、ドヴジェンコが同スタジオで『武器庫』（1929）を撮っている。

戦中を経て戦後の黄金期へ

　1941 年に独ソ戦が始まると、同年秋にキエフの映画スタジオは戦火を避けるため、トルクメニスタンのアシガバートへと疎開して製作が続けられ、中央に比べ映画が未発達だった現地での技術の伝承に貢献した。この時期、トルクメニスタンで製作された映画にマルク・ドンスコイ『虹』（1944、邦題『戦火の大地』）があり、ナチス・ドイツに占領された村に降り積もる厳冬の雪を演出するため、大量の塩が使用された。

　1945 年に戦争はソ連軍の勝利によって終結するが、前線では従軍した映画監督、カメラマン、俳優、スタッフら多くの映画関係者の命が失われた。戦後もスターリンによる粛清の嵐が吹き荒れたことも、映画界の復興を遅らせた要因のひとつである。1953 年にスターリンが世を去ってしばらくすると、ソ連映画界では、自由な雰囲気のもとで主題においても表現技法においても新しさを獲得した、雪解けの時代が訪れることになる。ウクライナにおいては、1956 年に雪解け期映画の走りとされるマルレン・フツィエフとフェリックス・ミロネルの共同監督作品『ザレチナヤ通りの春』が撮られている。

　その延長上に、ウクライナ詩的映画の隆盛が訪れることになる。1960 年代のウクライナでは、芸術家や知識人の間には戦後の発展が停滞する感覚とともに、ガリツィアやブコヴィナといった西部へのノスタルジアが増幅した。この雰囲気の中で登場したのが、ジョージア生まれのアルメニア人でありながらウクライナで敬愛されているセルゲイ・パラジャーノフの『忘れられた祖先の影』（1965、邦題『火の馬』）である。19 世紀末よりロシア帝国下でウクライナ文学復興に努めたムィハイロ・コツュビンシキーの代表作を、生誕100 周年を記念して映画化したもので、ウクライナ西部に位置するカルパティア山脈の山間に住むフツル族の悲恋を描いた。当時のウクライナの知識人にとって、この映画の風景はソヴィエトが喧伝する「現代性」や「生活のソヴィエト的イメージ」に取って変わり得るものだった。

　『忘れられた祖先の影』で撮影を務めたユーリー・イリエンコは、パラジャーノフも激賞した詩的映画『渇いた者たちの井戸』（1965）、ゴーゴリ原作の『イワン・クパーラの夜』（1968）、複数の支配者に苦しむフツル人を描いた『黒い模様のコウノトリ』（1970）といった傑作を監督した。イリエンコの活動と並行して、全ソ国立映画大学（VGIK）卒業制作の短編『海水浴する少女』（1965）ですでに台詞に対する映像の優位を示して作家性を発揮したレオニード・オシカも、痩せた土地を捨てて海外への移住を決意する農夫を主人公とした『石の十字架』（1968）、13 世紀にタタールの侵略を受けたウクライナを舞台にした『ザハル・ベルクト』（1971）など重要作を撮り、ウクライナ映画の黄金時代が到来した。以上のウクライナ詩的映画の延長上に、ソ連に組み込まれた西部の運命を描いた、俳優イワン・ミコライチュクの残した傑作『バビロン XX』（1979）も位置付けることができる。

　もっとも映画における雪解け期は、1964 年に第一書記となったブレジネフの時代とも重複しており、検閲の対象となる作品も増えていった。『渇いた者たちの井戸』も 22 年間公開を許されず、ナチス・ドイツ占領下にあるウクライナの村を舞台にしたヴォロディーミル・デニセンコ『良心』（1968）も、初めてスクリーンにかかるまで22 年間を要している。ナチスを打ち破った独ソ戦の神話がすでに強固となっていたこの時代にあって、セリフを極力排した映像と、戦勝国としての栄冠に無縁な物語は許容されなかったからである。

　1960 年代に撮り始めた監督の中には、独自の映画言語を獲得し発展させていったという点ではウクライナ映画史でも屈指の、主にオデッサで活躍したキラ・ムラートワがいる。最初の夫であるアレクサンドル・ムラートフとの共作『我らの清きパン』（1964）はまだソ連映画の伝統に連なる教訓的な作品だったが、単独監督した第 1 作『短

い出会い』（1964）では吟遊詩人ウラジーミル・ヴィソツキーを愛したふたりの女性の回想を相互に絡ませ、巧みな編集によって物語った。第2作『長い見送り』では彼女の代名詞ともなる、同じシーンが繰り返される「反復の演出」が登場し、息子への依存から抜けられない母親の姿を描いた。しかし抜きん出た特異な演出によって物語られる映画は、しばしば検閲の対象となるのだった。

娯楽として充実する映画プログラム

　1950年代は映画の製作本数が落ち込んでいたのみならず、映画館の数自体も慢性的に不足していた。ソ連全土で「千人劇場」と呼ばれる大規模な劇場が建設され始め状況が改善すると、ハコに見合うだけの観客を動員する力を備えた映画が公開された。この時期に大衆的な人気を博したのは、陽気なコメディ映画だった。1960年代になってから、同時にふたりの女性を追うろくでなしの男性を主人公にした、ヴィクトル・イワノフ『二兎を追って』（1962）、アレクセイ・ミシューリンとニコライ・リトゥスの共同監督による典型的なソ連型コメディ『ガソリンスタンドの女王』（1962）といった作品が大ヒットした。コンスタンチン・ジュクとアレクサンドル・セールィの共同監督作品『外国の女の子』（1965）は、ロシア革命で亡命した元貴族の老婦人が孫娘を連れ、かつて所有していた財産を取り戻すために里帰りする映画で、その自由な設定はオデッサ映画スタジオならではである。

　1960年代以降、キエフ科学映画学校を創設したフェリックス・ソボレフによる、一連の科学ドキュメンタリー映画も絶大な人気で、多くの観客が詰めかけた。心理実験の実録である『私と他人たち』（1971）や常人離れした七人の能力者を取り上げた『限界を越える七つの歩み』（1968）といった作品が特に知られ、科学技術立国であるソ連から誕生したソボレフの映画は、国際的な科学ブームやオカルトブームの後押しもあって国外でも人気を博した。

　文芸映画の潮流も健在していた。ウクライナ映画はそもそもの初めから、プーシキン原作の劇映画『地下牢のコチュベイ』以来、文学から題材の提供を受けてきた。戦争が終わり、人々の関心が日常の幸せや生の充実に向くなかで、国民はスクリーン上で表象された登場人物の生き方や人生の断片に感激した。文学作品を原作としたウクライナ詩的映画の数々だけでなく、マクシム・ゴーリーキーの小説を原作にしたアルテル・ヴォイテツキー『退屈なために』（1967）、イワン・ツルゲーネフ『猟人日記』（1852）中のエピソードを原作にしたロマン・バラヤン『一匹オオカミ』（1977）などの作品は、時代を超えて人々を惹きつけ、現在でも高く評価されている。

　戦後から時間が経過するにしたがって、革命や戦争を一歩引いた目線で眺めた映画も登場していった。ミィコラ・ラシェーエフとアブラム・ナロディツキーの共同監督作『ブンバラシ』（1971）は、国内戦で争いを巧みに回避していくブンバラシを、ミュージカル要素を交えてユーモラスに描いた異色の作品である。レオニード・ブィコフ『出陣するのは「老人」のみ』（1973）は、ナチス・ドイツと戦う空軍の前線基地を舞台にして、戦闘場面ではなく人間模様を中心に描いた。ピョートル・トドロスキー『戦場のロマンス』（1983）は、戦場で衛生兵が上官の妻に一目惚れするプロローグから始まる。戦後、街で衛生兵の男性は未亡人となった彼女と偶然再会するが、彼はすでに別の女性と結婚しており、出口のない三角関係が続けられる。これまで描かれることのなかった退役兵の優柔不断な生活を、メロドラマとして描いた。

停滞した社会から体制の崩壊へ

　ロマン・バラヤン『夢と現実の跳躍』（1982）の主人公は、仕事でもプライベートでも自暴自棄な振る舞いを続けている。中年男性の危機を描いた作品として高く評価されてきた映画だが、ソ連が解体した現在の視点から見ると、そこには停滞した社会を生きる者のやり場のない感情が描かれているようにも読み取れる。1980年代のソ連映画は、体制が少しずつ崩壊へ向かっていくのを感知したかのような作品が登場した。代表的な作品がキラ・ムラートワ『無気力症シンドローム』で、

粗暴で苛立った人々で溢れる社会を前にした主人公の無力感が、「無気力症」というシンドロームによって表象されている。

劇映画・ドキュメンタリーに関係なく、映画はソヴィエトの負の遺産も果敢に記録した。1986年4月26日、ベラルーシとの国境近くに位置するチェルノブイリ原子力発電所で事故が発生する。ヴォロディーミル・シェフチェンコはいち早く現地へ向かい、強い放射能によってたびたび撮影機材の故障に見舞われるなか、原発事故についての最初のドキュメンタリー『チェルノブイリ：困難な日々の記録』（1986）を撮りあげた。シェフチェンコは撮影終了後、被曝により亡くなっている。ミハイル・ベリコフの劇映画『崩壊』（1990）はチェルノブイリ原発事故が発生したソ連末期の社会を背景に、崩壊していく人間関係を描いた力作である。アナトリー・カラシとヴィクトル・シクリンによる共同監督作による2部作のドキュメンタリー映画『七月の雷雨』（1989、1991）は、ウクライナの経済を支えてきたドンバスの鉱山労働者による、未曾有の規模のストライキを記録した映画で、ストライキ参加者はその場でウクライナ独立を迎えることになった。期せずして、ソ連崩壊とウクライナ独立の記録ともなった。

1990年前後のウクライナ映画、すなわちペレストロイカ（ウクライナ語で「ペレブドーワ」）期の映画は、変化する社会を映すだけでなく、それまで禁じられていたタブーをも描くことになった。ナチス・ドイツによるユダヤ系ウクライナ人の追放を初めて描いた映画であるヴォロディーミル・サヴェリエフ『追放／記憶せよ』（1990）、スターリンを含む20世紀の全体主義をフロイトが自ら夢判断のようにコメンタリーで回顧する、アンドリー・ザガダンシキーのドキュメンタリー映画『夢判断』（1990）、軍隊での過酷ないじめを描いたアンドリー・ドンチク『酸素飢餓』（1991）をこうしたカテゴリーに分類することができる。

独立後の新しい映画へ

俳優として活躍したオレクサンドル・イグナ

トゥシャが残した数少ない監督作品のひとつ『たんぽぽの咲く頃』（1992）では、独立から間もない1992年5月のポルタヴァを舞台に、刑務所に8年服役したのちに出所した主人公の視点を通して、新しい風景が発見される。ラジオからはビリー・ジョエルや国内外のロック音楽が流れ、初代大統領レオニード・クラウチュクが尊厳のある生活を国民に約束している。変貌する社会と若者の実存的な不安を映しとった作品である。国外でも公開され1990年代のもっとも成功したウクライナ映画の1本とされる、ヴァチェスラウ・クリシトフォヴィチ『死者の友人』（1997）は、キーウで社会の変化に馴染めず、犯罪に手を染めていく男を描いた。妻は稼ぎのいい男のもとへ逃げてしまい、店を開いた旧知の友人は羽ぶりがいい。通訳を生業としている主人公の男性は、ソ連時代には生活を保障されていた。その堅実に身につけたスキルが、価値観の変わった資本主義社会では稼ぎが少なくなってしまった仕事の例として登場している。

イギリスも製作に協力したワディム・カスティリ『コサックの黄金を追え！』（1992）には、西側の文化の反映を読み取ることができる。かつてコサックの長ヘチマンが隠した財宝をめぐり、KGBやMI6、ウクライナ人ギャングを巻き込んでの大騒動が繰り広げられる。タイトルは1990年に公開されたハリウッド映画『レッド・オクトーバーを追え！』を踏まえたもので、スパイ映画のパロディーという体裁で、007のテーマソングを意図的に模倣した曲が流れる。ソ連時代への政治風刺の要素も備え、西側との親密な距離のもとに製作された興味深い作品である。

ソ連時代に検閲で苦しんだキラ・ムラートワも健在で、ウクライナ独立後はオデーサでロシア語映画を精力的に発表した。粗雑な人間たちに囲まれながら赤ん坊を守ろうとする警官が主人公の『思いやりのある警官』（1992）、三つの犯罪を通して逆説的に倫理観の欠如を問う『三つの話』（1997）、1990年代の不況にあえぐ市民の声がムラートワらしい諧謔を伴って訴えられる短編『アメリカへの手紙』（1999）など、いずれも似

た映画のない存在感を放つ作品である。また、ウクライナ詩的映画で傑作を残したユーリー・イリエンコは、その後ほとんど作品を発表できなかったが、2001年にロシア史で裏切り者扱いのヘチマン・マゼッパをウクライナの視点から描き、その詩的な作風が変わっていないことを強烈に印象付けた。

独立後のウクライナでもっとも重要な監督のひとりに、セルゲイ・ロズニツァがいる。短編ドキュメンタリーの制作から出発した彼が撮った長編劇映画第1作『わが幸せ』（2010）は、暴力が蔓延した世界を描いている。その後のロズニツァ作品を踏まえて『わが幸せ』を改めて見ると、彼が世界の残酷さに対して敏感な感性の持ち主であったことがわかる映画である。他にも、eスポーツに青春を捧げる青年を描いたオレフ・センツォフ『ゲーマー』（2011）、全編ウクライナ語手話の映画でムラートワも絶賛したミロスラウ・スラボシピツキー『ザ・トライブ』（2014）、糖尿病でほとんど視力を失った中年の息子と老いた母のふたり暮らしを記録した、ヴァレンチン・ヴァシャノヴィチ『薄明かり』（2014）など、ウクライナ映画は新たに充実した段階に突入しつつあった。

マイダン革命からウクライナ侵略戦争まで

2013年末から2014年に初めにかけてのマイダン革命（尊厳の革命）およびその後に続いたクリミア併合やドンバスでの戦争は、映画にも大きな影響を与えた。セルゲイ・ロズニツァは即座にドキュメンタリー映画『マイダン』（2014）で革命の一部始終を撮った。映像制作集団Babylon'13は『武器よりも強く』（2014）で、マイダン革命に始まり、同年のロシアの支援を受けた分離派と戦うウクライナ軍にまで密着した。YouTubeチャンネルで作品を公表し、国内の機運を盛り上げるとともに、国外へ向けて積極的に発信している。同じく2014年に撮られたスタニスラフ・ビチュツキー『さようなら、シネフィルたち』は映画を愛する若者たちの対話を収めたドキュメンタリーで、「ウクライナに栄光あれ！」という声高な叫びをめぐる、冷静な国内の若者の声が記録されている。革命の成就で国民が熱狂するなか、キーウは退屈だから去っていくというシネフィル＝映画狂のひとりは、「ウクライナにいなければウクライナ人じゃないの？」と残る者たちに問いかける。

アフテム・セイタブラエフのドネツィク空港での戦いを描いた劇映画『ヒーローズ』（2017、邦題『ソルジャーズ：ヒーロー・ネバー・ダイ』）は、アクション映画というカテゴリーのなかで、兵士たちがウクライナという国のあり方をめぐって議論を展開させ、戦いの不条理さが浮き彫りにされる。セルゲイ・ロズニツァの劇映画『ドンバス』（2018）は、フェイクニュース制作の現場を描き、当地における真実とは何かを見る者に思考させる。ヴァレンチン・ヴァシャノヴィチは『アトランティス』(2019)、『リフレクション』(2021)の両作品でドンバスを舞台にし、傷ついた主人公が回復する物語を提示した。このように充実した「ドンバスもの」の系譜に、スロヴァキア人監督のユライ・ムラヴェツ Jr. がドンバスで撮影したドキュメンタリー映画『平和あれ』（2016）を加えることができる。ドンバスを取材したこの映画では、ウクライナ軍と分離派双方から砲撃を受ける「デッドゾーン」と呼ばれる地帯に住み、「もう少し賢ければ戦争なんかしない」と泣き崩れる老婆、「歴史を知らなかった。（ロシア人と）いつかまた友達になれるだろう」と話すウクライナ軍大佐の姿が収録され、この地にもたらされた分断の深刻さが逆説的に示されている。

アリーナ・ホルロワは上記の映画とは一風異なる着眼点からドキュメンタリーを制作している、注目すべき若手監督のひとりである。『明確な兆候なし』（2017）では、退役後、元女性兵士がPTSDに苦しむ生活に密着し、「その後の人生」の意味を問う。続く『この雨は止まない』(2020)は、クルド人の父とウクライナ人の母を持ち、シリアで生まれた青年を追ったドキュメンタリーである。2011年、アサド大統領の政権側と反体制派との内戦が勃発し、この一家の大半は国を逃れることになる。青年は父とともに母の故郷であるウクライナのルハンシク州に落ち着くが、兄弟は

それぞれドイツ、イラク領クルディスタン、シリアに分かれ、離散することになった。ロシアの介入により国民が苦しめられている2カ国、シリアとウクライナを繋ぐ作品である。

ウクライナにはさまざまな民族が住んでいる。ナリマン・アリエフ『故郷へ』(2019)は、亡くなった長男をロシア占領下の故郷クリミアで埋葬しようとする父親と次男のロードムービーを通して、世代間の対立と歩み寄りを描く、クリミア・タタール語映画の代表的作品である。クリミア・タタール人に比べれば映画で登場することの多かったフツル人に関しても、近年では、カルパティアで羊飼いとして生きる三世代の生活に密着したオスタプ・コスチュクのドキュメンタリー映画『生きている火』(2016)や、「ウクライナ・タンゴ様式の現代ドラマ」の副題を持ち、戦前のカルパティアを舞台にしたオレナ・デミヤネンコのミュージカル映画『フツルの娘クセニヤ』(2019)といった作品が撮られている。

2022年2月24日のロシア軍によるウクライナ全面侵攻以降、ウクライナでは総動員令が敷かれるなか、外国人監督が激戦地となったマリウポリを撮った2本の映画を特筆すべきものとして挙げることができる。侵攻後に食料を携えて旧知のマリウポリの人々を訪ねたリトアニア人監督マンタス・クヴェダラヴィチウスは、ロシア軍に捕えられ、現地で命を落とした。同行していたパートナーが国外に映像を持ち出し、『マリウポリ：7日間の記録』(2022)として公開された。ムスチスラウ・チェルノフ『実録：マリウポリの20日間』(2023)は最後の記者として街に留まって撮影を続け、世界に映像を発信した。第96回アカデミー賞で長編ドキュメンタリー賞を受賞し、ウクライナの映画として初の同賞受賞を果たした作品である。ウクライナ戦争開始後に公開された劇映画としては、アフテム・セイタブラエフ『ミールヌィ21』(2022、邦題『オン・ザ・フロント・ライン 極限戦線』)がある。舞台は2014年のルハンシクで、対峙するのが単なる反ロシア派と分離派の対立でなく、ふたつのイデオロギーが複雑に交錯しながら戦闘が行われている様を描いている。

セルゲイ・ロズニツァはウクライナ国外にいながらウクライナ人として、歴史の暗部に焦点を当てた『キエフ裁判』(2022)など、情勢に左右されない広い視野に立った映画制作を続けている。

ウクライナ映画史の女性たち

本書で取り上げているソ連時代の作品に女性監督作は必ずしも多くないが、ソ連映画界で活躍したラリーサ・シェピチコは、ドネツク生まれの女性監督である。『つばさ』(1966)や『処刑の丘』(1976)といったソ連映画史上重要な作品を撮った監督で、モスフィルムを主な拠点にしていた。こうした作家に改めて光を当てるためにも、ウクライナ映画を見る際、ソ連映画史を射程に入れておくことは重要である。そして何よりも、ウクライナおよびソ連が生んだ最大の映画監督のひとりに、キラ・ムラートワがいる。グロテスクにして奇怪な作風を持つヒューマニストという、この怪物的な女性作家の作品は日本では一部しか上映されておらず、さらなる紹介が待たれる。

ソ連時代以上に、ウクライナが独立国となってからの女性監督の活躍には目覚ましいものがある。ナタリア・ヴォロジビド、イリーナ・ツィリク、マリナ・エル・ホルバチ、オレーシャ・モルフネツ=イサエンコ、アリーナ・ホルロワといった監督たちの作品には、男性目線の勇ましさとは全く異なる観点から語られる物語がある。監督業のみならず、配信によってウクライナ映画界に多大な貢献をしているナディヤ・パルファンも注目すべき存在である。こうした名の知られた監督だけではない。映画スタッフに加え、各スタジオやアーカイブで多くのウクライナ人女性が働いており、彼女たちに支えられてウクライナ映画は存在している。

用語解説

ウクライナ詩的映画

セルゲイ・パラジャーノフ『忘れられた祖先の影』（1964）を嚆矢とする、1960年代から1970年代にかけての、オレクサンドル・ドヴジェンコの初期作品やウクライナのフォークロアの影響を受けた、主に民族色を打ち出した色彩豊かな作品群を指す。背景には、フランスに端を発するヌーヴェル・ヴァーグの世界的な流行、ソ連における雪解け映画の勃興、ウクライナで1960年代から1970年代にかけてウクライナ共産党によって進められたウクライナ化など、複数の要因がある。代表的な作品に、ユーリー・イリエンコ『渇いた者たちの井戸』（1965）、『黒い模様のコウノトリ』（1971）、ヴォロディーミル・デニセンコ『良心』（1968）、レオニード・オシカ『石の十字架』（1968）、『ザハル・ベルクト』（1971）、ボリス・イフチェンコ『失われた手紙』（1972）、イワン・ミコライチュク『バビロンXX』（1979）などが挙げられる。そのほとんどはウクライナ語の作品だが、ボリス・イフチェンコ『アンヌィチカ』（1968）のようなロシア語作品も含まれることがある。

オデーサ映画スタジオ（オデッサ映画スタジオ）

キーウのドヴジェンコ映画スタジオと並ぶ、オデーサにあるウクライナを代表する映画スタジオ。黒海に面した港湾都市に位置することから、海に浮かぶ帆船をスタジオのロゴに採用している。オデーサにはロシア帝国時代からスタジオが存在し、すでに映画製作が始まっていた。オデーサ映画スタジオの前身は1919年に設立された。以来、オレクサンドル・ドヴジェンコ『愛の果実』（1926）、『武器庫』（1928）、『ズヴェニゴラ』（1928）など多くの重要作が製作された。オデーサの住人であったキラ・ムラートワの複数の作品も、このスタジオで製作された。また、ウクライナ映画だけでなく、スラニスラフ・ゴヴォルヒン監督でウラジーミル・ヴィソツキー主演のTVドラマ『待ち合わせ場所を変えてはいけない』など、ソ連映画・文化で重要な作品が多数つくられていることも重要である。

オデッサの階段、ポチョムキンの階段

オデーサの海を一望できる丘に位置する全長142メートルの階段。海への玄関口であることから、オデーサを舞台にした映画で度々登場する。中でも、セルゲイ・エイゼンシテインのロシア第一革命20周年記念作品である『戦艦ポチョムキン』（1925）において、帝国軍兵士が市民を虐殺するなか、乳母車が階段を転がり落ちていく緊迫した場面を描いたことで、映画史において有名になった。後の映画作品への影響は大きく、ブライアン・デ・パルマが『アンタッチャブル』（1987）で、駅舎の階段を乳母車が下降する中で銃撃戦を展開させ、オマージュを捧げたシーンが特に知られている。

チェルノブイリ

ウクライナ語ではチョルノービリ。1986年4月26日1時24分頃、キーウ北部に位置するチェルノブイリ原子力発電所の4号炉で、保守作業のための原子炉作業停止中に急激に出力が上昇し、爆発が起こった。事故から1日半後の27日昼になって、原発から3キロメートルの位置にあるプリピャチ市に住む住民の避難が始まった。当初ソ連政府は事実を公表しなかったが、スウェーデンで放射性物質が観測されたため、ソ連政府は事故の公表を余儀なくされる。放射性物質は広範囲に拡散し、4月末までにヨーロッパ各地、5月上旬にかけて北半球全域で観測された。原子炉の周辺30キロメートルは「ゾーン」と呼ばれる立ち入り禁止区域となり、住民は強制移住させられた。4号炉は「石棺」と呼ばれる構造物で遮蔽する措置がとられ、数ヵ月かけて工事が行われた。この事故の死者は数千人とも数えられるが、正確な数は把握されていない。原因は公式には作業員のミスとされ、所長ほか作業員数名が刑事犯として裁

かれた。

オレクサンドル・ドヴジェンコ国立センター

通称、ドヴジェンコ・センター。ドヴジェンコの生誕100周年に当たる1994年、レオニード・クチマによる大統領令によって、ウクライナ文化情報政策省管轄のもと、国立の映画アーカイヴ機関としてキーウに設立された。ウクライナ国内外の映画7000本超を所有し、映画の修復・上映企画を行う。2006年、国際フィルム・アーカイヴ連盟に加盟。2019年には、ウクライナ文化情報政策省の管轄からからウクライナ国立映画エージェンシーへ移管された。

2021年6月、オレクサンドル・ドヴジェンコ国立センターは、国内の批評家、研究者、キュレーターなど計71人が各自10作品を選び、その結果を集計したものをウクライナ映画のベスト100作品として発表した。1位にセルゲイ・パラジャーノフ『忘れられた祖先の影』（1964）、2位にオレクサンドル・ドヴジェンコ『大地』（1930）、3位にジガ・ヴェルトフ『カメラを持った男』（1929）と上位にはよく知られた作品が並んでいる。また、ウクライナ詩的映画の作品もそのほとんどが高い評価を受けている。加えて、2021年作成のこのランキングにおいては、2014年以降の情勢を反映して、ドンバスやマイダン革命関する映画が多数選出されていることも特徴である。他方で、2021年の時点ではまだ、オレクシー・ミシュリン、ムィコラ・リトゥス『ガソリンスタンドの女王』（1962）のような、ウクライナ製作の典型的なソ連映画が選ばれていることも興味深い。最多選出作品数は1本の共同監督作品を含む最多の8作品がこのリストで選ばれているキラ・ムラートワで、次いで、オレクサンドル・ドヴジェンコ、ユーリー・イリエンコ、セルゲイ・ロズニツァが4作品選出で並んでいる。

全ウクライナ写真映画管理局

略称ВУФКУ。1922年から1930年まで存在した、ウクライナにおける映画製作、配給、映画に関す

る教育や出版を管理した国家機関。この間、オレクサンドル・ドヴジェンコの諸作品やジガ・ヴェルトフ、ミハイル・カウフマンのドキュメンタリー作品が製作され、映画館の数も激増し、産業として大きく発展した。1930年に国家機関としての全ウクライナ写真映画管理局は廃止され、同局を基にした国営の映画産業トラストであるウクラインフィルムが設立され、役目を引き継ぐことになった。

ドヴジェンコ映画スタジオ

正式名称はドヴジェンコ国立映画スタジオ。前身のキエフ映画工房は、1926年にキエフ郊外に建設が開始され、翌年に設立された。1928年には、キエフ映画工房最初の作品であるアクセル・ルンディン『ワーニカと復讐者』が公開された。この映画が撮影中はまだスタジオが建設中であったため、工事を避けて夜間に撮影された作品である。この年には、ジガ・ヴェルトフ『11年目』も同工房で製作されている。1929年にはジガ・ヴェルトフ『カメラを持った男』、1930年にはオレクサンドル・ドヴジェンコ『大地』と、現在に至るまで、ウクライナ映画史において重要な作品の多くがこのスタジオで製作された。1957年より、前年に亡くなったドヴジェンコを記念してドヴジェンコ国立映画スタジオと改称。

ノヴォロシア

「新しいロシア」を意味するこの言葉は、もともと18世紀末にロシア帝国が征服した黒海北岸部地域を指す地域名であった。2014年、親ロシア派は実効支配するドンバス地域に樹立した自称国家「ドネツク人民共和国」と「ルガンスク人民共和国」からノヴォロシア連邦をつくろうとした。2022年2月、ロシアの大統領プーチンはこの2つの自称国家の独立を承認し、同地の平和維持を目的とする「特別軍事作戦」と称して、ウクライナ侵略戦争を開始した。

ブラック・チューリップ

遺体を発掘し家族に送還することを目的とした、ウクライナで活動するボランティア団体。遺体自体にトラップが仕掛けられていることもあり、その任務には危険が伴う。ヴァレンチン・ヴァシャノヴィチ『アトランティス』（2019）では撮影に協力している。

マイダン革命（ユーロマイダン革命、尊厳の革命）

2013年11月21日、ウクライナの第4代大統領ヴィクトル・ヤヌコーヴィチがEUとの連合協定締結の準備停止を発表したことをきっかけに、政府の汚職や経済不振に不満を募らせていた人々が、キーウ中心部の独立広場に徐々に集まり出した。3日後の24日には、独立広場でのデモ参加者は数万人に達した。年が明けた1月16日には、集会や言論の自由を制限する法律が施行され、デモ参加者への取り締まりが強化される。この法律はその内容から「独裁者法」と呼ばれ、施行から数日後の同月22日、キーウ中心部のフルシェーフスキー通りでデモ参加者の民間人から最初の死者が出る。これがさらに国民の怒りに火をつけることとなり、デモ隊と治安部隊の衝突は一層激しくなった。収拾のつかなくなった事態に、ヤヌコーヴィチは国外へ逃亡するまでに追い込まれた。ヨーロッパへの志向から「ユーロマイダン革命」、尊い犠牲を払って達成されたという意味で「尊厳の革命」とも呼ばれる。

マイダン革命後、国内は一時的に無政府状態に陥り、3月にはロシアによるクリミア併合、4月にはロシア系住民の多いウクライナ東部、いわゆるドンバスで「人民共和国」が創設されるなどの混乱が続いた。9月にドンバス地域における戦闘の停戦合意が出されたが、以後も銃撃戦が続き、2022年2月24日のロシア軍のウクライナ全面侵攻に繋がった。

マート

「男性器」「女性器」「性交の卑俗な言い方」「淫売」などの単語を中心に構成される、ロシア語での罵倒および罵倒に限定されない幅広い意味と目的で使用される言葉・表現。たとえば、もっともよく使われるхуй「フィ」（「男性器」の意）の派生名詞хуйня「フイニャー」には、「取るに足らない話」や「こいつ」「あいつ」といった意味でも用いられ、日常的にも使用される言葉となっている。ソ連時代、マートは検閲を通らず、ペレストロイカ期になってようやくスクリーンに登場した。

フツル人

ウクライナ西部およびルーマニアにかけてのカルパティア山脈に住む少数民族。フツル人が住む地域をフツリシチナと呼び、歴史的にはいくつもの大国の支配下におかれてきた。細かい刺繍や模様の民芸品が特産品として知られる。この地に滞在したムィハイロ・コツュビンシキーが1911年に著した小説『忘れられた祖先の影』をセルゲイ・パラジャーノフが映画化したのを筆頭に、現在にいたるまで多くの作品の舞台となっている。ウクライナ映画史では、都市部とは異なる独自の文化を有するこの民族に、ウクライナらしさが見出されることになった。

スルジク

ウクライナ語とロシア語の混成語のこと。「スルジク」の名は、異なる種類の穀物の粉からつくられた混ぜ物のパンに由来する。ムィハイロ・コツュビンシキーは自身の小説にスルジクを取り入れたことで知られているが、映画においては『わが思いは静か』（2019）や『ルクセンブルク、ルクセンブルク』（2022）の監督であるアントニオ・ルキチが自作の中で登場させている。

人名解説

イワン・カヴァレリゼ（1887-1978）

Іван Петрович Кавалерідзе

映画監督・彫刻家。コーカサス戦争（1817〜64）終結後、ウクライナに流刑されてきた王家の子息として、ロシア帝国下のポルタヴァ県（現在のスームィ州）で生まれる。ロシア帝国美術アカデミーなどで学んだのち、1910年代には彫刻家として名を知られるようになり、ルーシ最初のキリスト教改宗者オリハ、近世ウクライナの哲学者フリホリー・スコヴォロダー、タラス・シェフチェンコなど、ウクライナ史上の偉人たちの彫刻を制作した。並行して映画界でも1920年代から活動を始め、歴史を題材とした映画でこの分野でも早くから才能を発揮した。最初の作品『驟雨』（1929）はシェフチェンコの『ハイダマキ』に着想を得たサイレント作品で、フィルムは現存していないが、カヴァレリゼは『コリーイの乱』（1933）でも同じ原作に基づく映画を撮り、名声を得た。その創作活動は反体制的と見られることが多く、しばしば彫刻は撤去され、映画は検閲の対象となった。『プロメテウス』（1936）、伝記映画『フリホリー・スコヴォロダー』（1959）、リュドミラ・グルチェンコが主演した『身持ちの悪い女』（1961）がある。

イワン・ミコライチュク（1941-1987）

Іван Васильович Миколайчук

チェルニウツィー州生まれの映画監督、俳優。チェルニウツィーの音楽院を卒業後、地元の劇場を経て、イワン・カルペンコ＝カーリー記念キエフ国立演劇映画テレビ大学で学ぶ。ヴォロディーミル・デニセンコ『夢』（1964）で悲劇の主人公タラス・シェフチェンコ役に抜擢され、その後も、セルゲイ・パラジャーノフ『忘れられた祖先の影』（1964）、ユーリー・イリエンコ『黒い模様のコウノトリ』（1970）、ボリス・イフチェンコ『失われた手紙』（1972）など、ウクライナ詩的映画

の代表的作品を多く含む重要作品で主役を演じた。46歳で早世したため、監督作は『バビロンXX』（1979）と『こんなに遅く、こんなに暖かい秋』（1981）の2作に過ぎないが、いずれもウクライナ映画史上の傑作として名高い。1987年にキエフで病没。

ヴァレンチン・ヴァシャノヴィチ（1971-）

Валентин Миколайович Васянович

ジトーミル生まれの映画監督。しばしば脚本、撮影、編集も自ら行う。イワン・カエルペンコ＝カーリー記念キエフ国立演劇映画テレビ大学卒業後、ポーランドのアンジェイ・ワイダ映画学校を修了。ヴァシャノヴィチの名を高めたドキュメンタリー映画『薄明かり』（2014）は、糖尿病で視力のほとんどを失った中年男性と老いた母ふたりの暮らしに密着した作品で、観客が目を凝らすよう工夫されたオープニングや不自由な身体といった、のちに反復されるヴァシャノヴィチの作家性が出現している。プロデューサーを務めたミロスラウ・スラボシピツキー監督の全編手話の映画『ザ・トライブ』（2014）は世界各国・地域で40以上の賞を獲得し、ウクライナ映画最大の成功を収めた。その後の、中年男性の精神の危機を主題にした劇映画『ブラック・レベル』（2017）は、セリフが一切なくシンメトリーな構図を活用するなど、視覚的な演出をさらに先鋭化させた。こうした作家性をさらに突き詰めた『アトランティス』（2019）および『リフレクション』（2021）において、ヴァシャノヴィチは2014年以降のドンバス情勢を踏まえ、傷ついた者たちの回復の物語を提示している。2022年2月のロシア軍によるウクライナへの侵攻が始まってからは、戦地でカメラを回し撮影を続けた。

ヴェラ・ハロドナヤ（1893-1919）

Вера Васильевна Холодная

俳優。ロシア帝政時代に現ウクライナのポルタヴァに生まれ、スペイン風邪により25歳の若さでオデッサで病没。その短い生涯の間に、エヴゲー

ニー・バウエル（1865-1917）やピョートル・チャルディニン（1873-1934）といったロシア映画黎明期のサイレント映画に多数出演した。

ヴォロディーミル・デニセンコ（1930-1984）

Володимир Терентійович Денисенко

キエフ州メドヴィン村生まれの映画監督。イワン・カルペンコ＝カーリー記念キエフ国立演劇映画テレビ大学卒業。在学中、ウクライナ・ブルジョワ民族主義を理由に5年間の矯正労働を課せられている。代表作に、シェフチェンコ生誕150周年記念作品である『夢』（1964）、20年以上劇場公開が許されなかったウクライナ詩的映画の傑作『良心』（1968）がある。キエフで没。

オレクサンドル・ドヴジェンコ（1894-1957）

Олександр Петрович Довженко

ウクライナを代表する世界の映画史に名を残す映画監督・脚本家。現チェルニヒウ州の農村で生まれる。両親は読み書きができなかったが、話好きの祖父から大きな影響を受けて育った。父親が工面して用意した学費で師範学校を卒業した後、教師として働いた。その後、キエフ商業学校（現キーウ国立経済大学）および芸術アカデミーでも学んだが、卒業はしなかった。1917年からはウクライナ人民共和国の構成部隊に加わり、この経験が後の『武器庫』（1929）に反映される。ソヴィエト政権樹立後は外交官としてポーランドやベルリンに派遣され、現地で美術を学ぶ機会に恵まれた。帰国後の1926年からオデッサ映画スタジオで働き出し、同年に初監督短編『愛の果実』、2年後に初監督長編『ズヴェニゴラ』を撮って大きな成功を収めた。続いて同スタジオで『武器庫』、全ウクライナ写真映画管理局で『大地』（1930）を監督し、「ウクライナ3部作」と呼ばれるこれら最初の長編監督作3本によって、ウクライナ映画史に限らず世界の映画史に大きな足跡を残した。

その後も、ソ連の極東方面へ拡大しようとする帝国主義を背景とした『航空都市』（1935）などを

撮り、国内戦下のウクライナを舞台にした歴史映画『シチョールス』（1939）以降は、妻のユリヤ・ソンツェワとの共同監督作が増えていく。1928年にヤコフ・プロタザノフのSF映画『アエリータ』（1924）で火星の女王を演じたことで有名なソンツェワと知り合って結婚し、『大地』にも出演した彼女は、ドヴジェンコを公私に支える存在となった。ベッサラビアと北ブコヴィナのルーマニアからソ連への割譲を正当化するドキュメンタリー『ブコヴィナ──ウクライナの大地』（1940）などを共同監督している。ドヴジェンコ最後の単独監督作は、ロシアの生物学者イワン・ミチューリンの伝記映画『ミチューリン』（1948）である。1949年からはモスクワの全ソ国立映画大学（VGIK）で教鞭をとり、後進を育成した。モスクワ郊外のペレデルキノで没し、ドヴジェンコが生前脚本を書きながら映画化できなかった企画は、ソンツェワが映画化した。ドヴジェンコ脚本に基づくソンツェワ監督作『海の詩』（1958）、『燃える年月の物語』（邦題『戦場』）、『魅せられたデスナ河』（1964）は、フランスなどで高く評価された。現在はモスクワのノヴォデヴィチ修道院の墓地に、ソンツェワと並んで埋葬されている。

オレクサンドル・ハンジョンコフ（1877-1945）

Олександр Олексійович Ханжонков

映画プロデューサー、映画監督、実業家、脚本家。ロシア帝国下の現ウクライナ・ドネツィク州の村に生まれる。1906年、モスクワにハンジョンコフ紹介を設立し、1908年には自社で映画の製作を開始する。ウクライナ人として、ロシア帝国最初の長編劇映画『セヴァストーポリの防衛』（1911）を共同監督・製作した。クリミア半島のヤルタにて没。

オレフ・センツォフ（1976-）

Олег Геннадиевич Сенцов

クリミア自治ソビエト社会主義共和国の首都シンフェローポリ生まれの映画監督。2014年3月のロシアによるクリミア併合に対し、同年5月に

反対活動をしていたところをロシア軍の特殊部隊に拘束され、テロを企んだ容疑で禁錮20年の判決が言い渡された。拘束中はハンガーストライキを行うなど、ウクライナ国外でも大きな注目を集めた。センツォフの解放を求め、仏マクロン大統領が電話会談でプーチン大統領に直接訴え、映画監督ジャン・リュック・ゴダールもル・モンド紙上で公開書簡を発表した。拘束中の2018年に欧州議会からサハロフ賞を受賞。2019年1月、人質交換により解放される。

拘束される以前、センツォフは唯一の長編監督作品『ゲーマー』（2011）を撮ったのみであった。それゆえ映画作家としての評価は定まっておらず、ウクライナに戻った後は映画界に復帰せず、政界に進出するのではないかという声も聞かれた。だがそうした予想に反して、2014年に立案し中断していた自らの企画に戻り、間もなく長編第2作『サイ』（2021）を完成させた。経済が低迷し犯罪件数が増加していた1990年代のウクライナを舞台にした『サイ』では、自らの拳の力だけで犯罪者社会のヒエラルキーを登りつめていく青年の姿を通して、それまでの同国の映画にはなかった独立後の暴力と犯罪の蔓延を描いた。2022年にロシア軍の侵攻が始まると、銃を手に取って戦場へ向かい、またウクライナでのロシア映画上映ボイコットを呼びかけた。

キラ・ムラートワ（1934-2018）
Кіра Георгіївна Муратова

ルーマニア王国（現モルドバ）ソロカ出身の映画監督。ロシア人の父とルーマニア人の母との間に生まれる。外国映画の検閲委員を務めていた母は娘を職場にしばしば連れて行き、当時、ソ連国内では見ることの難しかった西側の映画を、大量に目にする機会に恵まれて育った。全ソ国立映画大学の卒業制作をアレクサンドル・ムラトフと共同制作し、卒業後もオデッサ映画スタジオで『我らの清きパン』（1964）を共同制作した。ムラートワはムラトフと結婚し、後に離婚し別の男性と再婚するが、その後もムラートワ姓を名乗り続けた。

最初の長編第1作『短い出会い』（1964）は、吟遊詩人ウラジーミル・ヴィソツキー演じる男性とふたりの女性の三角関係のメロドラマで、妻役をムラートワ自身が演じている。複数の視点に立脚した回想場面が自在に挿入されて物語られ、編集を「神の仕事」と呼んだムラートワの自在な編集がすでに垣間見られる。第2作『長い見送り』（1971）では、ムラートワの特徴ともなる、同じ動作・シーンが繰り返される反復の演出が初めて登場した。特異な編集のリズムによって、母親のもとを離れようとする息子とその母のぎこちない関係が描かれる。映画はペレストロイカ期まで公開を許されなかった。その後、ロシアでの制作を挟みながら、ウクライナでは、ソ連末期の混乱を写し取った『無気力症シンドローム』（1989）、粗野な人間たちに囲まれた心優しい警官を描いた『思いやりのある警官』（1992）、見る者を挑発して止まない救いのない話が続く『三つの話』（1997）、資金難の中ムラートワ自身のアパートや公園を使って完成させた短編『アメリカへの手紙』（1999）など、重要な作品を撮り続けた。

世界の映画史でも特異な人間や世界のグロテスクな側面を、ソ連時代から検閲を恐れず制作し続けた点に、ムラートワの類まれな作家性を認めることができる。その作品世界への評価は、まだまだ途上にある。オデーサを中心に一貫してロシア語での映画制作を続ける一方、ロシアによるクリミア併合の際には率先して反対の声を上げた。オデーサで没。

ジガ・ヴェルトフ（1896-1954）
Дзига Вертов

ユダヤ系の映画監督。当時ロシア帝国支配下で、現ポーランドのビャウィストクに3人兄弟の長男として生まれる。ともに撮影監督として著名なミハイル・カウフマンとボリス・カウフマンは弟である。1918年からニュース映画の編集に携わるようになり、1920年からニュース映画シリーズ「キノ・プラウダ（ロシア語で「映画＝真実」の意）」の制作を担当するようになる。ドキュメ

ンタリーが一般的でなかった当時、ヴェルトフは自らの映画を劇映画と区別するため「非・劇映画」と呼び、人間の目を機械の延長と捉える「キノ・グラース（映画眼）」なる概念を打ち出した。代表作『カメラを持った男』（1929）は多重露光やスローモーションなど当時の最先端技術を駆使した、彼の映画理論の集大成でもある。ヴェルトフの映画はその後の『ドンバス交響曲』（1930）や『レーニンの三つの歌』（1934）も含め、プロパガンダとしての役割を大きく担っていた。しかし、社会主義イデオロギーが廃れた現在でも、ヴェルトフの映像は新しさを全く失っていない点に彼の映画の価値を認めることができる。モスクワで没。

セルゲイ・ロズニツァ（1964-）

Сергій Володимирович Лозниця

ベラルーシのバラナヴィチ生まれ、キエフ育ちの映画監督。1987 年にウクライナ国立工科大学を卒業し、その後は国立研究所で人工知能の研究に従事する。映画への興味が高じて 1991 年に全ソ国立映画大学（VGIK）に入学し、映画制作を学ぶ。初期から客観的なカメラによる観察を特徴とする短編ドキュメンタリーを制作し、長編映画へと移行していった。マイダン革命の一部始終を収めた『マイダン』（2014）、ソ連末期にロシアの民主主義を訴え立ち上がったレニングラード市民を撮影したドキュメンタリー『新生ロシア 1991』（2015）、ソ連からの独立を導いた初代リトアニア国家元首へのインタヴューに基づく 4 時間超の『ミスター・ランズベルギス』（2021）、など、ロズニツァの映画には旧ソ連諸国における民主主義の立ち上がりを取り上げたものが多い。加えて、キエフ郊外でのユダヤ人虐殺の経緯を描く『バビ・ヤール』（2021）、第二次世界大戦末期における、連合軍による 60 万人もの一般市民が犠牲になったとまで言われるナチス・ドイツへの空爆映像から成る『破壊の自然史』（2022）、1946 年 1 月にキエフで開催されたナチス・ドイツとその協力者を裁く『キエフ裁判』（2022）な

ど、西側やウクライナへ向ける眼差しも容赦ない。『バビ・ヤール』『破壊の自然史』『キエフ裁判』は記録映像のみを用いて再構成したアーカイヴァル映画で、こうした映像作品もロズニツァが得意とするものである。制作する映画の大半はドキュメンタリーだが、不意に襲ってくる暴力を主題とした『わが幸せ』（2010）、2014 年以降のロシアがウクライナに向ける悪意を寓話的に描いた『やさしい女』（2017）、ドンバスで真実が歪められる様をエピソードの連鎖で示した『ドンバス』（2018）など、数少ない劇映画も高く評価されている。2022 年 2 月にロシアによる軍事侵攻が始まると、ウクライナのナショナリズムに囚われないロズニツァの発言は国内で反発を招き、同国の映画アカデミーを除名される事態になった。だがロズニツァはまったく怯むことなく、コスモポリタン的な立場から制作を続けている。

タラス・シェフチェンコ（1814-1861）

Тарас Григорович Шевченко

近代ウクライナ語によるウクライナ文学の始祖とされる詩人・画家。ロシア帝国キエフ県の村で、農奴の家庭に生まれる。11 歳で孤児となり、貴族の家庭で召使いとして働くようになる。幼い頃から絵を描く才能を発揮する。長じて詩作と絵画の才能を芸術家仲間に認められ、彼らの助けによって農奴の身分から解放される。ロシア帝国美術アカデミーで学ぶ傍ら詩作にも傾倒し、1840 年に社会的弱者や虐げられるウクライナについて謳った『コブザール』を上梓すると、ウクライナの文化人から熱狂的に歓迎される。だが、当時もっとも力があり、ウクライナ語の価値を認めていなかった批評家ヴィッサリオン・ベリンスキーからウクライナ・コサック時代を英雄的に描いた叙事詩『ハイダマキ』（1841）を酷評されるなど、ロシアの文壇での活動には困難も多かった。その詩は、帝国主義を糾弾し、ロシア帝政下で圧政に苦しめられるウクライナを主題としたものが多い。皇妃を痛烈に批判した「夢」（1844）は、その苛烈な内容と風刺の辛辣さで彼の詩の中でも特に有

名である。その一貫した、臆することのない批判精神のため、独立運動に加わり皇帝を批判したという理由により、政治犯として 10 年の流刑生活を送ることになり、シェフチェンコはペンを持つことも禁じられた。晩年、恩赦で自由になってからも、ウクライナ民族の誇りに貫かれた作品を詩と絵画の双方で創造した。長年の過酷な流刑生活により肉体は蝕まれ、ペテルブルクで 47 歳の生涯を閉じた。初めはペテルブルクに埋葬されるが、友人たちの計らいで遺体はドニエプル川沿いの丘（現チェルカースィ州）に移送され、現在はタラスの丘と呼ばれている。その不屈の精神および作品は、ウクライナの精神的支柱とも呼ばれている。

ナディヤ・パルファン（1986-）
Надія Ярославівна Парфан

イワノ・フランキーウシク生まれの映画監督。キエフ・モヒーラ・アカデミー国立大学と中央ヨーロッパ大学を卒業後、アンジェイ・ワイダ映画学校でドキュメンタリー映画の制作を学ぶ。地方の市営暖房会社の労働組合メンバーによって結成された合唱隊の活動を追った『ヒート・シンガーズ：労働組合合唱隊』（2019）が、国内外で高く評価される。ウクライナ映画の配信サイト Takflix の創設者でもあり、新旧のウクライナ映画を英語字幕付きで紹介する活動にも力を入れている。

ニコライ・ゴーゴリ（1809-1852）
Микола Васильович Гоголь

ロシア帝国下のポルタヴァ県の地主の家庭に生まれ、世界の近現代文学に大きな影響を与えた作家・劇作家。ウクライナ語ではムィコラ・ホーホリ。作品はロシア語で執筆した。ギムナジウムを卒業後、首都ペテルブルクに出て作品を発表するが、当初芳しい評価を得られず、失意のあまり一時国外に逃れた時期もあった。下級官吏の職を得ながらも作品を発表し、プーシキンの知遇を得るなど、次第に親交を広げていった。この時の苦労はのちに「鼻」や「外套」といった「ペテルブ

ルクもの」と呼ばれる一連の作品に活かされることになる。やがてウクライナのフォークロアを取材した「イワン・クパーラの夜」「失われた手紙」などを含む『ディカーニカ近郊夜話』（1931, 1932）を出版すると、一躍人気作家となり、当時もっとも有力な批評家であったヴィッサリオン・ベリンスキーからも激賞される存在になる。1836 年、戯曲『検察官』を発表。1942 年、地獄編・煉獄編・天国編の 3 部から成る、ダンテの長編叙事詩『神曲』のロシア版に自ら位置付ける小説『死せる魂』第 1 部を刊行する。その後は精神的な不調に陥って執筆は進まず、小説は未完に終わった。最晩年は断食のためモスクワで没。「社会の代弁者」（ベリンスキー）として、社会や人間の卑俗さを描いたその文学は、日本を含む世界の近現代文学に大きな影響を与えた。

フェリックス・ソボレフ（1931-1984）
Фелікс Михайлович Соболєв

ハリコフ生まれの映画監督。キエフ科学映画学校の創設者。キエフ国立演劇映画テレビ大学卒業後、キエフ科学フィルムに勤務する。ポピュラーサイエンス分野における映像作品で大衆的な人気を博した。代表作に、常人離れした七人のパフォーマンスおよび超能力を記録した『限界を超える七つの歩み』（1968）、同調圧力など心理実験を記録した『私と他人たち』（1971）、『生物圏！ 目覚めのとき』（1971）などがある。キエフで没。

マルク・ドンスコイ（1901-1981）
Марк Семёнович Донской

オデッサ生まれの映画監督。クリミアで革命運動に参加した後、モスクワに出て作家・批評家のヴィクトル・シクロフスキーの知己を得、映画界で働くようになる。モスクワのスタジオで撮った、社会主義リアリズムの作家マクシム・ゴーリキーの 3 部作『ゴーリキーの幼年時代』（1938）、『人々の中で』（1939）、『私の大学』（1939）の三部作、ナチス・ドイツの支配に抵抗するパルチザンを描いた『虹』（1944）によって、大きな名声を得た。

ユダヤ人であるドンスコイは、ナチス・ドイツからの解放直後のキエフに特派員として入り、生存者の証言を集め、戦争ドラマ『征服されざる者たち』（1945）を撮った。ホロコーストについての最初の映画とも言われる先駆的な作品で、バビ・ヤールでも撮影が行われた。若い時分には革命運動に身を捧げ、スターリン賞を3度も受容しているが、一時政治的に無関心な態度が問題視され、キエフのスタジオで働いていた。『犠牲を払って』（1957）はこの時期の代表作である。モスクワで没。

ユーリー・イリエンコ（1936-2010）

Юрій Герасимович Ілленко

チェルカースィ州生まれの映画監督、カメラマン、脚本家。全ソ国立映画大学を卒業後、セルゲイ・パラジャーノフ『忘れられた祖先の影』（1964）の撮影を担当し、斬新なカメラワークにより名声を得る。その後、初めて監督した『渇いた者たちの井戸』（1965）は今ではウクライナ詩的映画の代表作に挙げられる作品だが、ほとんどセリフがないイメージ優先の独創性から当時はお蔵入りとなり、ペレストロイカ期まで20年以上公開が許されなかった。その後も、『イワン・クパーラの夜』(1968)、『黒い模様のコウノトリ』（1971）など、立て続けにウクライナ映画史上の重要作を撮り続けた。1976年にはレーシャ・ウクラインカの「森の歌」を原作とする『森の歌：マウカ』を、1990年にはパラジャーノフから脚本の提供を受けた『ザ・ゾーン／スワンの湖』を撮っている。遺作となった『ヘチマン・マゼッパのための祈り』（2001）は、ウクライナ史の英雄であると同時にロシア史では裏切り者扱いされてきたヘチマン・マゼッパを、夢と現実を混交させて語り直した作品である。チェルカースィ州で没。

レオニード・オシカ（1940-2001）

Леонід Михайлович Осика

キエフ生まれのウクライナ詩的映画を代表する映画監督。オデッサ演劇芸術学校および全ソ国立映画大学を卒業。1965年から一貫してドヴジェンコ映画スタジオの監督を務めた。代表作に、貧しい土地を捨ててカナダへ渡る農民の悲哀を描いた『石の十字架』（1968）、タタールの侵略に脅かされる13世紀ウクライナを舞台にした『ザハル・ベルクト』（1971）がある。キーウで没。

レーシャ・ウクラインカ（1871-1913）

Леся Українка

ウクライナ近代文学を代表する作家、詩人。ロシア帝国下のヴォルィーニ県に生まれる。本名はラルィサ・クウィトカ・コサチュ。8歳の時に最初の習作を試み、やがて作家である母親からラルィサの愛称レーシャに「ウクライナ人女性」を意味するウクラインカを組み合わせた筆名を与えられる。病弱だった彼女は教養ある家庭で教育を受け、ウクライナ語、ロシア語の他、ギリシア語、ラテン語、フランス語、ドイツ語、英語、ポーランド語、イタリア語を習得した。1893年に第一詩集をルヴフ（現リヴィウ）で刊行して以来、聖書やスラヴ神話のモチーフに貫かれた詩を精力的に発表し、権力に屈しない人物像を描いた。また、語学の才能を活かして、ハイネ、ユーゴー、バイロンなど西側の文学作品の翻訳に加えて、ロシア帝政下にあって、マルクスとエンゲルスによる『共産党宣言』（1848）のウクライナ語訳も行っている。女性解放運動やウクライナ解放運動といった社会運動にも熱心に参加したため、彼女の作品はしばしば検閲の対象となった。晩年は詩劇に力を入れるようになり、代表作の「森の歌」（1911）はユーリー・イリエンコ監督作を筆頭に、たびたび映画化・アニメーション化されている。病気療養のためしばしばクリミアやコーカサスなど南方を訪れ、亡くなったのもチフリス（現ジョージアのトビリシ）で、遺体はキエフに移送された。

第1章
映画の誕生からサイレント映画期

ソ連映画の始まりと歩調が一致するこの時期は、映画史において技術が目覚ましい発展を遂げた束の間の特権的なサイレント映画期である。20世紀はじめのウクライナでは、オレクサンドル・ドヴジェンコの諸作品やジガ・ヴェルトフとミハイル・カウフマンの兄弟によるドキュメンタリー映画など、世界の映画史上でよく知られた錚々たる作品がつくられた。それは、ソ連映画においてウクライナ映画がいかに大きな地位を占めていたかを物語るものでもあるが、ヘオルヒー・タシンやムィコラ・シピコフシキーなど、ウクライナ国外ではあまり知られていない作家の作品にも注目すると、いかに充実した始まりだったかがわかる。ウクライナ映画の歴史は華々しく始まった。

セヴァストーポリの防衛

🎭 **ワシーリー・ゴンチャロフ、
オレクサンドル・ハンジョンコフ、
ペトロ・チャルディニン**

☎ Оборона Севастополя

📅 1911 年

📍 ロシア帝国

🏭 ハンジョンコフ商会

🔊 サイレント

🕐 59 分

◎ オレクサンドル・ハンジョンコフ

📋 ワシーリー・ゴンチャロフ、
オレクサンドル・ハンジョンコフ、レフ・トルストイ

🎥 ルイ・フォレスチエ、アレクサンドル・ルィッロ

🎬 グリゴリー・カザチェンコ

🎭 アンドレイ・グロモフ、イワン・モジューヒン、
アルセーニー・ビビコフ

IMDb https://www.imdb.com/title/tt0191323/

▶

図1

図2

図3

図4

　帝政時代にロシアの映画産業を牽引した、ハンジョンコフが率いるハンジョンコフ商会が製作したロシア初の長編映画。ロシア映画史にとって記念碑的な作品だが、ウクライナに生まれヤルタで没したハンジョンコフは、ウクライナ映画にとっても重要な人物である。ロシア帝政時代に始まったロシア映画とウクライナ映画は、その始まりから交錯していたことの証でもある。映画はトルコ・イギリス・フランス・サルデーニャの連合軍を相手に戦ったクリミア戦争（1853-1856）における、「セヴァストーポリの防衛」を題材にした歴史スペクタクルである。現存するフィルムは、ロシア正教に関連する場面が削除された、間に場面説明のキャプションが入った縮小版。

　冒頭には、ニコライ1世、アレクサンドル2世、そしてセヴァストーポリの戦いを指揮した司令官たちの威厳のある肖像が連続して示される【図1】。続けて映し出されるのは、黒海艦隊を率いるナヒーモフ提督やコルニーロフ司令官といった歴史上の人物が軍事会議を開いている様子である。敵の侵入航路を塞ぐため、船を破壊するという苦い決断を迫られる。街の住民たちは、侵入に備えて防塁を築いている。1854年10月5日、セヴァストーポリに最初の攻撃があると退却を余儀なくされ、衛生兵が負傷者を運んでいく。包囲戦で指揮を執る、黒海艦隊の司令官長官コルニーロフが弾丸に斃れる。子どもたちが地面に落ちた敵の弾を拾い、砲兵に手渡す、総力戦であることを示す映像が挿入される。戦いでは多くの命が失われている。戦闘の合間にも、兵士たちは女性たちと踊りに興じる姿がある【図2】。その後、死体置き場で夫を発見して絶望する女性の姿が続く。生と死の映像が対照的に配置され、両者は近接していることが示される。戦況は不利になっていき、ナヒーモフ提督も銃弾に斃れる。やがて軍隊は退却し、住民もセヴァストーポリを後にすることが、キャプションと映像によって説明される。

　クリミア戦争の敗北を仄めかす退却場面の後には、ドキュメンタリー映像が置かれている。クリミア戦争に実際に参加したイギリス、フランス、ロシアの退役軍人の記念撮影【図3】、セヴァストーポリ防衛軍事博物館、沈没した軍艦や戦没者の記念碑が提示されてフィルムは幕を閉じる【図4】。

マルクス「共産党宣言」とポーの怪奇小説が融合し、革命を告げる

亡霊がヨーロッパを徘徊している

ウラジーミル・ガルディン

Призрак бродит по Европе

1923 年

ソ連

全ウクライナ写真映画管理局

サイレント

96 分

ヘオルヒー・タシン

ボリス・ザヴェレフ

ゾーヤ・バランツェヴィチ、オレク・フレリフ、
イオナ・タラノフ

https://www.imdb.com/title/tt0230662/

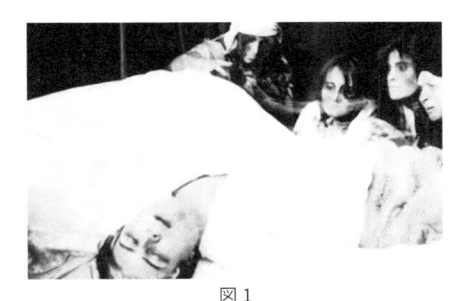

図1

図2

図3

図4

　舞台はヨーロッパのとある架空の国家。この国では革命が起きようとしており、貴族階級は恐怖を感じていた。皇帝は皇后とともに危険な市中を離れ、田舎の屋敷で気ままな日々を送っていたが、寝床で繰り返し悪夢にうなされるようになる【図1】。寝床に出現する無数の亡霊は、彼が恐れる民衆のイメージである。ある日、皇帝は散歩中に偶然見かけた若い羊飼いの女に目を奪われる【図2】。貧しい彼女もまた彼に惹かれ、ふたりは愛し合うようになる。その様子を、皇后の腹心であるキモノ姿の召使いが目撃していた。皇后は一部始終報告を受けて激昂するが、彼女は大臣と親しい関係にあるなど、貴族階級は醜悪に描かれている【図3】。

　皇帝は、やがて昼間でも亡霊を見て怯えるようになる。市中では革命の機運が高まっていた。皇帝は若い配下の者から報告を受けるが、革命を恐れ錯乱のあまり彼を撃ち殺してしまう【図4】。若者の遺体は海にぞんざいに捨てられ、羊飼いの娘の父親が、波打ち際に打ち上げられたその遺体を回収する。遺体の懐には市中での革命について記された報告書があり、これが娘の父親をはじめ、村人たちに権力者へと立ち向かう勇気を付与することになる。

　無聊をかこった皇帝は、仮面舞踏会を開催する。羊飼いの娘が舞踏会に潜入して、貴族たちの気を引く間に、村人たちが屋敷に火をつける。羊飼いの娘は皇帝に近づくが、彼は彼女にも亡霊の影を認めて怯えるようになってしまっている。皆が踊りに興じている間、火は屋敷の中にまで達してしまう。ようやく気づいた貴族たちが逃げ惑う中、娘も皇帝を連れて逃げようとするが、間に合わずともに命を落としてしまう。民衆のために犠牲となった娘の遺体を発見した父親は悲嘆に暮れ、外では高揚した民衆が凱歌をあげているのだった。

　映画のタイトルは、マルクスとエンゲルスが1848年に発表した「共産党宣言」の冒頭の有名な一節「一匹の亡霊がヨーロッパを徘徊している、共産主義という亡霊が」から採られている。さらに、舞踏会の場面を中心に、エドガー・アラン・ポーの短編小説「赤死病の仮面」（1842）を原案に持つ、1920年代に多数製作された民衆の蜂起を描いた作品の中でも、亡霊のイメージや仮面舞踏会の場面を導入することで、独特の幻想的な性格を備えた秀作となっている。

ウクライナが生んだ世界的巨匠、ドヴジェンコの初単独監督作

愛の果実

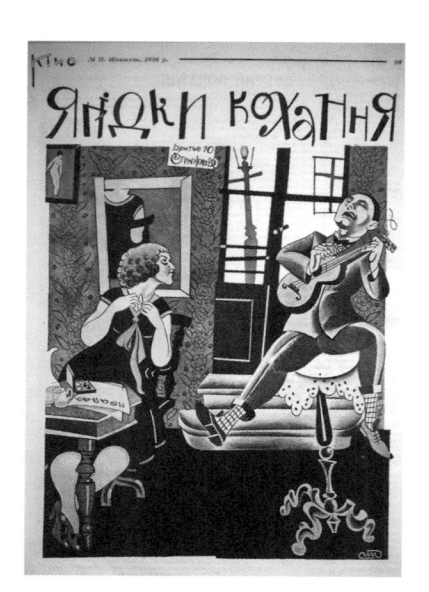

オレクサンドル・ドヴジェンコ

Ягодка любви

1926 年

ソ連

全ウクライナ写真映画管理局

サイレント

25 分

オレクサンドル・ドヴジェンコ

ダニロ・デムツキー

マリヤン・クルシェリニツキー、
マルガリータ・バルスカヤ

https://www.imdb.com/title/tt0017007/

https://www.youtube.com/watch?v=KqTZ3xxNZhQ

図1

図2

図3

図4

　理髪師のジャンが、赤ん坊を抱いて涙を流すリーザとベンチに座っている【図1】。まだ結婚もしておらず、父親となる心の準備が整っていなかった彼は、我が子に愛情を持つことができない。愛想を尽かしたリーザは、夫に子どもを預けると、ふたりを置き去りにして裁判所へと向かう。リーザの身の上話を聞いた判事は理解を示し、15時にもう一度来るよう彼女に告げる。

　リーザが戻ってこないことに諦めたジャンはその場を後にし、途中、おしゃべりに夢中になっている女性の傍にある乳母車に、こっそりと子どもを投げ入れる。ジャンは面倒から解放された気分で自宅へ向かうのだが、手にした傘の取っ手が乳母車に引っかかっていることに気づかず、自宅にふたりの乳児を連れてきてしまう【図2】。慌てた彼は玩具屋に駆け込み、人形を購入する際にふたりの赤子をこっそり店頭に置き去りにしようとする。だが店主はその企みを見破り、ジャンは包装された自分の子どもを持ち帰ることになり、もうひとりも巡り巡って元の乳母の元へと帰っていく。

　ジャンはミルクを与えたりギターを弾いたりして子どもを宥めようとするが、うまくいかない。再び家を飛び出すと、ベンチで紳士が年配の婦人を口説いているところを見つけて、ふたりの間に子どもを入れた小箱をそっと差し出す。その中身を見て驚いたふたりは蜘蛛の子を散らすように逃げていくが、ジャンは紳士の後を追いかけ、ドタバタ劇が展開する【図3】。ソ連初期のコメディ映画にもよく見られる、格闘技のような激しい応酬の後、紳士は失神し、ジャンは彼の胸に赤子を抱かせて満足して帰っていく。ところが帰宅すると、判事から赤ん坊とともに出廷するよう命じる手紙が届いており、彼は三たび外へ飛び出していく。途方にくれたジャンは、ホームレスの子どもを我が子に見立て、「すべての子どもは地上に咲く花」だとうそぶくつもりでいる。裁判所への途中、先の紳士から欺かれてジャンの子を抱えた男性が、乳母車を見かけて赤ん坊を投げ入れる【図4】。期せずしてリーザとの子を取り戻したジャンは、彼女と判事が待つ裁判所へ勇んで出頭し、父親としての自覚を示す。そのままふたりは結婚登録所へ出向き、幸せな結婚生活が始まるかと思いきや、リーザはジャンに「赤ん坊はおばの子」なのだと言って高らかに笑う。「愛の果実」の苦さに、夫は青ざめるのだった。

国内戦のさ中、貴族に仕えた老人が革命精神に目覚める過程

2 日間

ヘオルヒー・スタボヴィー

Два дня

1927 年

ソ連

全ウクライナ写真映画管理局

サイレント

60 分

ソロモン・ラズリン

ダニロ・デムツキー

ボリス・リャトシンシキー

イワン・ザミチコフシキー

https://www.imdb.com/title/tt0017839/

図 1

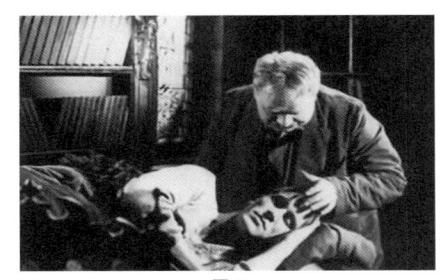

図 2

図 3

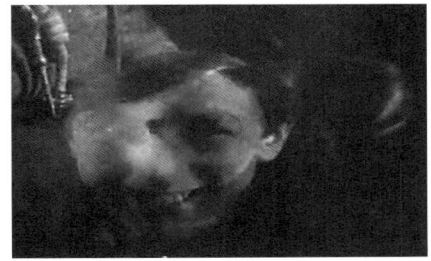

図 4

　国内戦の最中、貴族が所有する屋敷での 2 日間を描く。財産を狙う赤軍が接近してくるなか、屋敷番の老人アントンは財宝を庭に埋め、貴族たちは荷物を抱えて馬車で避難する【図 1】。馬車に積み込んだカバンが落下して、その下にいる飼い犬が圧死する場面が、貴族の残酷さを強調する。他方、屋敷の留守を預かるアントンがまだ幼い若旦那に、風邪を引くから汽車から顔を出さないよう注意する場面は微笑ましい。

　静かになった屋敷でアントンは、ボリシェヴィキとなった息子と疎遠になってしまったことを苦々しく思い出す。老いた彼が感傷に耽っていると、門の外で助けを求める声が聞こえる。それは、駅で家族とはぐれてしまった若旦那だった。泣き崩れる彼を、アントンは優しく宥めてやる。やがて赤軍兵士たちが屋敷に押しかけてくる。アントンが明かりを持って門に近づいていくと、その中にアンドレイがいた。彼は「俺たちの伯爵は父さんたちのとこよりいい」と笑って言う。屋敷の中に入った赤軍兵士たちは、我が物顔で振る舞い、アントンたちとの奇妙な共同生活が始まる。アンドレイが眠りにつくと、アントンはそばへそっと近づいていき、息子の頭を撫でてやるのだった【図 2】。戸外では、庭に埋めた財宝が赤軍兵士に発見される。

　アントンは若旦那を屋根裏部屋に匿う。夜が明け、兵士たちが食事をしている間、アントンは食事を若旦那の元へこっそり運んでいこうとする。父の不審な様子を見てとったアンドレイは屋根裏を確認しに行くが、アントンは若旦那を隠して何とかやり過ごす。アンドレイは壁に自分の写真を見つけて父の息子に対する愛情に気づくと、疑ったことを詫びる。ところが命拾いした若旦那は財宝が屋敷の外に運び出されていくのを窓から認めてアントンを激しく責め、彼の息子の写真を八つ裂きにしてしまう【図 3】。

　その後、赤軍兵士は退却命令を受けるが、アンドレイは屋敷に留まる。やがて貴族の味方である白軍が屋敷に到着すると、若旦那はそれまでの恩など忘れたかのようにアントンを激しく殴打し、息子がスパイとして隠れていると主張する。捕えられたアンドレイは、絞首刑に処される。悲しみに暮れたアントンが屋根裏でつぎはぎのアンドレイの写真を胸に抱くと、息子を苦しめた若旦那やロープの映像が矢継ぎ早にオーバーラップされる【図 4】。アントンは蝋燭を手に取り、屋敷に火をつける。そして眠っている兵士のそばの銃を手に取って外に抜け出すと、驚いて目を覚まし窓から外に出ようとする兵士たちめがけて発砲するのだった。

映画の誕生からサイレント映画期

ベテラン御者の変節を描く、ウクライナ無声映画の代表的作品

夜馬車の御者

🎩 ヘオルヒー・タシン
☎ Ночной извозчик
📅 1928 年
📍 ソ連
🎞 全ウクライナ写真映画管理局
🔊 サイレント
🕐 54 分

📄 モイセイ・ザツ
🎥 アリベルト・キュン
🎶 フセヴォロド・リバリチェンコ、
　 ユーリー・メイトゥス
🎭 アムブロシー・クチマ、マリヤ・デュシメチエル
🎬 https://www.imdb.com/title/tt1886619/?ref_=nm_flmg_t_8_dr
▶
🌐

図1

図2

図3

図4

　国内戦末期のオデッサが舞台。夜馬車の御者を務めるゴルデイは、街外れの小さな家に娘のカーチャとともに住んでいた。50歳になるベテラン御者のゴルデイは、すでに成人している娘を溺愛していた。ゴルデイが仕事に出かけようとすると、カーチャのところに青年ボリスがやってくる。娘は父に印刷所の同僚だと伝えるが、実はボリスは地下活動に従事していた【図1】。ゴルデイは馬車を走らせて仕事に出かけていく。彼が街で馬を走らせる様子は、緊迫した心理ドラマが続くこの映画の中にあって、例外的にコミカルに演出されている。ゴルデイは隣を走っていた馬車に追い抜かれると、馬に鞭打ち、その御者と張り合い出し、競馬レースさながらの白熱した競走シーンが展開する【図2】。

　ゴルデイは帰宅すると、納屋に隠れていたボリスを発見し、緊張感のあるドラマが訪れる。父はボリスを捕まえるため白衛軍の将校を呼ぶが、カーチャは機転を利かせてすでに彼を逃していた。将校がボリスが隠れているはずの場所に詰め寄っていくと、そこにいたのはカーチャである【図3】。ゴルデイはその場を取り繕うとするが、将校は問答無用にカーチャをしょっ引いていく。ゴルデイは愛する娘を将校とともに馬車に乗せて、自らの手で刑務所へ連れていくことになる。絶望したゴルデイは、途中で何度も抵抗しようとする。すると将校は銃を取り出して脅し始め、そのままカーチャに向けて発砲してしまう。唐突に唯一の肉親を失い、茫然自失となったゴルデイの手に将校は馬車代を握らせるが、力のない彼の手からは札の束が風に吹かれて飛ばされていく。

　夜馬車の御者を務めて30年、久しく陽の光を浴びることのなかったゴルデイは、やつれ果てて昼の街をさまよっていた【図4】。ここまで終始夜を舞台に展開していた映画で、初めて白昼の街頭が登場する。映画全体の色調が一変するこの切り替えは、ゴルデイ自身の旧体制からの脱却と一致している。その頃、カーチャが裁判なしに処刑されたことを知ったボリスが、白衛軍に発見される。そばにいたゴルデイが呼び止められ、彼らを乗せていくことになる。空な目をしたゴルデイは、馬車が「オデッサの階段」を通りかかった際、ボリスに「跳べ！」と声をかけ、階段へと舵を切る。馬車は大破し、将校が致命傷を負った中、ゴルデイが血まみれになって立ち上がるところでフィルムは幕を閉じる。オールタイムベスト74位。

ドヴジェンコが抒情詩作家としての才能を開花させた記念碑的作品

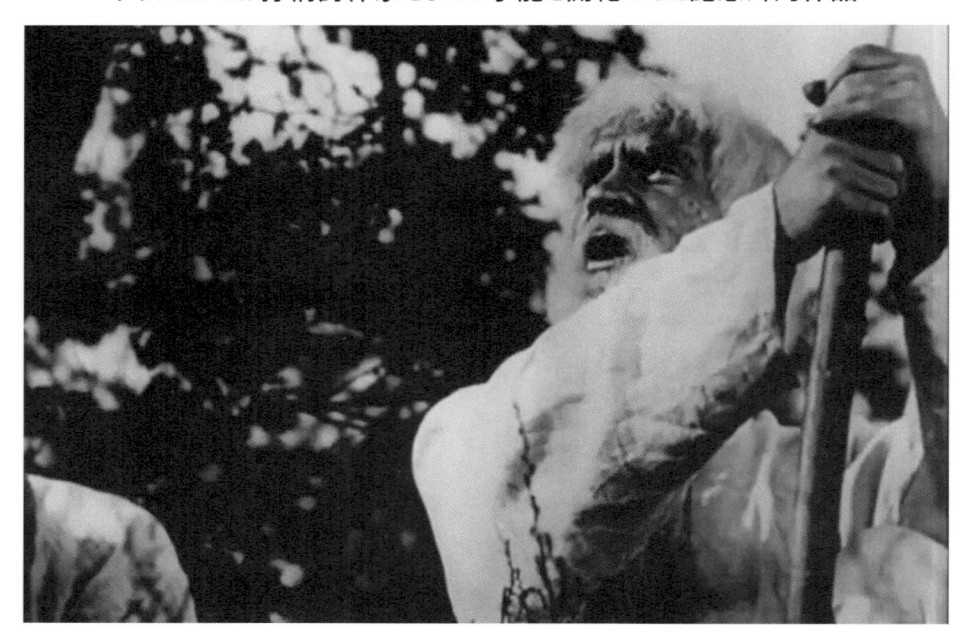

ズヴェニゴラ

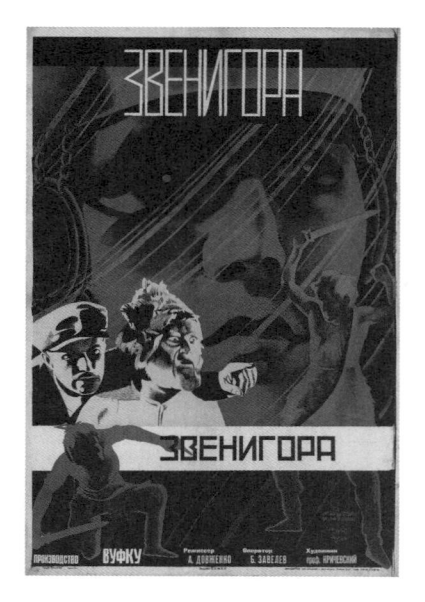

🎬 **オレクサンドル・ドヴジェンコ**

😐 **Звенигора**

📅 1928 年

📍 ソ連

🏛 全ウクライナ写真映画管理局

🗨 サイレント

🕐 91 分

⚙

📄 マイク・ヨハンソン、ユーリー・チュチュンニク、
　　オレクサンドル・ドヴジェンコ

🎥 ボリス・ザヴェレフ

💿 ヴァチェスラフ・オフチンニコフ（1973 年サウンド版）

🎭 ニコライ・ナデムスキー、シミョン・スシェンコ

IMDb https://www.imdb.com/title/tt0019611/?ref_=tt_
　　sims_tt_i_1

▶ https://www.youtube.com/watch?v=dc1b9LRGws0

🌐

図1

図2

図3

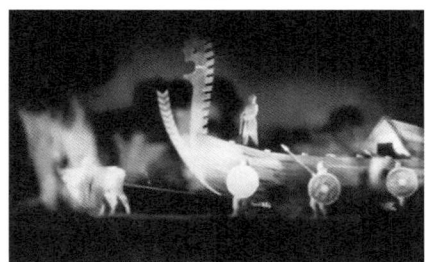
図4

　ウクライナの大地に眠る財宝の噂を聞いて、ならず者のコサックたちがやってくる。見張り番である老人は道案内を頼まれ、宝が眠るズヴェニゴラへ一緒に向かう。だが、そこで見つけた財宝は手にした途端にガラクタになってしまう。ズヴェニゴラの財宝は、汚れた者の手では掴むことができないのだ。さらに、地下から現れた黒ずくめの男の魔術によって、全員が気を失ってしまう【図1】。目覚めた彼らは、恐れをなして退散していく。

　それから数百年が過ぎ、老人は変わらず元気だが、ズヴェニゴラの黒ずくめの男を夢に見てうなされる。一緒に住むチモシコとパウロのふたりの孫に、ズヴェニゴラの伝説を語って聞かせ、彼らはそれぞれ自分の道を歩み出していく。真面目で働き者のチモシコは、革命運動に身を投じるようになる。勉学にも励み、ズヴェニゴラの秘密を科学的に解き明かそうとする【図2】。その後、工場が稼働する映像が延々と続き、ウクライナの正しい未来のイメージが示される。他方、怠け者のパウロはペトリューラ軍の一員になった後、ヨーロッパへ渡り、ウクライナの公爵と詐称して「ボリシェヴィキのために破滅するウクライナ」と題する講演を行う。講演の後には聴衆の前で自殺を敢行すると宣言し、多くの聴衆が集まるが、自殺ショーは警察の介入により中止となり、集まった人々は激昂する。実はこの一幕は、ズヴェニゴラの財宝を発掘する費用を稼ぐため、あらかじめパウロが仕組んだものだった。パウロはウクライナに戻ると、祖父にダイナマイトを手渡し、財宝を守るため線路を爆破するよう唆す【図3】。しかしパウロの本当の狙いは、ボリシェヴィキを乗せた列車を爆破させる破壊行為にあった。老人は孫に言われた通りにするが、列車が接近していることに気づくと、機関士に合図を送って事故を防ぐ。乗客たちが老人を列車に乗せて救出したところで、フィルムは幕を閉じる。

　映画は革命に対して正反対な態度をとる兄弟を中心にして、ヴァリャーグからロシア革命まで、千年に及ぶウクライナの歴史を縦横無尽なイメージによって提示する【図4】。ドヴジェンコは本作で大成功を収め、一躍その名をソ連映画界に知らしめることになった。その後の代表作『大地』へとつながる、抒情詩作家としての作家性が発揮された作品。オールタイムベスト19位。

キエフ一月蜂起を中心に、歴史の転回を圧倒的な疾走感で描く

武器庫

- 👮 **オレクサンドル・ドヴジェンコ**
- ⊖ **Арсенал**
- 📅 1929 年
- 📍 ソ連
- 🏭 全ウクライナ写真映画管理局
- 🔊 サイレント
- 🕐 92 分
- ⚙️
- 📝 オレクサンドル・ドヴジェンコ
- 🎥 ダニロ・デムツキー
- 💿 ヴャチェスラフ・オフチンニコフ（1972 年サウンド版）
- 🎭 シミョン・スワシェンコ
- IMDb https://www.imdb.com/title/tt0019649/?ref_=nm_knf_t_4
- ▶️ https://www.youtube.com/watch?v=iIq0UDHvqic
- 🌐

図1

図2

図3

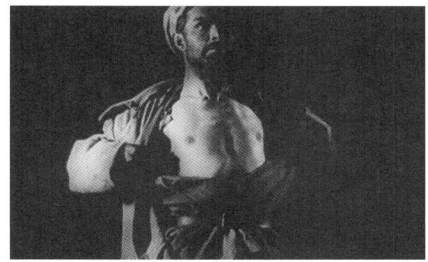

図4

　映画は第一次世界大戦中、ドイツに占領されたウクライナで、農民たちが食べるものもなく力尽きようとしている映像の連続で始まる【図1】。我が子や家畜に八つ当たりする者もいて【図2】、その映像は見る者に痛ましい感情を呼び起こす。同じソ連映画の巨匠であるセルゲイ・エイゼンシテインの映画が叙事詩に喩えられるのに対して、ドヴジェンコの作品が抒情詩と呼ばれる所以である。戦争によって疲弊したロシアでは2度の革命が起こり、講和条約を結んで大戦から離脱することになる。

　1917年2月、最初の革命である二月革命によってロシア帝政が倒されると、ウクライナでは民族主義政党や労働団体がキエフに集結し、同国を代表する権力機関としてウクライナ中央ラーダを結成した。中央ラーダは、ウクライナ語教育やウクライナ人民部隊創設などの決議を採択して、ウクライナの自治を宣言し、ケレンスキー率いる臨時政府の承認を得つつ、実質的な自治政府として機能していた。同年10月、十月革命によりレーニン率いるボリシェヴィキ政権が誕生すると、中央ラーダはウクライナ人民共和国の成立を宣言する一方、ボリシェヴィキはハリコフでウクライナ・ソヴィエト共和国の樹立を宣言し、ウクライナには複数の権力が存在することになった。1918年1月、ボリシェヴィキはブルジョワ民族派からのウクライナ解放を目指して革命遠征軍を派遣し、キエフで中央ラーダ部隊と激しい市街戦を繰り広げることになるのだった。

　「1918年のキエフ一月蜂起」の副題を持つ『武器庫』は、こうして始まった戦いにおいて、首都の工場「武器庫（造兵廠）」での労働者蜂起を描いている。赤軍兵士のチモシは前線から帰還すると、武器庫の労働者に呼びかけ、蜂起を促す【図3】。チモシを演じるのは、ドヴジェンコの前作『ズヴェニゴラ』でボリシェヴィキを演じたスワシェンコである。映画の最後では、ひとり奮闘していたチモシがラーダ軍に追い詰められ銃口を突きつけられるも、彼の体は銃弾を跳ね返し、ボリシェヴィキは不死身であることが示される【図4】。今日のウクライナ民族主義的な観点からは批判対象となる内容を含むが、静かな立ち上がりの序盤から加速した後半のスピードある展開の躍動は圧倒的で、オールタイムベストでも27位に選出されている。オールタイムベスト15位。

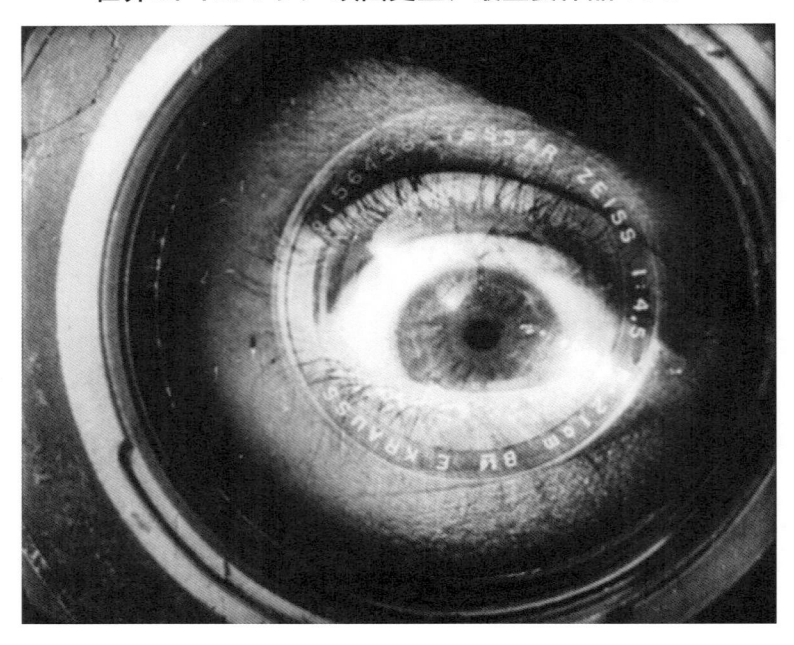

カメラを持った男

🕵️ **ジガ・ヴェルトフ**

⊖ **Человек с киноаппаратом**

📅 1929 年

📍 ソ連

🏛️ 全ウクライナ写真映画管理局

🔇 サイレント

🕐 68 分

◎

📄/ ジガ・ヴェルトフ

📷 ミハイル・カウフマン

◎ マイケル・ナイマン（2002 年サウンド版）

🎬 ミハイル・カウフマン、エリザヴェータ・スヴィロワ

IMDb https://www.imdb.com/title/tt0019760/?ref_=tt_mv_close

▶

🌐

図 1

図 2

図 3

図 4

　最初のショットはカメラが撮影の準備を始める様子で、冒頭から見ること／撮影することの強い意志が示される【図 1】。その後に映し出された劇場に並んだ椅子に、観客が詰めかけて満席となり、オーケストラの演奏が始まる。現在、サウンド版として定着しているマイケル・ナイマンが 2002 年に音楽をつけたバージョンでは、冒頭から無音の映像が、指揮者がタクトを振った瞬間から音楽が伴奏する演出になっている。映画はヴェルトフが提唱した、人間の目を機械の延長と捉える「キノ・グラース（映画眼）」の理念によって貫かれている。

　カメラが短いカットで捉えるのはさまざまな都市の情景で、忙しない現代の都市生活をテンポの良い編集で次々と観客に提示していく。撮影は、オデッサ、キエフ、モスクワで行われた。かつて日本では「これがロシヤだ」の邦題で公開されたように、映し出されるのは都市のあらゆる空間の風景である。中には、死者の葬送や赤ん坊の出産の瞬間など、きわめてプライベートなものも含んでいる。カメラは結婚届を提出するため役所にやってきた若い男女を捉えているかと思えば、次の場面では同じ男女が離婚届を持って再び現れ、思わず遠くから覗いているカメラが反転してこちらを振り向く、ユーモラスな演出もある【図 2】。第一次五カ年計画が終わりを迎える時期に撮影されたこともあって、ソ連工業化の成果として機械と歯車もまた頻繁に被写体となっている。

　撮影はヴェルトフの実弟ミハイル・カウフマンで、カメラマン自身がカメラを回している様子もしばしば収められる。自ら三脚を抱えて運び、溶鉱炉や水力発電所など、危険を顧みず貪欲に撮影していく【図 3】。多重露光、低速度撮影、高速度撮影、ジャンプカット、分割スクリーン、ストップモーションなど、当時としては画期的なあらゆる技術が駆使されている【図 4】。またカメラマンだけでなく、この映画には、実際に編集を担った監督の妻エリザヴェータ・スヴィロワが、フィルムをカットし結合する作業までもが収められている。

　ドキュメンタリー映画の傑作にして、ゴダールらのシネマヴェリテにも大きな影響を与えた、世界映画史を語る上で欠かすことのできない作品。イギリスの映画雑誌「サイト＆サウンド」が 2014 年にドキュメンタリー映画の 1 位に選び、ウクライナ映画オールタイムベストでも 3 位に選出されている。

内戦下、ラクダを引き連れた利己主義者のコミカルな珍道中

利己主義者

- 🕵 **ムィコラ・シピコフシキー**
- ⊖ **Шкурник**
- 📅 1929 年
- 📍 ソ連
- 🎞 全ウクライナ写真映画管理局
- 🔊 サイレント
- 🕐 78 分
- ⚙
- 📄 ワディム・オフレメンコ、ムィコラ・シピコフシキー、
  ボリス・ロゼンツヴェイク
- 🎥 オレクシー・パンクラチエフ
- 🎬
- 🎭 ルカ・リャシェンコ、ドミトロ・カプカ、
  イワン・サドフシキー
- IMDb https://www.imdb.com/title/tt2544016/
- ▶
- 🌐

図1

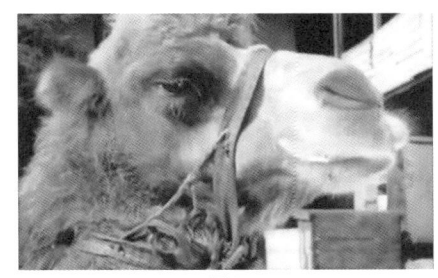

図2

図3

図4

　映画の背景には、革命直後の1917年12月から1921年11月にかけて、ウクライナの支配権をめぐって争われたソヴィエト・ウクライナ戦争がある。利己主義者のアポロンは気ままな生活を楽しんでいたが、内戦が勃発し、街の至るところで爆発音が聞こえるようになる。市民は財産を抱えて散り散りに逃げていく。彼が窓の外を眺めていたところ、誰かが諦めて置いていった、荷車からこぼれた缶詰の山が目に入る。アポロンは家から恐る恐る出てきて、缶詰に手を伸ばす【図1】。すると、ラクダを引き連れた赤軍兵士がそばへやってくる。兵士は缶詰を提供されたものと勘違いして受け取り、ラクダを荷車に繋ぐと、赤軍の物流のため働く使命をアポロンに与える。こうして、自分のことしか考えない男とラクダの珍道中が始まる。

　不誠実なソ連市民の主人公が観客に紹介された後には、農民が畑で懸命に働く姿が丁寧に描写される。その近くをアポロンが通りかかり、赤軍兵士の集団と遭遇する。アポロンは司令部に連行され中庭で待たされるが、その間に近寄ってきた人間に砂糖を全て売り捌く抜け目のなさを発揮する。だがそのあぶく銭の札束は、彼が少し目を離した隙に、ラクダが干し草とともに食べ尽くしてしまう【図2】。その後、アポロンが湖でラクダに水を飲ませていると、今度は白軍に捕らえられる。だがここでも彼は白軍の中にうまく入っていて、諜報部で長官として働くようになる。そこでは特別仕事をするわけでもなく、女性職員の体に触わり、男性職員を前に偉そうにしているだけである【図3】。そこへ赤軍が急襲してくる。アポロンは混乱に乗じてラクダに乗って逃げ、またも赤軍の味方のフリをして取り入り、今度は密造酒の製造を手がけることになる。利己主義者の主人公は行く先々で自分の利益となる行為に精を出すため、確固とした居場所を見つけることはできず、やがて彼と離れた働き者のラクダは英雄として称賛されることになる【図4】。

　内戦や赤軍兵士の描き方、不誠実な主人公の造型によって、当然のように映画は上映禁止の処分が下された。フィルムは長らく紛失したと考えられていたが、2000年代になって発見され、2012年にウクライナ文化省により修復された。現在はサイレント期のウクライナ映画の傑作コメディとして高い評価を受け、オールタイムベスト31位に選ばれている。

カウフマンが兄ヴェルトフと決別して撮ったドキュメンタリー

春

ミハイル・カウフマン

Навесні

1929 年

ソ連

全ウクライナ写真映画管理局

サイレント

79 分

ミハイル・カウフマン

IMDb https://www.imdb.com/title/tt0226590/

図 1

図 2

図 3

図 4

　冒頭は冷たい風が吹きすさぶ、凍てついた冬の景色から始まる【図 1】。やがて少しずつ雪が解け始め、雪かきをする人々が姿を現す。雪解け水の流れは大きな奔流となって、道路にぬかるみをつくる。そのひどさは、荷車の車輪がはまって動かなくなり、それを曳く馬が脚を取られてしまっているほどである。そんな中、鉄道だけは悪路と無関係に、レールを軋ませながら運行している。窓の隙間を塞いでいた目張りのテープを剥がし、一斉に窓を開け放す住民たち。戸外では、子どもたちが思い思いの遊びを始める【図 2】。コケモモなどのベリー類から作られる飲料水モルスやアイスクリームを売る店が出現し、強い日差しが差し込んで、気温が上昇していることがわかる。

　男たちが雪解け水のぬかるみで歪んだ鉄道の枕木を交換している。歯車や貨車が休みなく動き続ける、工業化の景色が続く。新品のトラクターが汽車で運ばれて行き、収穫量の増加が示される。機械化の映像のあとに続くのは、自然の風景である。植物が芽吹き、男女が親しげに通りを散歩している。昆虫、哺乳類、両生類など、あらゆる生き物が動き出す様子がカメラに捉えられる。小麦畑が風にたなびくドヴジェンコ由来の映像があり、ここでは出荷の様子は省略されて、調製から袋詰めの過程に焦点が当てられている。クライマックスとなるのは 5 月の祝祭で、スタジアムに集まった観客がサッカーの試合に熱狂し、バレーやバスケに興じる人々の姿もある【図 3】。最後は自転車に乗りながらアコーディオンを弾く若者の演奏に合わせ、若い女性たちが幸福そうに踊り、陶酔感を残して幕を閉じる。

　実兄ジガ・ヴェルトフの撮影監督を務めていたミハイル・カウフマンが兄と袂を分かち、初監督したドキュメンタリー作品。細かいカット割りに基づく無数の断片シーンが連続した『カメラを持った男』と並べて見ると、春の訪れという主題のもとでの時間の流れが強く意識されている。技法の点でもヴェルトフ監督作ほど前衛的ではないが、多重露光や分割スクリーンが効果的に使用され、雪解け水がつくった水たまりに反映した姿を中心に、カメラマン自身が撮影する姿も収められている【図 4】。公開当時、絶賛された作品でありながら、フィルムは長い間紛失したと考えられていたのが、2005 年にアムステルダムで発見されその全体を確認することができるようになった。

第一次五カ年計画を主題に、不遇の監督が新旧の世代交代を描く

パン

- 🕵️ **ムィコラ・シピコフシキー**
- ☎ **Хліб**
- 📅 1929 年
- 📍 ソ連
- 🏛 全ウクライナ写真映画管理局
- 🎙 サイレント
- 🕐 45 分
- ⚙️
- 📄 ヴィクトル・ヤロシェンコ
- 🎥 オレクシー・パンクラチエフ
- 💿
- 📀 ルカ・リャシェンコ、
  ウラジーミル・ウラリスキー
- IMDb https://www.imdb.com/title/tt3511734/
- ▶
- 🌐

図1

図2

図3

図4

　内戦が終わり、赤軍兵士のルカが故郷の村へ帰ってくる。自宅には妻とふたりの幼い子供、年老いた父がいて、皆が腹を空かせている【図1】。彼らにはパンもなければ、小麦を育てる土地もない。するとルカは家族に向かって、パンも土地もあると力強く宣言する。その後、スクリーンに映し出された土地は、急峻な崖が多く、耕作可能な部分はわずかである。ルカたち農民がその少ない農地を耕していると、ひとりの男が「やめろ」と叫びながら走り寄ってくる。土地を所有するクラーク（富農）である。彼は「俺のものだ。渡さん！」と叫んで、そのまま大地にしがみついてしまう【図2】。ルカはその姿に冷ややかな眼差しを注ぐ。共産主義の下では、土地は誰のものでもないからである。農民たちはクラークに構わず、牛に鋤を引かせ、土地を耕し続ける。

　都市部では、飢えた市民たちが小麦粉を積んだ列車に詰めかけるが、衛兵が制止して触れることを許さない。農民たちはクラークが所有していた土地に種を蒔く。古い世代に属するルカの父親は、盗んだ土地では小麦は育たないと信じ、息子の行為に懐疑的である。だがやがて大地から芽が出て、一面が小麦畑になる【図3】。ルカの父親は麦の穂が風にたなびく様子を見て考えを改め、小麦畑に敬意を払って頭を垂れ、感謝の言葉を唱える。収穫を効率よく進めるため、集団化が推進されるが、古い世代はここでも拒否反応を示す。若者は「鎌と槌」「イリイチの名のために」といった共産主義のシンボルを口にして、改心させようと試みる。工場を背景にしたレーニン像が映し出され、工場労働者が懸命に働く姿が続く【図4】。その後の「5でなく4で」のキャプションが、第一次五カ年計画を4年で達成しようと訴えるメッセージを打ち出し、字幕と工場の映像が交互に高速でモンタージュされる。映画は第一次五カ年計画の最中に製作された多くのフィルムと同様、希望に満ちた未来を予感させて終わる。

　前作『利己主義者』が上映禁止となったシピコフシキーは、本作で当時始まったばかりの第一次五カ年計画を取り上げた。しかし、「パンのための戦いについての誤った考え」を理由に、またしても上映禁止となってしまう。シピコフシキーは1930年代半ばには映画を撮ることをやめ、近年までその業績が広く知られることはなかった。現在はサイレント期のウクライナ映画を代表する監督として評価が定まり、オールタイムベスト25位に選ばれている。

　　　　　　　　映画の誕生からサイレント映画期

世界の映画史に燦然と輝く、サイレント映画の名作

大地

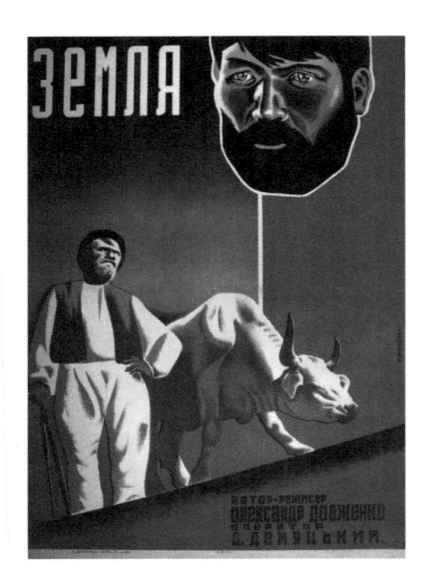

🎩 **オレクサンドル・ドヴジェンコ**

🌀 **Земля**

📅 1930 年

📍 ソ連

🏛 全ウクライナ写真映画管理局

🔊 サイレント

🕐 76 分

⚙

📄 オレクサンドル・ドヴジェンコ

🎥 ダニロ・デムツキー

💿 ヴァチェスラフ・オフチンニコフ（1972 年版）、ダハブラハ（2012 年版）

👥 ステパン・シュクラト、セミョン・スヴァシェンコ、ユリヤ・ソンツェワ

🎬 https://www.imdb.com/title/tt0021571/?ref_=tt_sims_tt_i_2

▶ https://www.youtube.com/watch?v=u1QbXeZEnPc

🌐

図1

図2

図3

図4

　冒頭に映し出されるのは麦の穂が風に揺られる大地の姿で、単なる自然風景描写にとどまらず、太陽光のもとで変化する自然の表情を収めようとする意思が見られる【図1】。のちにアンドレイ・タルコフスキーが『鏡』（1974）の冒頭でオマージュを捧げることになる、名高い導入場面である。大地のシークエンスに続いて、女性の顔と並んだ大輪のひまわりの花の映像が提示される。ここで女性の顔は通常の映画において物語を語る登場人物としてではなく、風景としてひまわりと等しく画面の中で調和している。その後に続く老人の厳かな臨終場面においては、死にゆく人間の生命力と反比例するように、彼の周囲で果実が増殖してゆく。生と死が隣接する自然界の法則も、この映画を貫くものである。

　農業集団化の達成という課題は、トラクターの村への到来を通して描かれる。青年ワシーリが得意気に操縦する場面は、汗水垂らして農作業に勤しむ父と対照的に描かれ、富農のホマは突然現れた機械に呆然とする。ところがワシーリは、夜道でコサックの踊りに由来する伝統舞踊ホパークを踊っているところを、何者かに背後を撃たれて殺されてしまう【図2】。恋人が全裸のまま取り乱す、当時、問題とされたシーンが挿入される。ワシーリの葬送の場面では、果実が彼の顔を撫で、ひまわり畑を進んでいく【図3】。ホマは自責の念に駆られてワシーリを殺した罪を告白するが、彼の言葉には誰も耳を傾けない。その後、画面を満たすのは、豊穣な果実に雨が降り注ぐ様子である【図4】。終盤では、葬送の途中で産気づいたワシーリの母が出産を迎える。最後にはワシーリの恋人が彼とは異なる男性と見つめ合い、新たな未来を暗示して幕を閉じる。映画は死と生のイメージを反復しながら、すべてを包容する大地の豊かさに満ちている。

　同じ農業集団化を主題とするエイゼンシテイン『全線（古きものと新しきもの）』（1928）と比べて見ると、このふたりの作家性の違いがわかりやすい。エイゼンシテインの映画では、自らが置かれた状況に貧農たちが気づいて立ち上がる点に力点が置かれていたのに対して、『大地』は農業集団化のために邪悪な富農を否定的に描きながら、自然との交感に主眼を置かれている点に違いがある。ドヴジェンコの代表作にして、ウクライナ映画オールタイムベスト2位に選ばれた金字塔。

コラム 1 　ウクライナ映画を配信で見る

　以前に比べるとウクライナ映画が日本の劇場でかかる機会も多くなったが、それでもその数は全体のごく一部にすぎない。Amazon プライムや MUBI といった映画配信サイトでも視聴可能なものは多いので、映画全体への関心を持つことが大事である。映画はまず何よりも劇場で見るべきものである。そのことを踏まえた上で、日本の限定的な状況下でウクライナ映画に少しでも触れられるよう、ウクライナの公式動画サイトをいくつか紹介する。ここに挙げたもの以外でも、原題を Google やЯндекс（ヤンデックス）といった検索サイトで動画検索すると、配信サイトに載っていたり、監督やスタジオがアップロードしているものが見つかる例は多い。

オデーサ映画スタジオ
https://www.youtube.com/@OdesaFilmStudio
ウクライナを代表する映画スタジオの公式
YouTube チャンネルで、近年はほとんど映画製作を行なっていないが、キラ・ムラートワの諸作品をはじめ、過去にこのスタジオで製作された映画を多く視聴することができる。

TAKFLIX
https://takflix.com/en
映画監督のナディヤ・パルファンが運営するウクライナ映画の配信サイト。高画質の映画のほとんどを英語字幕付きで見ることができる。更新頻度も高く、このサイトを確認することで最新のウクライナ映画を追うことも可能である。

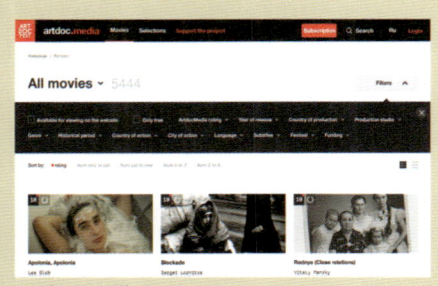

Artdoc.media
https://artdoc.media/en/movie
旧ソ連諸国で 2000 年代初頭から現在に至るまでの膨大なドキュメンタリー映画を集めたアーカイヴ。有料・無料で視聴できるものがあり、多くが英語字幕付きで見ることができる。割合としては旧ソ連諸国で最大の映画大国であるロシア映画が多いが、西側の監督がウクライナを撮影したドキュメンタリーも視聴することができる。更新頻度も高い。

Babylon' 13
https://www.youtube.com/channel/
UCrJIIeADD45RsffK2yYgmSw
2013 年に複数の映画監督やカメラマンによって結成された、ドキュメンタリー映画制作集団。マイダン革命から 2022 年のロシア軍によるウクライナ侵略に至るまで、密着撮影した映像が視聴可能。100 を超えるその作品のほとんどは短編で、世界に向けて広く情報を発信している。

第 2 章

トーキー映画から戦前

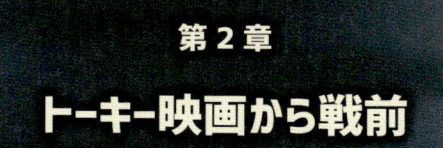

映画の誕生から束の間のサイレント期が終わり、1930 年代になるとトーキー映画への移行が急速に進んだ。ジガ・ヴェルトフのドキュメンタリー『熱狂：ドンバス交響曲』には作曲家ドミトリー・ショスタコーヴィチが音楽をつけ、サイレント映画で重要な作品をいくつも残したオレクサンドル・ドヴジェンコもトーキー映画に対応した。ウクライナ国外ではまだ知名度がそれほど高くないイワン・カヴァレリゼの作品は、国内では揺るぎない地位を築き、ウクライナ映画史における重要な作品を残している。やがて、サイレント映画期から続いていた栄華は、戦争により陰りを見せることになる。キエフはナチス・ドイツの侵略を受け、映画スタジオは中央アジアに疎開するのだが、それでも疎開先からウクライナ映画の製作は続けられたのだった。

熱狂：ドンバス交響曲

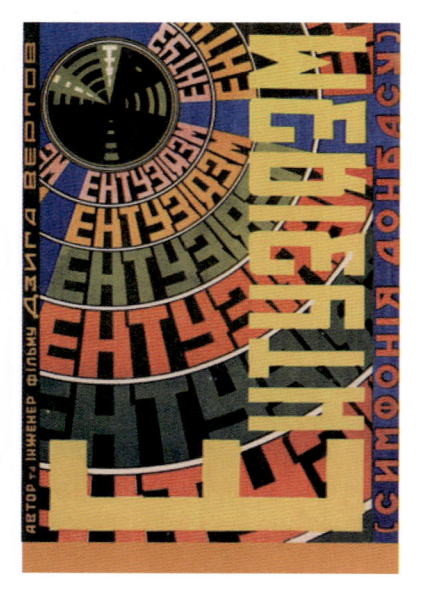

ジガ・ヴェルトフ

Энтузиазм (Симфония Донбасса)

1931 年

ソ連

全ウクライナ写真映画管理局

ロシア語

65 分

ジガ・ヴェルトフ

ボリス・ツェイトリン

ドミトリー・ショスタコーヴィチ

https://www.imdb.com/title/tt0021375/

図1

図2

　ソ連のドキュメンタリー映画として初めて制作されたサウンド映画でもあるこの映画は、少女がヘッドセットを装着し、ラジオのチューニングをしているところから始まる【図1】。調整がうまくいかず、鐘の音が響くと場面が変わり、教会の前で十字を切る信心深い人間たちの姿が続く。教会の映像は次第に黒塗りされ、再び少女が映ると、レニングラードのラジオ局が「ドンバス交響曲」の演奏開始を告げ、彼女の顔が喜びに輝く。指揮者がタクトを振って演奏が始まるが、しばらくするとロシア正教の祈りと鐘の音が再び聞こえ始め、少女は戸惑いの表情を浮かべる。その後はアルコール依存症の男たちも登場し、鐘の音やうめき声が不協和音となって演奏をかき消していく。しかし、それに対抗するように教会の閉鎖を訴えるデモ隊が登場し、宗教建築物を解体する映像が出現する。こうして序盤では、耳を澄ます少女とソヴィエト政権下で変化する街の様子を交互に映し出していく。

　やがて、教会は労働者クラブに改造され【図2】、工業地帯ドンバスの全貌が姿を現してくる。このとき少女はすでにヘッドセットを外し、レーニンの彫像制作に没頭している。ソ連社会でタブーであった宗教やアルコール依存症のイメージに交代して、工業国へ変貌しようとする国の姿が前景化してくる仕組みである。スクリーン上に現れる「社会主義へ」の文字が、進むべき道を指し示す。

　ドネツク炭田にその名を由来するドンバスは、18世紀末に石炭が発見されたことで開発が進んだ。スターリンは1928年から1932年にかけて、国内の重工業化と農業集団化を目指した第一次五カ年計画において、先進的な工業地帯であったドンバスに、牽引役として大きな期待を寄せていた。進行中の計画のさ中に制作された『熱狂：ドンバス交響曲』は、五カ年計画の実現を促進すると同時に、その達成を予告的に映像として提示する作品である。映画は採掘された石炭が手で洗浄され、汽車や貨車で巨大な工業地帯へ運ばれ、高炉で製銑されていく過程を生々しく映し出す。ラジオから流れていた音楽はいつの間にか止んでおり、労働者が唱えるスローガンや喚声、機械の稼働する音がスクリーンを満たしていく。五カ年計画が進行していくと、その成果がキャプションで強調される。労働者の献身的な労働＝熱狂（熱中）の結果、驚くべきことに五カ年計画が四年で達成される。だが模範的な彼らは仕事の手を休めることなく、その後も成果を積み上げていく。加工された鉄製品が今度は汽車でウクライナの農村へと運ばれていき、次に示されるのは、大地を開墾するトラクターの力強い映像である。ドンバスの労働者の活躍によって、集団農場も劇的な生産高を上げることに成功し、農場労働者が社会主義の勝利に喜ぶ祝祭が延々と続く。

　第一次五カ年計画を主題とした典型的なソ連映画でありながら、世界的に評価の高い本作はウクライナ映画史においても古典としての地位を占め、オールタイムベストでも28位に選出されている。その後のウクライナ映画で度々登場することになる、映画史におけるドンバスの原風景でもある。作曲家ドミトリー・ショスタコーヴィチが音楽を担当した本作では、映像の大胆なモンタージュと同様に、音もノイズとともに実験的にサンプリングされている。

トーキー映画から戦前

ポーランド・リトアニア圧政下、18世紀末の蜂起を描く史劇

コリーイの乱

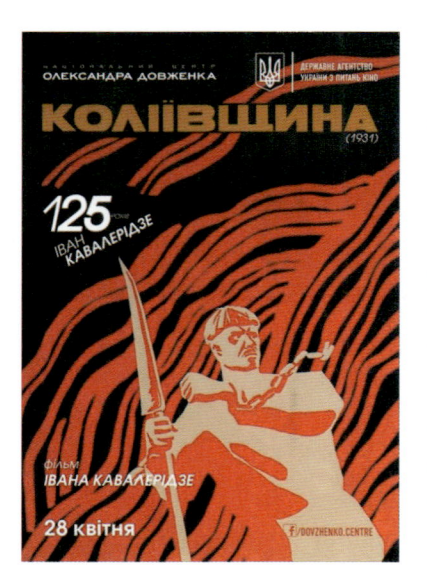

イワン・カヴァレリゼ

Коліївщина

1933 年

ソ連

ウクラインフィルム

ウクライナ語

67 分（1967 年修復版、オリジナルは 80 分）

イヴァン・カヴァレリゼ

ムィコラ・トプチィー

パウロ・トルスチャコフ、ワシリ・ヴェルホヴィネツ

オレクサンドル・セルジュク、イワン・マリヤネンコ、
ダニロ・アントノヴィチ

https://www.imdb.com/title/tt0025354/

https://www.youtube.com/watch?v=8tDKVgO8kGk

図1

図2

図3

図4

　1768 年、ポーランド・リトアニア共和国支配下にある右岸ウクライナでの、ハイダマキと呼ばれるウクライナ蜂起軍による武装蜂起「コリーイの乱」を描く（コリーイとは元来、屠殺者の意）。トルコ語で盗人や放浪者を意味する言葉を語源とするハイダマキは、18 世紀初めに右岸に登場し、もともと野盗まがいの行為を働いていた。やがてそのたくましい姿は、圧政に苦しむ農民から大きな支持を受けるようになっていった。ハイダマキによる反乱は、18 世紀に 3 度起きており、本作が描く 1768 年の最後の蜂起は最大にして最後のものである【図 1・2・3・4】。

　トーキーからサイレントに移行する時期に制作された本作では、サイレント映画の演出にトーキーの魅力が盛り込まれている。その一端は、例えば結婚式の一幕中に描かれる、民衆が目覚める場面によく現れている。美しい衣装に身をまとった女性たちが陽気な歌で祝福するなか、緊張した面持ちの新郎と新婦が初々しい口付けを交わす。ところがそこへ領主が現れると、空気は一変する。彼は一言も言葉を発しないが、宴席へ向ける冷たい眼差しと高圧的な態度によって、農民たちとの間にある絶対的な上下関係が浮き彫りになる。その時、それまで陽気な歌を歌っていた女性たちは、悲しげなメロディの曲を口ずさみ始め、農民たちの沈痛な気分が表現される。そして領主が去った後、男たちがお互いを鼓舞し始め、武器を手に取り出すのだ。この反乱は、左岸ウクライナにも影響が及ぶことを恐れたロシア軍がポーランドの援助に回ったこともあり、蜂起軍は無惨にも壊滅させられた。

　組織化が不十分で指導者を欠いたため、失敗に終わったコリーイの乱だが、民衆に残したインパクトは大きかった。それゆえウクライナ民族解放運動の象徴となり、タラス・シェフチェンコの叙事詩「ハイダマキ」をはじめ、芸術作品にしばしば、半ば美化されて描かれるようになった。ジョージア系ウクライナ人のカヴァレリゼ（1887-1978）は、1920 年代から半世紀もの長い間にもわたってウクライナで活躍し、多くの重要な作品を残した映画監督である。すでに 1929 年にコリーイの乱を描いたサイレント映画『土砂降り』（このフィルムは一部しか現存していない）を撮っている彼は、本作で再び同じ歴史的事件を主題にして、トーキー映画として完成させた。オールタイムベスト 46 位。

日本人スパイ「サムライ」も登場する、極東を舞台にした冒険映画

航空都市

- 🎬 オレクサンドル・ドヴジェンコ
- ⊖ Аэроград
- 🗓 1935 年
- 📍 ソ連
- 🎞 モスフィルム、ウクラインフィルム
- 🔊 ロシア語
- 🕐 77 分
- ⚙ オレクサンドル・ドヴジェンコ
- 📝 オレクサンドル・ドヴジェンコ
- 🎥 ミハイル・ギンディン、エドゥアルド・ティッセ、ニコライ・スミルノフ
- 🎵 ドミトリー・カバレフスキー
- 🎙 ステパン・シャハイダ、セルゲイ・ストリャロフ
- 🎬 https://www.imdb.com/title/tt0026040/
- ▶ https://www.youtube.com/watch?v=JpkjdvLCHA0
- 🌐

図1

図2

図3

図4

　映画はキャプションで、太平洋沿岸での新しい都市「航空都市」の建設を祝福するメッセージが表示されて始まる。その直後に続くのは、航空機が山を越えて海上を飛行する映像である【図1】。ベーリング海から荒々しい日本海まで、広大な領土を有するソ連の辺境が確認される。飛行技術の進歩によって世界の距離は縮まり、東のフロンティアに国境を防衛する都市の建設が待望されているのである。

　ある日、アムール州の国境沿いで、トラ狩りの名手ステパンは、ダイナマイトを仕掛けようとしている工作員を発見する。極東スーチャンで炭鉱の爆破が計画されていたのだ。森に逃げ込んだふたりは、日本人のスパイだった。ステパンに追い詰められたそのうちのひとりは、ソ連とその民族への憎しみ、集団労働をも憎む対象として捨て台詞を吐いたのち、容赦なく撃たれて絶命する【図2】。ステパンは日本刀を抱えたもうひとりを追うが、日本人と通じていてスパイをかくまっている旧知の友人フジャコフにはぐらかされ、見失ってしまう。その頃、ステパンの息子でパイロットのウラジーミルは、長いフライトを終えてモスクワから帰ってきていた。ここでもソ連の西端と東端を結ぶ行路によって、ソ連の一体感が強調されている。息子は再会した父に、明日はチュコト半島に飛び、そこで飛行機が故障してしまったアメリカ人飛行士を救出して、本国へ送り届けるのだという。やがて裏切りが明らかになったフジャコフはステパンに粛清され、残った日本人もウラジーミルに力でねじ伏せられる【図3】。

　映画では、サムライという言葉が日本人と同義で使用され、唐突なお辞儀や怪しげな剣の方が披露されるなど、日本人の過剰なステレオタイプを提示する。1932年に日本の傀儡国家として創設された満洲国の不気味な存在や、ソ連と良好な関係にあったアメリカなど、製作当時の隣国との関係性が垣間見られる点も興味深い。破壊分子が一掃されて不安が払拭されると、空と海の双方で航空都市の完成を祝う盛大なパレードが続く【図4】。航空機がモスクワ、レニングラードからキエフ、ドニエプロペトロフスク、ザポロージエまでソ連各地を飛行することで、領土とその保全が保障される。フィルムは祝祭的な高揚感に満ちたフィナーレを迎えて幕を閉じる、ソヴィエト愛国精神に満ちた冒険映画である。オールタイムベスト95位。

プロメテウス

🏇 **イワン・カヴァレリゼ**

⊖ **Прометей**

🗓 1936 年

📍 ソ連

🎬 ウクラインフィルム

🔊 ウクライナ語、ロシア語、ジョージア語

🕐 84 分（2400 メートル）

⚙

📝 イヴァン・カヴァレリゼ

🎥 ムィコラ・トプチィー

💿 パーヴェル・トルスチャコフ、
アンドレイ・バランチヴァゼ

🎭 イワン・トヴェルドフレプ、ポリーナ・オメリチェンコ、オレクサンドル・セルジュク

IMDb https://www.imdb.com/title/tt1855316/

▶

🌐

図 1

図 2

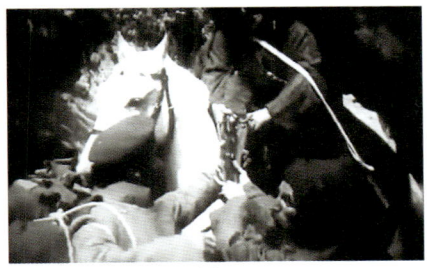
図 3

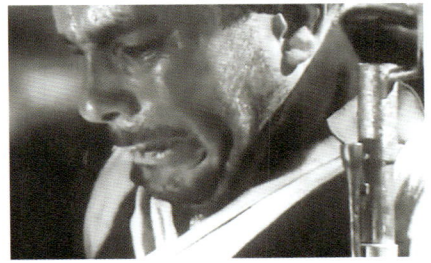
図 4

　農奴制の残るウクライナ。農奴のイワンは主人の命令によって軍隊に送られ、彼の婚約者カテリナは売春宿へ身を売られる【図 1・2】。その道程では、帝国の首都サンクトペテルブルクのきらびやかな風景が挿入される。イワンが兵士として派遣されたのは、19 世紀はじめ以来、ロシア帝国と地域民族との間で数十年にわたって戦争が続く、カフカス（コーカサス）だった。イワンはカフカスで帝国の植民地政策に激しく抵抗する人々の姿を目にすると、ツァーリズムの名のもとに行われる領土拡張政策に疑問を抱くようになる【図 3・4】。特に、現地で出会った革命家ガヴリロフが民族のため身を捧げている姿に大きな感銘を受け、故郷へ戻ると蜂起を起こすことを決意する。カフカスを制圧し、部隊がロシアへ引き上げる際には、ヴォルガの舟曳きの光景など、南部の貧しさが映し出される。それは映画前半の首都の輝かしい映像とは対照的であり、農奴たちが住む本当のロシアの姿である。フィルムはイワンが民衆を率いて、自分を軍隊に送った主人のもとに詰め寄り、旧体制の転覆が予告されて終わる。

　映画はタラス・シェフチェンコの詩に着想を得、詩人が登場する場面も撮影されたが、現存するフィルムではその場面が欠落している。タイトルは本作でもその一節が引用されている、シェフチェンコの詩「カフカス」中の「太古の昔から プロメテウスは／彼の地で ワシに罰せられ続ける」から取られている。人間に火を与えたためにゼウスの怒りを買ったプロメテウスは、カウカソス山（一説ではカフカスの語源とも言われる）に磔にされ、毎日ワシに肝臓をついばまれるという罰を永遠に受けることになった。シェフチェンコの詩では、ロシアの植民地支配に苦しむカフカス民族の思いがギリシャ神話の神の苦しみに仮託されている。それがカヴァレリゼの映画では、カフカス戦争を介して、ウクライナの農奴イワンが目覚めるきっかけとしても働くことになる。

　18 世紀半ばにウクライナに移住させられてきたジョージア人の子孫で、ウクライナ生まれのカヴァレリゼは、自分の曽祖父のエピソードも本作に盛り込んだと言う。だがウクライナで 1920 年代に推進されたウクライナ語奨励などのウクライナ化政策は終了し、中央集権化の進められた 1930 年代半ばにあって、本作がソ連国内で受け入れられる余地はなかった。映画は酷評され、監督も反省を強要された。現在は 1930 年代を代表するウクライナ映画として評価が定まり、オールタイムベスト 30 位に選出された。

革命の到来を予感させる、ドンバスを舞台にした最初の劇映画作品

愛してる

👤	**レオニード・ルコフ**
⊖	Я люблю
📅	1936 年
📍	ソ連
🎞	ウクラインフィルム
🗨	ロシア語
🕐	78 分
⊚	
📄	アレクサンドル・アヴデエンコ
🎥	イワン・シェッケル
💿	イワン・シショフ
🎭	アレクサンドル・チスチャコフ、
	イヴァン・チュヴェレフ
IMDb	https://www.imdb.com/title/tt0173470/
▶	
🌐	

図1

図2

図3

図4

　舞台はロシア革命が起こる前のドンバス。30年前、家族を村に置いてドンバスへやってきたニカノルは、坑夫として働いていた。父のあとを追ってきた息子のオスタプも、ともに働いている。彼らの故郷では家畜が全滅したため、ニカノルの妻、ふたりの子供ワリカとサニカを連れたオスタプの妻も、ドンバスへやってきて一家は合流する。オスタプの職場の責任者であるブティロチキンは、まだ幼い少女のワリカを好色な目で眺めている。女に目がなく飽食なブティロチキンは、打倒されるべき醜悪なブルジョワの見本として描かれている【図1】。ニカノルは家族のために懸命に働き、彼が建てた新しい家の周囲には集落が育っていく。

　坑夫が働く鉱山の中には、崩落の危険があるため高給が支払われるものがあった。ニカノルは家族を養うために危険な鉱山で働くことを選ぶのだが、天井が崩落して事故に巻き込まれる悲劇が発生する。一命は取り留めたものの、それ以後、炭鉱で働くことを禁じられる。長年奉仕してきたにもかかわらず、働くことを禁じられたため、ニカノルは怒りを爆発させて妻を突き飛ばし、老いた彼女はそのまま命を落とすことになる。暴れることを止めないニカノルは、馬車に乗ったブティロチキンと鉱山のオーナーまでも投げ飛ばし、数人がかりで縛り上げられる【図2】。同じ頃、オスタプは実は革命家である隣人に、労働者の権利を守る団体があることを聞いて目を開く【図3】。結局、ニカノルは縛られたまま失意の中で絶命してしまう。

　ラストシーンでは、ニカノルの棺をオスタプたちが抱えて運んでいる。そこへ鉱山のオーナーを乗せた馬車が現れ、道を空けるように言うが、オスタプたちはその主張を跳ねのける【図4】。馬車から放り出されたオーナーがオスタプに不満を漏らすと、まだ幼い少年の息子サニカが「必ず殺してやる」と宣言し、革命の到来を予感させたところでフィルムは終幕となる。

　マリウポリ生まれの監督ルコフはドンバスに関する映画を何本か撮っているが、同地を舞台にした最初の劇映画でもある本作はオールタイムベスト41位と、とりわけ高く評価されている。なお、屈強な老人ニカノルを演じたチスチャコフは、ハンマー投げでは国内の最高記録を出し、レスリングでソ連チャンピオンになるなど、複数のスポーツにおいて輝かしい成績を残したスポーツマンでもあった。

人気作家オレーシャが脚本を担当した、超現実主義不倫ドラマ

厳格な青年

アブラム・ローム
Строгий юноша
1936 年
ソ連
ウクラインフィルム
ロシア語
100 分

ユーリー・オレーシャ
ユーリー・エケリチク
ガヴリイル・ポポフ
ドミトリー・ドルリアク、ユーリー・ユーリエフ、
オリガ・ジズネワ
https://www.imdb.com/title/tt0025841/

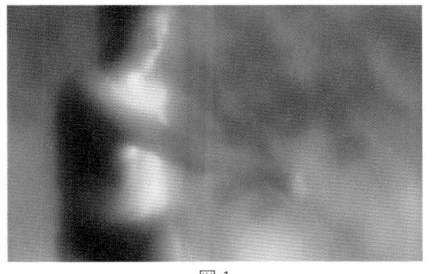
図1

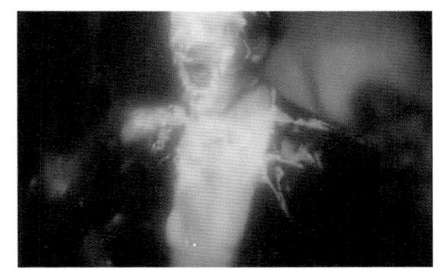
図2

　著名な外科医ユリアン・ステパーノフは妻マーシャと暮らし、そこに夫の友人で粗野な男フョードルが下宿していた。ある日、コムソモール員で若いスポーツ選手のグリーシャが訪ねてくる。食事をともにし、フョードルはグリーシャにぞんざいな口を聞いてマーシャは腹を立てるが、夫は友人の肩を持つ。食後は疲れたという夫を残してグリーシャとマーシャふたりで散歩に出かけ、その様子を見て夫はふたりの関係を疑う。マーシャはグリーシャに晩にまた訪れるように伝える。

　ステパーノフ家を後にしたグリーシャは、コーリャやオリガとともに乗馬や陸上競技など体の鍛錬に励む。上半身裸で健康的な男性の肉体美が披露される場面が続く。練習後のロッカールームでコーリャは、グリーシャがマーシャに思いを寄せていることを知る。コーリャはグリーシャに先んじ、ステパーノフ夫妻に友人が奥さんを愛していることを告げる。マーシャが嬉しそうな顔を見せている横で、ユリアンは態度を硬化させる。その後、フョードルがグリーシャの自宅を訪問し、夫婦からの伝言だと言って彼がステパーノフ家を出禁になったと宣告する。グリーシャは自分の愛は終わったと悲嘆に暮れる。

　場面は変わり、夜、ステパーノフ家でピアノの演奏が行われている。そこへ、グリーシャが登場し、マーシャといきなり熱い口づけを交わす。友人コーリャは居眠りしていたフョードルの前に筋骨隆々とした上半身を剥き出しにして現れると、テーブル上の山盛りのデザートが盛り付けられた皿を奪い、突然、道化のようになったふたりの逃走劇が始まる。コーリャは円盤投げの要領で、次々にパイをフョードルの顔面に命中させていく【図1】。コーリャの攻撃は止むことなくどこから手に入れたのかパイを連続で投げ続け、フョードルはクリームまみれになって退散していく【図2】。この一夜の場面は夢であることを示すように、映画の中でもひときわ超現実的な描写になっている。

　再び場面はアパートに戻り、グリーシャは自分は愛されていないとコーリャに泣き言を言っている。そこへ、オリガが重い病にかかり、緊急手術を受けることになったという知らせが届く。執刀を担当することになったのは、ユリアンだった。無事に一命を取り留め、ベッドで笑顔を見せるオリガを、ユリアンが見舞いに訪れる。読書家の彼女が読み上げる詩に彼は感銘を受け、作者を尋ねると、グリーシャが書いたものだという。青年を見直した外科医は彼の自宅を訪問し、これまでの態度を詫びて晩餐に招待する。だがグリーシャはその招待を固辞する。

　マーシャはグリーシャのアパートを訪れる。やがて妻が家を出ていくことに気づいた夫が「戻ってくるんだろう」と念を押すと、彼女は「もちろん」と微笑んで答える。グリーシャとマーシャは散歩しながら、彼女は何度も「話がある」というが、切り出さない。マーシャが何回目か同じセリフを口にすると、グリーシャは突然彼女に口づけする。唐突に訪れるラストシーンではマーシャが家に帰り、夫と抱き合って夫婦の信頼が強調されているところでフィルムは幕を閉じる。

　人気作家ユーリー・オレーシャがシナリオを書き下ろした、年齢差のある男女の不倫を描いたこの映画は長らく公開禁止となり、思索的で行動を起こさない主人公も批判された。宮殿のようなステパーノフの自宅、生活感がなく近未来的なグリーシャのアパート、ロケ地となったオデッサの風景も見所である。青年と不倫する外科医夫人のマーシャは、ロームの妻オリガ・ジズネワが演じている。オールタイムベスト 26 位。

ナチス占領下のウクライナ農村の村民の抵抗を描いた反戦映画

虹

 マルク・ドンスコイ

Радуга

1944 年

ソ連

キエフ映画スタジオ

ロシア語

93 分

ワンダ・ワシリエフスカヤ

ボリス・モナトゥイルスキー

レフ・シュワルツ

ナタリヤ・ウジヴィイー、ニーナ・アリソワ、
エレーナ・チャプキナ、ワレンチナ・イワショワ

https://www.imdb.com/title/tt0037205/

図1

図2

図3

図4

　ナチス・ドイツに占領された厳冬下での、ウクライナの村での 30 日間の闘争を描く。住民全員が識別するための番号札を首にかけられているなか、豪奢な生活を好むプーシャは前線で戦う夫がいながらドイツ人将校クルトの愛人となり、気ままに暮らしていた【図 1】。ふたりの世話をするフェドシヤが厳しい視線を注ぐ【図 2】。彼女の息子は殺され、戸外で埋葬されず凍ったまま放置されていた。過酷な占領下の生活だが、フェドシヤたち村人は空に虹がかかっているのを見つけて、良い兆しだと心の支えにするのだった。

　パルチザンのアリョーナが捕らえられると、その尋問をプーシャは退屈しのぎに見物する。アリョーナが口を割らないため、戸外の簡素な小屋に監禁される。その様子を見ていた少年が母親からパンを受け取り、地面を這って旧知のアリョーナおばさんの元へ届けに行く【図 3】。だが見張りのドイツ兵は少年を発見すると、容赦なく彼を処刑する。母親はドイツ兵が片付けないうちに息子の遺体を運んできて、家の中に穴を掘って埋葬するのだった。

　妊娠していたアリョーナは、やがてひとり小屋の中で出産する。喜びに輝く彼女の顔に続いて映し出されるのは、前線で戦っている夫が彼女の写真を戦友に見せている場面である。写真を一瞥した彼らが口にする褒め言葉がソ連を構成する共和国の言語で発されることで、ナチス・ドイツに対峙する一体感を強調する演出がされている。ところがドイツ兵は、生まれたばかりの赤ん坊に銃口を突きつけ、パルチザンの正体を明かすようアリョーナを脅迫する。それでもアリョーナが固辞すると、ナチスは躊躇うことなく乳児の命を奪う。アリョーナはナチスと戦う一人ひとりが自分の息子だと言い残し、彼女もまた処刑される【図 4】。

　少しずつナチスへの包囲網が迫っていた。フェドシヤの前に現れたパルチザン兵は彼女を母と呼び、彼女の導きによってプーシャは夫の手によって始末される。ソ連軍によって解放された村人たちはこれまでの不満を爆発させ、クルトたちドイツ兵を襲おうとするが、フェドシヤは興奮した彼らをたしなめるのだった。第二次世界大戦でソ連に亡命したポーランドの作家ワンダ・ワシレフスカヤの同名の小説が原作。ナチスの脅威が西側から迫る戦時下のため、映画は当時、ウクライナの映画スタジオが疎開していたトルクメニスタンのアシガバードで製作された。オールタイムベスト 29 位。

コラム2　　ドヴジェンコ国立センターの100作品リスト

　2021年6月、オレクサンドル・ドヴジェンコ国立センターは、ウクライナ映画のベスト100作品リストを発表した（https://dovzhenkocentre.org/top-100-all/）。こうしたランキングが何らかのイデオロギーの類から自由でいることは難しいものだが、まさにそれゆえに、ソ連解体後に設立された国立の映画機関が公表しているものとして、同国の公式の映画史観を伝える指標になる。本書ではこのランキングをオールタイムベストと呼び、ランク入りしている作品に関しては、可能な限り個々の作品紹介で言及している。ここでその全体を取り上げることはできないが、いくつかの特徴を指摘して、その性格を整理する。

　1位に選ばれているのは、ジョージア生まれのアルメニア人セルゲイ・パラジャーノフが、ウクライナ西部に住むフツル族の愛の物語を民族色豊かに映像化した『忘れられた祖先の影』（1964）である。続いて、センターがその名を冠しているオレクサンドル・ドヴジェンコの代表作『大地』（1930）、イギリスの国際的な映画雑誌『Sight & Sound』が2014年に実施したドキュメンタリー映画のオールタイムベストにおいて、批評家投票とフィルムメーカー投票でともに1位を獲得したジガ・ヴェルトフ『カメラを持った男』（1929）と、ソ連時代からよく知られ、揺るぎない評価を獲得している作品が上位に続く。また、『石の十字架』（1968）が5位に入っているレオニード・オシカや『黒い模様のコウノトリ』（1970）が8位に入っているユーリー・イリエンコなど、1960年代から70年代にかけてウクライナ詩的映画の担い手として活躍した映画作家の作品も高く評価されている。『忘れられた祖先の影』をはじめウクライナ映画の数々の傑作に出演した名優イワン・ミコライチュクの監督代表作『バビロンXX』（1979）も10位に選出されている。

　こうした揺るぎない評価を得た作品群の中に、ヴァレンチン・ヴァシャノヴィチがドンバス紛争を近未来的な視点で描いた『アトランティス』（2019）

が11位、セルゲイ・ロズニツァがドンバスでの分離派による工作を描いた『ドンバス』（2018）が14位にランクインしている。マイダン革命直後に通話アプリ「Varta1」で連携していた活動家たちの音声を再構成した、ユーリー・フリツィナ『Varta1、リヴィウ、ウクライナ』（2015）は23位となっている。これらの上位に置かれた作品以外にも、2014年以降のマイダン革命やドンバス紛争を扱った作品が数多く選出されている事実を指摘することができる。

　他方、およそ70年間続いたウクライナ・ソヴィエト時代における映画産業の興隆という側面から考慮すると、ソ連時代の作品は敬遠されている。『忘れられた祖先の影』が高く評価されているパラジャーノフは、これ以外にもウクライナで数作品を撮っているがいずれもランキング外になっている。また、パラジャーノフの師であったイーホル・サウチェンコはウクライナ人で、ウクライナ史で重要な歴史的題材をいくつも映画化しているが、ソ連映画の巨匠とされるこの監督の作品はひとつも選出されず、祖国での不人気を反映している。

　それでも同時に、典型的なソ連映画がいくつも選出されている。例えば、キエフ科学映画学校の創設者でもあるフェリックス・ソボレフは、ロシア語によるドキュメンタリー作品を多数制作しており、オールタイムベストのリストには、『限界を越える七つの歩み』（1968）や『私と他人たち』（1971）など、3作品が選ばれている。また、ソ連型コメディであるアレクセイ・ミシューリンとニコライ・リトゥスの共同監督作品のロシア語映画『ガソリンスタンドの女王』（1962）が61位に入っていることからも、2021年に作成されたリストとして興味深い。

　なお、最多選出作品数は1本の共同監督作品を含む最多の8作品がこのリストで選ばれているキラ・ムラートワで、次いで、オレクサンドル・ドヴジェンコ、ユーリー・イリエンコ、セルゲイ・ロズニツァが4作品選出で並んでいる。

第 3 章

戦後のウクライナ映画の隆盛

戦争により映画産業に大きな被害を受けたウクライナ映画の復興はゆっくりと進んだ。スターリンによる芸術全体に対する締め付けも、映画芸術にとっては窮屈な時代が続く原因となった。1956 年に公開されたフェリックス・ミロネルとマルレン・フツィエフのメロドラマ『ザレチナヤ通りの春』は、戦後の重苦しいイメージを一新して低迷期を打ち破り、ウクライナ・ソ連映画界に雪解けをもたらした画期的な作品である。やがてコメディ映画も続々と製作され、雪解けとともに、スクリーンに明るいイメージが浸透していった。ウクライナ映画が充実していく流れの中で、セルゲイ・パラジャーノフの『忘れられた祖先の影』(1964) が突然変異のように登場した。このウクライナ文化の極致に導かれるようにして、レオニード・オシカ、ユーリー・イリエンコ、ヴォロディーミル・デニセンコ、ボリス・イフチェンコらが続き、ウクライナ詩的映画が勃興した。これらの監督たちと時期を同じくして、ロシア語作家のキラ・ムラートワもまったく異なる作家性を発揮した映画を撮り始め、ウクライナ映画の黄金時代が訪れた。ただしこうした時代にあっても、これらの監督たちには検閲により公開を許されなかった作品も多かった。

ザレチナヤ通りの春

フェリックス・ミロネル、
マルレン・フツィエフ

Весна на Заречной улице

1956 年

ソ連

オデッサ映画スタジオ

ロシア語

96 分

フェリックス・ミロネル

ピョートル・トドロフスキー、
ラドミル・ワシレフシキー

ボリス・モクロウソフ

ニーナ・イワノワ、ニコライ・ルィブニコフ

https://www.imdb.com/title/tt0049917/

図1　　　　　　　　　　　　　　　　　　図2

　教育大学を出たタチアナは、巨大な製鉄所を抱える街にあるザレチナヤ通りの夜間学校へ、労働者にロシア語とロシア文学を教えるため赴任してくる。土砂降りの雨が降る中、タチアナを送るトラックに労働者サーシャが強引に乗り込んでくる。彼女は彼の強引な性格に当惑を強く感じる。やがて冬が訪れる。昼間は労働に勤しむ生徒たちは疲弊しており、騒々しい教室はタチアナが思い描いていた教室の風景とは異なるものだった。サーシャはタチアナに近づこうとするが、彼女の方は素っ気ない対応に終始する。サーシャがタチアナの部屋を訪問すると、彼女はラジオから流れるラフマニノフのピアノ協奏曲に恍惚となり、その様子を見ていた彼は部屋をそっと抜け出していく。それまで女友達とふざけるところもあったサーシャは、教養ある彼女に対して次第に思いを募らせていく。ある日、教室でサーシャはタチアナに真剣な思いを打ち明けるが、教師と生徒の関係を崩そうとしない彼女は、キッパリと彼を拒絶する。その結果、サーシャは勉強自体を放棄してしまい、そのことが教師タチアナの心に暗い影を落とす。

　季節は春になり、タチアナはふと思い立って、製鉄所を初めて訪問することにする【図1】。そこでは教室で見知った面々が皆、一人前の労働者として仕事をこなしていた。一生懸命働くサーシャの姿も遠くから認め、彼女は初めて彼に対して優しい眼差しを向ける。そこでは溶けた鉄が赤々と熱を帯びて流れていた。それから間もないある日、明るい日差しが降り注ぐ中、サーシャたち労働者は戸外で春を謳歌していた。すると突然雨が降り出し、一同が雨宿りを余儀なくされたところへ、雨に濡れたタチアナも駆け込んでくる。彼女はサーシャの前で、「最近ある労働者の働く姿を見て自分を恥じた」と告白して駆け去っていく。映画の最後で、ふたりは再び対面する。サーシャがタチアナの部屋を外から覗き、窓を開けると風が吹いて彼女の机の上のテスト答案が宙を舞い、一緒にかき集めることになる。サーシャは拾った答案に書かれた、タチアナがかつて教示した「連続点〈…〉」に関する問題を読み上げ、この記号は物語がまだ続くことを意味するのだろう、と尋ねる。彼女はこくりと頷いて微笑み、ふたりの関係はまだ終わっていないことが示されるのだった。

　映画の撮影はザポリージャとオデーサで行われ、後に監督として名を成すピョートル・トドロフスキーとラドミル・ワシレフシキーがカメラマンを務めた。音楽は現在でも親しまれている大衆歌謡曲を数多く作曲したボリス・モクロウソフと、素晴らしいスタッフが作品を支え、記録的な大ヒットとなった。視線の交わし方、人の配置と動き、カット割りにドラマが動きだす雰囲気が充満しており、サーシャが女友達とキスする様子をタチアナが鏡越しに覗き見てしまう場面には、人物同士の感情の動きを少ないカットで見せる技術が濃縮されている【図2】。「雪解け」の契機となったフルシチョフのスターリン批判が行われた1956年に製作されたこの映画は、従来の重苦しいソ連映画の雰囲気を打破した「雪解け期映画」の先駆的な作品にも位置付けられる。また、タチアナがザポリジュスタリ製鉄所を見学する場面がある『ザレチナヤ通りの春』は、ジガ・ヴェルトフの『熱狂：ドンバス交響曲』に始まり、近年では戦争の激戦地として広く知られるようになった製鉄所の、戦後復興期においてフル稼働する姿が見どころともなっている。オールタイムベスト45位。

農奴制下の 19 世紀ウクライナに生きる男女の悲恋の物語

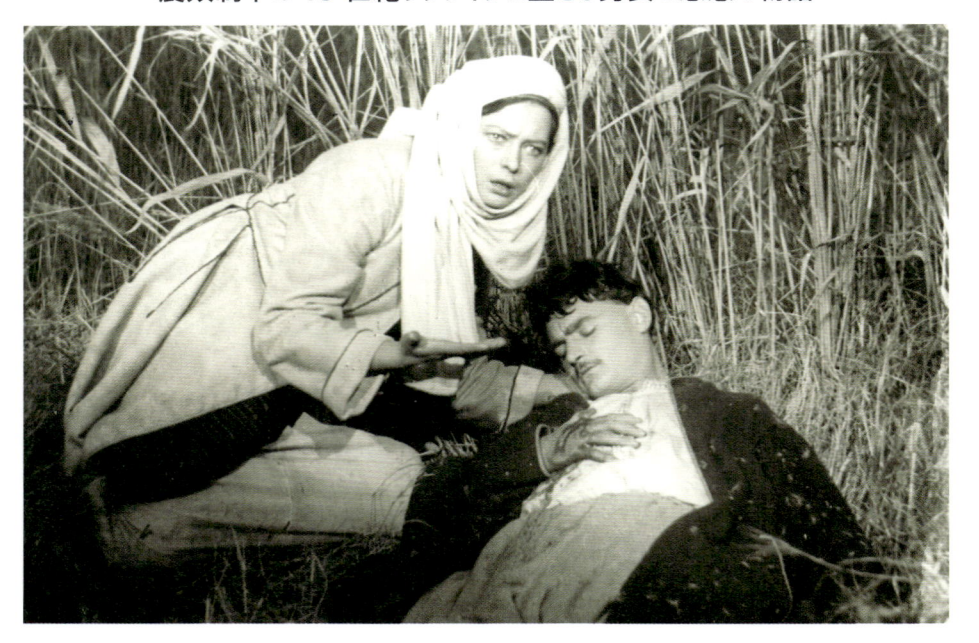

わが身を捧げて

🎬	**マルク・ドンスコイ**
◠	**Дорогой ценой**
📅	1957 年
📍	ソ連
🎞	ドヴジェンコ映画スタジオ
🗣	ロシア語
🕐	98 分
⚙	
📝	イリーナ・ドンスカヤ
🎥	ムィコラ・トプチィー
🎦	レフ・シュワァルツ
〰	ヴェーラ・ドンスカヤ・プリシャジニュク、
	ユーリー・デドヴィチ
IMDb	https://www.imdb.com/title/tt0051549/
▶	
🌐	

図1

図2

図3

図4

　舞台は農奴制時代の1830年代のウクライナ。映画には、「愛することは、死ぬ時でさえ愛すること」という、ゴーリキーの言葉がエピグラフとして掲げられている。農奴の娘ソロミヤは同じ農奴のオスタプと愛し合っていたが、父親の意向で愛していない裕福な男と結婚することになる。オスタプは唯一の肉親である祖父の言葉に従って、自らの命を守り生きる本分を果たすため、村を去る決意をする。ソロミヤにも別れを告げ、ドナウ川を渡った地を目指していく【図1】。オスタプが追手に注意しながら先を急いでいると、ひとり彼の後を執拗に追ってくる者がある。それは愛のない結婚生活に耐え切れず、恋人を追って村を出てきたソロミヤだった。こうして一緒になった彼らの逃避行が始まる。

　ドナウ川の彼方を目指す途上、ふたりが沐浴をしていると、オスタプはソロミヤの美しさに改めて気づかされる。目立って災いを招かないように、愛する者から長い髪を切ることを提案されたソロミヤはふたつ返事で同意するが、いざ髪を短くすると彼女の頬を涙が伝う【図2】。ふたりは何とか川を渡り切るのだが、つい快哉を叫んだオスタプは向こう岸からの銃弾を受け、瀕死の重傷を負ってしまう。ソロミヤは近くにいたロマの一家に助けを求め、オスタプに手厚い看護をしてもらう。主人の妻はオスタプに好意を隠さず、それが原因で夫婦喧嘩することさえ楽しんでいる、情熱的な人間たちである【図3】。だがこの地でも人々は圧政に苦しみ、家畜は虐げられ、馬は涙を流している。そしてオスタプとソロミヤが身を寄せる一家のすぐそばには軍隊が迫り、オスタプとソロミヤの仲を永遠に引き裂こうとしていた【図4】。

　原作はムィハイロ・コツュビンシキーの同名小説。本作には、時間の流れの中で登場人物の感情が変化していく様子が実感される、複数の場面が存在する。ウクライナで1960年代に隆盛する詩的映画の先駆けであり、ソ連映画史においてもソ連ヌーヴェルヴァーグの嚆矢に位置付けられる重要な作品である。ただし、公開当時は十分な評価を得ることはなく、正当な評価を受けるようになったのは公開から数年が経過してからだった。『泣く馬』のタイトルで公開されたフランスでも高い評価を受け、毎年独自のベスト10を発表している同国の映画雑誌「カイエ・デュ・シネマ」では1961年の6位に選出されている。ウクライナのオールタイムベストでは59位に選ばれた。

ふたりの女性を追う、ろくでなしの男が繰り広げるコメディ映画

二兎を追って

ヴィクトル・イワノフ

За двумя зайцами

1962 年

ソ連

ドヴジェンコ映画スタジオ

ウクライナ語

72 分

ヴィクトル・イワノフ

ワジム・イリエンコ

ワジム・ゴモリャカ

オレク・ボリソフ、マルガリータ・クリニツィナ

https://www.imdb.com/title/tt0055635/

図 1

図 2

図 3

図 4

　床屋で働く一文無しのスヴィリドは、器量の良くない娘プロニャと結婚すれば莫大な持参金が手に入るという話を聞いて、目を輝かせる。その後、彼は悪友たちとヴォロディーミルの丘を散歩中に美しい女性ガーリャと出会い、一目惚れする【図1】。スヴィリドは友人にプロニャと金のために結婚し、恋愛はガーリャとするのだと豪語する。彼の二兎を追う生活が始まる。スヴィリドはプロニャを映画に誘い、彼女と親しくなる【図2】。他方、プロニャと別れると、ガーリャを待ち伏せし、自分は金持ちで彼女を愛していると真っ赤なウソをつく。そこへ彼女の母親エヴドキヤが現れ、激しく罵られるが、最終的に彼女から自宅を訪問する許可を得る。

　スヴィリドは持参金を得るため、まずプロニャの自宅を訪問すると、身持ちの良い人物を装って彼女の両親も納得させ、プロポーズに成功する。その帰り道、お金の皮算用をしながら歩いていると、エヴドキヤと遭遇し、半ば強引に自宅に連れて来られる【図3】。初めは早く立ち去ろうとするが、ガーリャを見ると改めて愛を告白し、彼女から拒絶される。その日はエヴドキヤの名の日の祝いだった。外をプロニャ一家が馬車で通り過ぎていく。実はプロニャの母とガーリャの母は姉妹で、妹に祝いを述べに行こうとする母を、娘が止める。立派な紳士であるスヴィリドに、こんな家を訪問しているところを見られてはまずいのだと言う。スヴィリドはふたりが姉妹だという事実をエヴドキヤから聞いて驚くが、裕福だと信じている彼女から娘との結婚を許される。

　ガーリャは耐えきれず、家を飛び出して恋人ステパンのところへ駆け込んでいく。無理やり結婚させられそうだと言う彼女にステパンは、スヴィリドは金持ちでなく破産していると告げる。とにかく持参金の欲しいスヴィリドは、プロニャとの結婚式に臨む【図4】。エヴドキヤやスヴィリドの正体を知る者たちが駆けつけ、その魂胆が明らかになると、悪友たちとともに彼らはその場を文字通り放り出される。だがスヴィリドたちは悪びれる風もなく、悠然と歌を歌いながら去っていくのだった。劇場でもロングランとなった、19世紀の劇作家ムィハイロ・スタリィツキーの戯曲を原作とする本映画化作品は大ヒットした。ドニプロ川を一望できるヴォロディーミルの丘のほか、婚礼場面は聖アンドリー教会で撮影されるなど、ロケ撮影された当時のキーウの街並みも見所となっている。オールタイムベスト17位。

ウクライナでも親しまれている、ソ連コメディ映画の決定版

ガソリンスタンドの女王

👮 **オレクシー・ミシュリン、ムィコラ・リトゥス**

⊖ **Королева бензоколонки**

📅 1962 年

📍 ソ連

🏛 ドヴジェンコ映画スタジオ

🎞 ロシア語

🕐 78 分

📝 ペトロ・ルベンシキー

🎥 ムィハイロ・イワノフ、オレクサンドル・ピシコフ

💿 イェウヘン・ズプツォフ

🎭 ナデージダ・ルミャンツェワ、アンドリー・ソワ、ノンナ・コペルジンシカ、オレクシー・コジェヴニコフ、ユーリー・ベロフ

🎬 https://www.imdb.com/title/tt0057232/

▶

🌐

図1

図2

図3

図4

　アイススケート選手になるための試験で落第したリュドミラは、アスファルトの上でもとにかく練習をするようコーチから助言をされる。厳格なコーチいわく、スケートは「労働」なのだ。言葉を文字通り受け取り、幹線道路をローラースケートで走っていたところ、キエフとヤルタを結ぶ長距離路線バスの運転手スラヴァと知り合う【図1】。そこへバスの前に移動映画館のミニバスが飛び出してきて、リュドミラとスラヴァは運転手兼映写技師のタラスと激しく罵り合うことになる。

　リュドミラはアスファルトがあるという単純な理由から、ガソリンスタンドで働き始める。スタンドには多くの客が訪れ、明るい彼女は彼らの間で中心的な存在になっていく。スラヴァとタラスもしばしば立ち寄り、リュドミラは特に最初の出会いが最悪だった後者と親交を深め、同様に彼女に思いを寄せるスラヴァがその仲を邪魔する、という展開が続く。創意工夫を得意とするリュドミラは、味気ないスタンドに不満を抱き、タラスの力を借りて野外上映を企画する【図2】。スラヴァはその人気ぶりを認めると、バスの運転手ではアピールに欠けると見て、さり気なく車体に「ワイドスクリーン」と書かれたバスで乗りつけて来る【図3】。

　陽気なリュドミラはスタンドのオーナーであるパナスからも気に入られるのだが、嫉妬に駆られた食堂の給仕係の奸計によって組合に呼び出されることになり、危うく職を追われそうになる。しかしリュドミラは自らが実行する給油係としてサービス精神を説くことによって組合の理解も得、玄関には彼女を支持する多くの常連客が車に乗って集まってくる。リュドミラは、スラヴァとタラスの前を素通りし、彼女を「ガソリンスタンドの女王」と呼ぶパナスの三輪バイクに乗り込む。自分が奉仕する「労働」を見つけた彼女は恋愛に無関心で、パナスに面白いアイデアがあると熱心に語りかけながら去って行き、フィルムは幕を閉じる。

　コメディ映画を多数ヒットさせたオレクシー・ムィシューリンの代表作。労働者の成長という主題を笑いを交えて描いた、典型的なソ連時代の作品にも関わらず、オールタイムベストでは61位にランクインした。スラヴァが運転するバスの車窓からは、目抜き通りのフレシチャーティク通りをはじめ、カリーニン広場に建つホテル「モスクワ」（現在の独立広場に建つホテル「ウクライナ」）【図4】やドニエプル川沿いの河岸通りなど、往年のキエフの街並みを観察することができるという点でも、貴重な記録となっている。

忘れられた祖先の影

セルゲイ・パラジャーノフ

Тіні забутих предків

1964 年

ソ連

ドヴジェンコ映画スタジオ

ウクライナ語

132 分

イワン・ドラチ、ワシーリー・ステファニク

ユーリー・イリエンコ

ミロスラヴ・スコリク

イワン・ミコライチュク、ラリーサ・カドチニコワ、
タチヤナ・ベスタエワ

https://www.imdb.com/title/tt0058642/

図 1

図 2

図 3

図 4

　ジョージア生まれのアルメニア人セルゲイ・パラジャーノフの「ウクライナ時代」の代表作。世界映画史に燦然とその名を輝かせるこの映画作家は、ウクライナとの縁が深かった。全ソ国立映画大学では、ドヴジェンコらに師事し、フィルモグラフィ前半の作品のほとんどがキエフのドヴジェンコ映画スタジオで制作された。『忘れられた祖先の影』（日本ではヨーロッパ公開タイトルに基づき『火の馬』の題で公開）は、ウクライナの国立映画機関である国立オレクサンドル・ドヴジェンコ映画が 2021 年に選出したオールタイムベストにおいて、センターにその名が冠せられているドヴジェンコの代表作『大地』（1930）を抑えて 1 位に輝いた。ロシア帝国下でウクライナ文学復興に努めたムィハイロ・コツュビンシキーの代表作を、生誕 100 周年を記念して映画化したものである。

　『忘れられた祖先の影』は、ウクライナ西部の山間に住むフツル族の半目し合うふたつの家族にそれぞれ生まれたイワンとマリーチカは、幼い頃からお互いに思いを寄せていた【図 1】。成人するとマリーチカはイワンの子を身籠り、彼は結婚を前に出稼ぎへと出かけていった【図 2】。ところがその間に、マリーチカは絶壁から足を滑らせて命を落としてしまう。マリーチカが命を落とした後にモノクロに切り替わる瞬間は、それまでの映像が鮮やかなだけに、主人公の沈んだ心を表して痛々しい【図 3】。マリーチカを失ったイワンは村人たちの勧めでパラフナと結婚するが、夫が妻を愛することはなかった。やがてパラフナは魔術師と親しく付き合うようになり、それがイワンの破滅を招くことになる【図 4】。

　それまでソ連映画の規範を大きく逸脱することのなかったパラジャーノフは、この作品で色彩と造型が豊かな融合を示し、カメラに絵の具を吹きつけるといった実験的な試みも行われた。のちに監督としてウクライナ映画史に数々の傑作を残す、ユーリー・イリエンコ撮影による大胆で流れるようなカメラワークの貢献も大きい。パラジャーノフはこの作品で世界的に認知されると同時に、国内ではその独自の様式が批判にさらされることにもなり、次作でその先鋭化した映像を批判され、アルメニアへと拠点を移すことになるのだった。

シェフチェンコ生誕 150 周年を記念する、国民的詩人の伝記作品

夢

👤 **ヴォロディーミル・デニセンコ**
⊖ Сон
🗓 1964 年
📍 ソ連
🎞 ドヴジェンコ映画スタジオ
🔊 ロシア語、ウクライナ語
🕐 93 分
⚙

📄 ドミトロ・パヴリチコ
🎥 ムィハイロ・チョールヌィ
💿 オレクサンドル・ビラシ
🎧 イワン・ミコライチュク、ユルコ・レオンチエフ
IMDb https://www.imdb.com/title/tt2400666/
▶
🌐

図 1

図 2

図 3

図 4

　ロシア帝国の首都サンクトペテルブルクの秘密警察長官の傍らで、配下のひとりがシェフチェンコによるウクライナ語の詩「夢」を読み上げている。権力を痛烈に批判するその内容に朗読の声が読み上げるのを躊躇うと、そばにいた何者かが助けるように続きを暗唱してみせる。それは、勾留されたシェフチェンコ本人である。警察長官は詩の内容を非難するが、詩人はまったく悪びれる様子がなく平然としている【図 1】。独房に入れられたシェフチェンコは白紙を手渡され、正直に罪を認めるよう忠告されるのだが、彼はペンを手にとると新たな詩のインスピレーションを得て筆を走らせる。

　その後、映画は彼の幼年時代へと遡り、来歴を物語り始める。農奴として生まれ、幼くして孤児となったシェフチェンコは、貴族の家で召使いとして働くようになり、その頃から絵画に関心を示す【図 2】。やがて地主とともにサンクトペテルブルクに移住すると、本格的に絵画の勉強を始め、同時に、当時禁じられていたウクライナ語で詩も書き始めるようになる。その才能はたちまちアカデミーの芸術家たちの認めるところとなり、彼らの援助によって農奴の身分から解放されることになる。自由になったシェフチェンコは大喜びで召使いたちのもとに報告に行くが、知らせを聞いた農奴たちに喜ぶ者はひとりもいない。彼は意を決したようにアカデミーの回廊を進んで行き、突き当たりのニコライ 1 世の肖像画に鋭い眼差しを向けると、皇帝本人が出現する【図 3】。皇帝になぜ喜ばないのかと聞かれたシェフチェンコは、民衆が自由でないのに自分の自由はあり得ないと答え、皇帝は彼に書くことも描くことも禁じる。続いて唐突に、「夢」の中でも描かれる、貴族たちの皇帝への媚びへつらいが詩人の前で展開する。一列に並んだ貴族が隣の貴族に順に平手打ちしていくという茶番である【図 4】。こうして詩人の目の前で彼が憎悪する権力の馬鹿馬鹿しさが誇張されたのち、映画は冒頭の警察長官の場面に戻る。そこで実際に判決が下されるのだが、詩人の目は闘志に燃えているのだった。

　「夢」はロシア帝国を躊躇いなく痛烈に批判した、シェフチェンコの詩の中でも特によく知られた作品である。ウクライナの偉大な画家にして詩人シェフチェンコの生誕 150 周年を記念して製作された伝記作品。シェフチェンコの伝記事実に基づき、詩作品「夢」の内容も取り込みながら、国民的詩人の半生を描く。

我らの清きパン

**キラ・ムラートワ、
アレクサンドル・ムラートフ**

Наш честный хлеб

1964 年

ソ連

オデッサ映画スタジオ

ロシア語

94 分

イワン・ボンディン

アレクサンドル・ルィビン、ユーリー・ロマノフスキー

レオニード・バカロフ、ボリス・カラムィシェフ

ドミトリー・ミリュテンコ、オレク・ファンデラ

https://www.imdb.com/title/tt0172859/

https://www.youtube.com/watch?v=EvaFSaNip9A

図 1

図 2

図 3

図 4

　35 年もの間コルホーズの代表を務めてきたベテランのマカールは、周囲の人間から尊敬を集め、「おやっさん」と呼ばれて親しまれていた【図 1】。だがやがて、農業大学で学んだマカールの息子サーシカがコルホーズにやってくる。コルホーズの幹部たちは、サナトリウムでの治療を理由にマカールに引退を勧告し、サーシカを新しい代表に据えようとする。

　サーシカは皆に好かれる存在である。ただ搾乳係のカーチャだけが浮かない顔である。ふたりはかつて親密な関係にあり、サーシカの子を堕胎した経験までしていたカーチャは、彼に会うことを避けていたのだ。だが再会したふたりはサーシカの強引さもあり、元の関係へ戻っていく。マカールはサナトリウムへ向かう。

　その後、地区委員書記のイワン・イワノヴィチがサーシカを訪れ、搾乳量を倍増させれば、追加で飼料を与えると唆す。自信過剰なサーシカは深く考えることなく、イワンの提案をそのまま受け入れる【図 2】。若いコルホーズの代表は幹部たちに自分の決定を伝え、ただひとり技師のステパンが反対するが、サーシカは周囲の人間の意見に聞く耳を持つような人間ではなかった。カーチャに思いを寄せてもいたステパンは、孤立無援で反対した結果、女性ばかりの搾乳係の中に送られ、カーチャにもバカにされる。結局、コルホーズは冬用に備蓄した飼料にまで手をつけることで、授乳量を増加することに成功し、新聞の紙面を一見華々しく飾ることになる【図 3】。

　サナトリウムで療養中のマカールは新聞を見ると、自分が代表を務めていたコルホーズの実態を見抜き、自宅に飛んで帰る【図 4】。その頃、サーシカがイワンの元に向かうと、彼は党の方針ですでに罷免された後だった。飼料を受け取れないことが判明し、絶望して帰途につくサーシカだが、カーチャとの関係は完全に修復し、やがて多くの客を招いてふたりの結婚式が開かれる。式の最中にマカールは再びコルホーズの代表を務めるよう求められるが、自分は年を取りすぎていると言って固辞し、息子に厳しい試練に立ち向かわせるのだった。

　この集団農場を舞台にした教訓ドラマは、キラ・ムラートワが当時のパートナーであるアレクサンドル・ムラートフと共同監督した長編第 1 作でもある。コルホーズ員が踊りに興じる場面で、西ドイツのミュージカル映画に多数出演した歌手エヴェリン・キュンネッケが歌う、ドイツ語の曲が流れる場面も興味深い。オールタイムベスト 71 位。

渇いた者たちの井戸

🎬 **ユーリー・イリエンコ**

⊝ **Криниця для спраглих**

📅 1965 年

📍 ソ連

🏭 ドヴジェンコ映画スタジオ

🎙 ウクライナ語

🕐 73 分

📖 イワン・ドラチ

📹 ユーリー・イリエンコ、
ヴォロディーミル・ダヴィドフ

💿 レオニード・グラボウシキー

🎭 ドミトロ・ミリュテンコ、ラリーサ・カドチュニコワ、
ニーナ・アリソワ、ジェンマ・フィルソワ

🎬 https://www.imdb.com/title/tt0059655/

▶

🌐

図1

図2

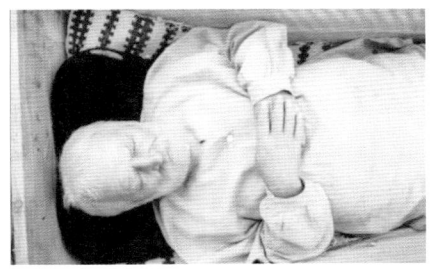

図3

図4

　冒頭、荒涼とした土地にひとりで住む老人レウコが、井戸から水を汲んでいる【図1】。妻と長男は命を落とし、他の子どもたちはすでに街へ去って行ってしまっていた。家の壁に貼られた今はなき家族の写真によって、レウコの孤独が伝えられる。レウコが井戸から汲んだ水を村人たちに分け与えている映像が続く。だがこれは過去の映像か、あるいは彼の孤独が呼び起こした想像だと推察される。映画はほとんどセリフがなく、現実と夢の境界がはっきりとしない、超現実的なイメージが優先して進んでいく。

　映画では終始、彼が井戸で水を汲む様子が断続的に挿入される。皆がバケツに口をつけて直接水をむさぼり飲む様子から、彼らがいかに水に飢えているかが分かる【図2】。バケツを汲み上げる音が、過去にこの井戸で水を汲み飲んでいた者たちの記憶をレウコに呼び起こす。荒涼とした大地にあって村人たちの生命の源であった井戸は、レウコに記憶を呼び起こす源泉でもある。

　この映画は、音の使い方も独創的である。バケツの水を汲み上げる際の鎖の音といった不協和音がたびたび連想を誘い、さまざまな場面を繋げていくことになる。喉の渇きを癒す者の中には、軍服姿のレウコの息子もいる。彼はバケツを抱えて水を飲んでいたところ、背後から撃たれてそのまま絶命する。兵士たちは村にやってくると、粗暴な振る舞いによって、静かな生活の規律が乱される。レウコは街に住む子どもたちを呼び寄せるが、彼らとの距離を感じ、どう接していいのかも分からない。

　レウコは自宅の長テーブルを解体し、その木材を再利用して自分の棺を用意し始める。完成すると彼は棺にいったん身を横たえる【図3】。だが棺を苦労して抱えて井戸のそばに運んでいくと、解体してその木材を井戸に打ち付けて補強する【図4】。エピローグでレウコは、果実がたわわに実った木を抱え運んでいる。彼が歩みを進めるたびに、枝から果実が転がり落ちる。その果実を、若い女性が拾う。やがて彼女は大きくなったお腹を押さえてうずくまる。死のイメージに代わって、新たな命の誕生が示唆されたところでフィルムは幕を閉じる。

　オールタイムベスト21位に選出され、パラジャーノフも激賞したウクライナ映画史に残る傑作。1965年に完成した本作は、イメージに満ちた詩的映画としての性質ゆえ、ペレストロイカ期の1987年まで22年間公開を許されなかった。

外国の女の子

🎬 **コンスタンチン・ジュク、
アレクサンドル・セールィ**

🎞 **Иностранка**

📅 1965 年

📍 ソ連

🎦 オデッサ映画スタジオ

🗣 ロシア語、フランス語

🕐 79 分

⚙

📋 アレクサンドル・ヴォイノフ

🎥 ニコライ・ルカニェフ

🎞 ムラド・カジュラエフ

🎵 リュドミラ・シャバノワ、アゼル・クルバノフ

IMDb https://www.imdb.com/title/tt0059313/

▶ https://www.youtube.com/watch?v=KJvybYQ5LqY

🌐

図1

図2

図3

図4

　オデッサに生まれ、ロシア革命時に両親とともにフランスへ亡命したジュベール夫人が豪華客船に乗り、孫娘のマドレーヌを連れて数十年ぶりに生まれ故郷へやってくる【図1】。彼女は、革命前に所有していた物件の補償を受け取れるか、確認しに来たのだった。ふたりで街に出て夫人の自宅が健在であることを確認したのち、祖母はひとり弁護士に助言を求めに行き、孫に船で待っているように言う。

　好奇心を抑えきれないマドレーヌは船を抜け出すと、祖母の家を再訪して、地元の中学生トーリャ、アリョーシャ、レーナの3人と出会う。マドレーヌが弾くピアノでレーナが踊ると、彼らはたちまち親友になっている【図2】。マドレーヌからここが祖母の家だと聞いた少年たちは、彼女に著名な「教授」を訪問することを提案する。いったん船に着替えに戻った際、同船していたアラブの王子ジャファールも合流し、ともに教授を探す冒険に出かけることになる。その頃、弁護士から自宅を取り戻す望みがないことを聞いた祖母は落胆して船に戻り、マドレーヌがいないことに気づく。同時にジャファールが消えたことに一行も気づき、ジュベール夫人とともに街で捜索を開始する。

　マドレーヌたちはオデッサの階段などの名所を周り【図3】、紆余曲折の末、ピオネール・キャンプで音楽の指導にあたる教授を発見する。マドレーヌの歌を一度聴いている少年たちは、教授を説得するため彼女に歌を披露させる。この時、教授から「何が歌える？」と聞かれたマドレーヌは、「ジョニ・ミッチェル」と答えている。この映画の製作当時、のちに稀代のシンガーソングライターとして名を成す彼女はまだデビューしたばかりであり、現代の観客は時期的に早すぎる名前の登場に驚くかもしれない。実はマドレーヌが口にするのは、当時フランスで人気のあったふたりの歌手の名前を組み合わせて作られた架空の名前で、全くの偶然の一致である。マドレーヌが歌とともに披露するツイストに教授は困惑するが、彼女の才能を認める【図4】。その歌は、アゼルバイジャンのカルテットであるガヤのボーカル、ガジラエフが作曲したものである。こうしてマドレーヌは訪問する先々でオデッサの人々に愛されるが、船の出発の時間が迫っていた。結局、ジュベール夫人は財産を受け取ることはできなかったが、マドレーヌとジャファールは間一髪で船に間に合い、船上で友人たちに手を振りながら気持ちよく別れるのだった。多国籍な友情が育まれる、当時のオデッサの街並みを堪能できる作品。

戦後のウクライナ映画の隆盛

愛の告白

ロラン・セルギエンコ
Объяснение в любви
1966 年
ソ連
ウクライナ・ニュース・ドキュメンタリー映画スタジオ
ロシア語、ウクライナ語
58 分

オレクサンドル・ミハレヴィチ
エドゥアルド・チムリン
ヴォロディーミル・フバ
リューバ・チャイコフスカヤ、
スヴェトラーナ・コルコシコ、ニーナ・スリブナ
https://www.imdb.com/title/tt26733698/?ref_=nm_knf_t_4

図1

図2

「私のこの心に誇りを注いだのは誰？／勇気という諸刃の剣を下賜したのは誰？／夢や歌や気ままな思いの／聖なる大旗を手に取るように命じたのは誰？／私に命じたのは誰？武器を捨てるな／退くな屈するな倦むなと／なぜ私は命令に従わなければならないのか？／なぜ名誉ある戦場を去ってはいけないのか？／さもないと終いには胸から剣の上に倒れることになると？／〈そうだ運命よお前は強い私は服従しよう〉／そう漏らすことを私に許さないものは何？／こんな言葉が頭をよぎると／私は秘めた武器を握りしめ／心の中で閃が大きくなるのはなぜ？」。タイトルクレジットが現れる前に、詩人レーシャ・ウクラインカ（1871-1913）の肖像が現れて、彼女の詩が朗読される【図1】。本名をラルィサ・クウィトカ・コサチュというこの詩人は、ウクラインカ（「ウクライナ女性」の意）というペンネームを名乗り、女性解放や民族解放運動にも関わった。病気のため若くして亡くなったが、シェフチェンコと並び、ウクライナでもっとも偉大な人物としてしばしば名前が挙げられる存在である。

映画は献身と人生について、勝利をもたらした女性について、レーシャ・ウクラインカの姉妹について語ることがキャプションで説明される。ここでの姉妹はウクラインカの実際の近親者とは関係なく、自らが生きた1920年代から1960年代を振り返る、ウクライナ・ソヴィエトの女性たちを指している。詩人の遺志を受け継いだ妹さながら、彼女たちはソ連時代の困難な時代をたくましく生き延びた。最初の女性は、1920年当時の食料困難の時代を振り返る。女性は、全ウクライナ労働者農民大会でウクライナ政府が村の代表者に、石けんと塩を配給してくれたことを述懐する。その数は十分ではなかったが、彼女は赤いプラトーク（スカーフ）を贈ってくれたことに特に感謝の言葉を述べる。その後、教会やクラーク（富農）の財産が差し押さえられていったことを語り、ジガ・ヴェルトフ『ドンバス交響曲』からの引用が長々と続く。この映画では、教会が破壊される様子が詳しく取り上げられていた。ヴェルトフの引用が終わると、クラマトルスクの共産党員の女性が登場し、1920年代の目覚ましい工業発展について振り返る。その後、スターリンによる恐怖政治というもっとも困難時代が訪れた。1937年には夫が不当にも殺され、彼女自身も強制収容所で8年を過ごすことになったが、1956年の第20回党大会において夫婦の名誉回復が果たされた【図2】。彼女のモノローグは、より力強い革命の達成をコムソモールに期待する言葉によって締められる。その後も、間奏曲代わりの記録映像の挿入を挟みながら、独ソ戦で戦車を操縦して戦った女性の独白などが続いていく。

映画の後半はセリフをほとんど排除して、ドキュメンタリー映像が延々と続く。当時流行のツイストに興じる若者の姿があり、農村でウクライナ伝統の結婚式を挙げる若い男女の映像がある。彼らがこうした平和な生活を送れるのも、先に登場した女性たちの努力があったからこそだと、静かに訴えているかのようである。その映像の美しさは、ウクライナ詩的映画の系譜に連なっている。雪解け期に製作された本作だが、その陰鬱な内容から映画は上映禁止処分が下された。映画の最後では、冒頭で朗読された詩の最後の数行が再び読み上げられる。帝政ロシア時代にウクライナ語で創作されたウクラインカの闘争心溢れる詩が、本作ではソヴィエト文化の文脈でロシア語で引用される。現在のウクライナ映画でこうした繋がりはあり得ないが、それでもオールタイムベストで90位に選ばれており、ウクライナ映画史で特異な地位を占めた作品となっている。

　　　　　　　　　　　　戦後のウクライナ映画の隆盛

吟遊詩人ヴィソツキー演じる男性とふたりの女性の三角関係ドラマ

短い出会い

👤 **キラ・ムラートワ**
⊖ **Короткие встречи**
📅 1967 年
📍 ソ連
🎬 オデッサ映画スタジオ
🔊 ロシア語
🕐 91 分
⚙
📋 キラ・ムラートワ、レオニード・ジュコヴィツキー
🎥 ゲンナジー・カリュク
💿 オレク・カラヴァイチュク
🎭 ニナ・ルスラノワ、ウラジーミル・ヴィソツキー、
　　キラ・ムラートワ
🎬 https://www.imdb.com/title/tt0061883/?ref_=nm_
　　flmg_t_19_dr
▶ https://www.youtube.com/watch?v=28skxPwAvaM
🌐

図 1

図 2

図 3

図 4

　キラ・ムラートワの記念すべき長編監督第一作。吟遊詩人で俳優としても活躍したウラジーミル・ヴィソツキーが演じる地質学者マクシムを愛する、ふたりの女性が出会い、彼女たちのマクシムとの回想を交えて描く。喧嘩別れしてマクシムに去られた地区委員ワレンチナの元に、出張でマクシムが訪れた食堂で給仕係をしていたナージャが訪ねてくる【図1】。ナージャは友人とともに旅をし、その途上で給仕係として働いていたところ、客としてやってきたマクシムに魅了されてしまったのだった【図2】。だがマクシムはまだ幼いナージャに惹かれた様子はなく、彼女の片思いのまま別れていた。ワレンチナはナージャがマクシムと出会っており、彼に会いたい一心で訪問してきたことも知らず、家政婦として彼女を雇うことにする。ワレンチナを監督のムラートワ、マクシムを追う若い女性ナージャをこの映画でデビューし、のち人気女優となるニーナ・ルスラノワが演じた。

　マクシムは仕事柄出張が多く、またいつもふらりと家を出て帰って来るのも気ままであることにワレンチナは苛立ち、たびたび口論の元になっていた【図3】。ワレンチナはマクシムを追い出し、彼はもう戻ってこないと言って家を出ていったのだった。ふたりの女性それぞれのマクシムとの思い出が、軽快な音楽とともに回想によって挿入される。ギターの弦が弾かれる一瞬の音色やマクシムの歌をオーディオブリッジとして自在に活用し、回想と現在を自在に行き来する映像は、編集を神の仕事と呼んでいたムラートワならではのものである。背景の人物への注目など、その後の作品で次第に比重が大きくなるムラートワ作品の特徴も垣間見ることができる。

　やがてマクシムから電話があり、明日には帰って来ると聞いて、ワレンチナは泣いて喜ぶ【図4】。ナージャにとってもマクシムに会う機会が訪れるが、彼女はまったく嬉しそうではない。ナージャは食卓にテーブルクロスを敷き、グラスを並べる。そして、ふたりの愛を邪魔しないよう、そっと家を出ていくのだった。ワレンチナとナージャ、マクシムとナージャのふたつの短い出会いが交錯する、三角関係に基づくメロドラマの傑作。マクシムの職業である地質学者は鉱物資源の豊富なこの国で当時人気のあった職業で、ソ連時代から地質学者が登場する映画は多数製作されてきた歴史もある。オールタイムベスト13位。

　　　　　　戦後のウクライナ映画の隆盛

「退屈」を持て余した結果、おとなしい料理女の身に起きた悲劇

退屈なために

👤	**アルトゥル・ヴォイテツキー**
	Скуки ради
📅	1967 年
📍	ソ連
🎬	ドヴジェンコ映画スタジオ
🔊	ロシア語
⏱	78 分
📄	アルトゥル・ヴォイテツキー、ユーリー・イリエンコ、ユーリー・パラホメンコ、エヴゲーニー・フリニュク
🎥	ワレリー・バシカトフ
💿	イーゴリ・クリュチャロフ
🎭	マイヤ・ブルガーコワ、フセヴォロド・サナエフ、リュドミラ・シャガロワ
IMDb	https://www.imdb.com/title/tt0348046/

図 1

図 2

ステップの真ん中にたたずむ駅のホームに、毎日、決まった時間になると、駅長のマトヴェイや補佐を務めるニコライたちの列車を待つ姿が見られる。その中には、わざわざ用意した肘掛け椅子に腰かけた、着飾った駅長夫人の姿もある。列車が停止しても、周囲に何もないこの駅では、乗る者も降りる者もいない。ただ彼らは、ホームから列車に乗った人々に対して、退屈しのぎに好奇の眼差しを注ぐのだった。自分たちが住む荒野とは別世界の着飾った乗客たちを見ると、夫人は羨望と哀しみの混じった様子で見入っている。列車が去っていく時の夫人の表情は、一緒に連れていってくれるのを期待しながら、見捨てられてしまった者のように痛切である。この日課は、雨が降っていても変わることはなかった【図 1】。その後、マトヴェイ、ニコライ、夫人の 3 人は乗客を話の種にして、ともに昼食を取ることにしている。ギムナジウムを出ているニコライは、新聞の時評や本から抜き出した格言を手帳に書き込む習慣があった。食卓で彼が手帳に書き込んだ言葉を威厳をこめて読み上げると、駅長は耳を傾けて満足するのだった。

彼らの食事の世話は、料理女のアリーナがする。本人いわく、器量もよくなかったため誰も嫁に欲しがらなかったという、独り身のおとなしい中年女性である。ある日、転轍手のひとりであるゴモゾフが、アリーナに布地からシャツの仕立てを頼んだことがあった。お互い独り身であることを確認したゴモゾフは、夜になったら自分のもとへ来るよう彼女に声をかける。それまでほとんど会話を交わしたことのなかったふたりだが、以来、人目を忍んで夜に密会するようになる。アリーナは、駅長夫人の許可を得て、物置になっている穴蔵を寝床にしていた。冷気があって心地良いというのが理由だった。ゴモゾフは、穴蔵の彼女を訪ねるようになる。ある夜のこと、彼と一緒に穴蔵にいたアリーナは、外から錠がかけられていることに気づく。ふたりの関係を知った駅長たちが、いたずらをしたのだ。

翌朝になって錠を外したのは駅長で、開口一番、ふたりの結婚を祝福する。皆に囲まれて事のなりそめを聞かれたゴモゾフは、しどろもどろになりながら、誘ってきたのはアリーナだと弁明する。そのとき、アリーナは恥ずかしさに耐えられず、ひとり麦畑に逃げ込んで、のたうち回っていた。夜になってアリーナが駅舎に戻ると、彼女がいないことなど誰も気にせず、陽気になった連中の笑い声が相変わらず響いていた彼女は中に入ることもできず、家の壁にもたれて静かに涙を流す【図 2】。アリーナは外にかけてある洗濯紐を手にとると、穴蔵の前で十字を切り、中で自らの命を絶ってしまうのだった。最後の場面は雪が降り積もった冬の駅舎で、相変わらずホームで列車を眺める彼らの姿があった。

アリーナを演じたマイヤ・ブルガーコワ（1932-1994）はウクライナで生まれ、長年モスフィルムで脇役俳優として活動していた。俳優として脚光を浴びる契機となったのは、同じくウクライナで生まれモスフィルムで活躍したラリーサ・シェピチコ（1938-1979）の長編第 2 作『翼』（1966）だった。この映画で、戦中にパイロットとして活躍しながら、戦後は学校長として地味な生活を送る中年女性の主人公を演じ、過去に引きずられ悩める女性の心情を表現した演技が高く評価された。その翌年に撮られた『退屈なために』において、ブルガーコワはより周囲から軽んじられている女性を演じ、再び素晴らしい演技を披露した。社会主義リアリズムの代表的作家マクシム・ゴーリキーが初期に書いた同名の小説が原作だが、セリフを抑制した演出で荒野に生きる人々の素朴で残酷な悪意を描き、オールタイムベストでも 65 位に選出された。

　　　　　　　　　戦後のウクライナ映画の隆盛

ゴーゴリ原作の怪奇譚が幻想的な様式美の映像で甦る

イワン・クパーラの夜

🎬 **ユーリー・イリエンコ**

⊖ Вечір на Івана Купала

📅 1968 年

📍 ソ連

🎞 ドヴジェンコ映画スタジオ

🎚 ロシア語

🕐 71 分

⚙

📝 ユーリー・イリエンコ

🎥 ワジム・イリエンコ

💿 レオニード・グラボフスキー

🎞 ラリーサ・カドチニコワ、ボリス・フメリニツキー

🎬 https://www.imdb.com/title/tt0144187/

▶

🌐

図 1

図 2

図 3

図 4

　貧しい農夫のペトロは、村の美しい娘ピドルカと愛し合っている【図 1】。だがペトロの主人であり、ピドルカの父テレンチーは、ふたりの仲を認めようとしない。テレンチーは娘を金持ちの村人と結びつけるつもりでいる。寝床で男に襲われたピドルカは、幼い弟のイワーシに伝言を託し、ペトロに助けを求めに行かせる。ペトロは居酒屋でバサウリュクの力を借りることにする。人間離れした風貌で魔力を持ったバサウリュクは、村人から恐れられてもいた。バサウリュクはペトロを一目見るなり、彼が金に困っていることを見抜く【図 2】。バサウリュクはイワン・クパーラの夜に、「熊の谷」に来るよう告げる。

　イワン・クパーラの夜は一年でもっとも短い夜である夏至の晩に、異教の神々に祈りを捧げるスラヴ伝統の祭りである。村人が集まり、ピドルカはペトロの名前を呼んで探すが彼の姿はない。その頃、ペトロは奥深い「熊の谷」をさまよっていた。そこで彼を待ち受けていたバサウリュクが、ワラビの花を摘むように言う。ペトロが手を伸ばすと、同時に無数の手が花を掴もうとするが、首尾よく彼は手中にする【図 3】。すると今度は若い妖女が現れ、さらに老婆に姿を変えると、空中を漂った花が落下した場所を掘るように言う。ペトロが地面を掘ると、次から次へと無尽蔵の金貨が出てくる。だが再び現れた女は、金貨が欲しければ、人間の血をよこせと要求する。そして彼の前には、イワーシが現れる。ペトロがためらうと金貨はみるみる姿を消していく。ペトロは思い切って、イワーシの首を撥ねて命を奪う。

　次の瞬間には、ペトロとピドルカは無尽蔵の黄金を手にしている。ピドルカはイワーシがさらわれてしまったことを告げるが、ペトロは記憶を失っている。巨万の富を手に入れた青年は、テレンチーの許しを得て、彼女と盛大な結婚式を挙げる【図 4】。だが次第にペトロは幻覚を見るようになり、発狂していく。見かねたピドルカは「熊の谷」へ足を伸ばし、巫女を家に連れ帰ってくる。その姿を見たペトロが「思い出したぞ！」と叫ぶと、彼の前にはイワーシの幻が現れる。そして次の瞬間、ペトロは灰燼に帰し、その後、ピドルカも姿をくらましてしまうのだった。

　ウクライナ生まれの作家ニコライ・ゴーゴリの同名の小説を映画化し、オールタイムベスト 33 位に選出された。

　　　　　　　　　　　　戦後のウクライナ映画の隆盛

限界を超える七つの歩み

🎬 **フェリックス・ソボレフ**
🎞 **Семь шагов за горизонт**
📅 1968 年
📍 ソ連
🎦 キエフ科学フィルム
🔊 ロシア語
🕐 69 分
⚙
📋 エヴゲーニー・ザグダンシキー
📹 レオニード・プリャトキン
🎵 レオニード・モロス

IMDb https://www.imdb.com/title/tt15452166/
▶ https://www.youtube.com/watch?v=tUpx4E9qtYA
🌐

図 1

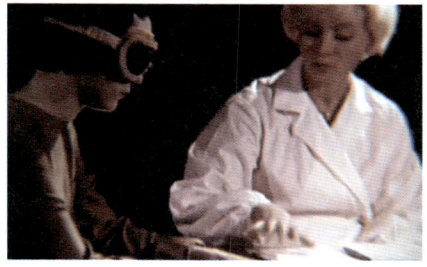

図 2

図 3

図 4

　心理学者のアルトゥール・ペトロフスキーによる監修のもと、常人離れした能力を持つ七人がカメラの前でパフォーマンスを披露する。

　最初に登場して強烈な印象を残すのは、驚異的な記憶力と計算能力を持つイーゴリ・シェルシコフである。女性が詩を朗読すると、読み上げられた単語の文字数がいくつだったかを即答する。その文字数は 200 を超えている。次々と出される難問を容易に解答し、最後には、累乗根の問題が書かれた複数の黒板が回転しているところを一瞥しただけで、瞬時に計算式を解いてしまう【図 1】。その後には、目隠しをされて能力を発揮する 3 人が続く。色から温度を感じ取って当てる女性、手のひらで文字を読み取る女性、目隠しされたまま車を運転する男性である【図 2】。こうした能力が発揮された後で登場する吟遊詩人のアレクサンドル・スモグルは、与えられたお題に対して即興で作詞・作曲して演奏してみせる。それまでの登場者と比較すると、控えめで堅実な能力に見えるのが面白い。映画にはグランドマスターのミハイル・タリも登場し、10 人のプレイヤーと同時対局をする。タリは盤面を見ず、離れた場所から駒を動かす指示を出して相手を打ち負かしていく【図 3】。

　最後に登場するのは催眠術師のウラジーミル・ライコフで、複数の被験者に暗示をかける。自分はイリヤ・レーピンであると信じこんだ男性は、画家になりきってスケッチに没頭するが、催眠が解かれると何も覚えていないという【図 4】。イギリスに住んでいてロシア語がまったく分からないと暗示をかけられた女性は、ロシア語で話しかけられても英語で「分からない」と答えるだけである。プロコフィエフになりきった女性は、ピアノを前にして華麗な指さばきを見せる。映画はライコフがカメラに向かって語りかける、「さあ、あなたには才能がある。可能性は無尽蔵だ」という言葉で結ばれる。

　現代の観客の目に、透視する女性の仕草や催眠術にかかった被験者たちのパフォーマンスは、大げさに見えるかもしれない。しかしその真偽を超えて、科学が重要な役割を果たしていたソ連で記録されたこのフィルムは、20 世紀半ばの人間の想像力の痕跡を留めているという点で、類例のないものである。それは日本で 1970 年代にオカルトブームが起こるより、数年先駆けている。ヨーロッパでも反響を呼んだ本作はウクライナ国内の評価も高く、オールタイムベスト 57 位に選出された。

20 年以上、上映が許されなかったウクライナ詩的映画の真髄

良心

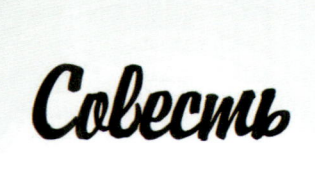

🕵 **ヴォロディーミル・デニセンコ**

⊖ Совість

📅 1968 年

📍 ソ連

🎞 ドヴジェンコ映画スタジオ

🔊 ウクライナ語、ドイツ語

🕐 80 分

⚙

📝 ヴォロディーミル・デニセンコ、
ワシーリ・ゼムリャク

🎥 オレクサンドル・デリャジニー

📀 アナトリー・チェルノオチェンコ

🎭 アナトリー・ソコロフシキー、
ワレンチナ・グリショキナ

IMDb https://www.imdb.com/title/tt5077846/

▶

🌐

図1

図2

図3

図4

　ドイツ兵が農民を引きずり、司令官に次々に射殺され、穴に放られていくシーンで映画は始まる。場面は変わり、男と女がひとつのベッドが並んで寝ている。先に女が目を開き、男に眼差しを注ぐ【図1】。男は目覚めている様子だが、目は閉じたままである。女は男の手に自分の手をそっと重ね、先に起き上がると、迎えにきた補助警察の馬車に乗って去っていく。彼女はドイツ軍の通訳として働いているのだ。男は彼女を見送ると、果樹園で梨をつまみ食いしているドイツ軍の司令官を見つけ、彼に向けて発砲する。だが弾丸は逸れ、犯人探しが始まることになる。

　司令官殺しに失敗した男が仲間の男と一緒に自転車に乗っていると、ドイツ軍の車と遭遇し、中から司令官が降りてくる【図2】。揉み合いになった結果、司令官を殺すのと引き換えに、男も負傷する。仲間の男が彼を抱えて農婦の家へ連れて行き、傷の手当てを受ける。ふたりは夜中に農婦の家を出ていく。朝になり、男が乗っていた自転車がドイツ軍に発見され、村人が集められて犯人探しが行われている【図3】。パルチザンのふたりは、その様子を息を潜め茂みに隠れて様子を見守っている。誰もが押し黙っているため、見せしめのため、住民の半数が銃殺される。翌朝までに犯人が見つからなければ、残りの村人も全員銃殺刑に処すとの宣告が下される。

　再び夜になり、仲間の男が応援を呼びに行く途中で、ドイツ兵に見つかり殺される。男が再び農婦の家に戻ると、幼いふたりの子供のうち、ひとりが昼間銃殺されていたことが判明する。母親は男に向かって、あなたひとりのために村人が皆殺されると非難する。男は激しい葛藤に襲われ、ドイツ軍の前で罪を告白する。だが結局村人は皆残らず銃殺され、自首した男も通訳の女も同様に処刑される【図4】。ドイツ兵が去ってしばらくすると、死体の山の中から、銃殺を免れたひとりの少年が起き上がり、その場を泣きながら駆け去っていく。

　『良心』では男の内面を語るセリフはほとんど排除されているため、主題が抽象的で明確に打ち出されていないと判断された。パルチザンが一掃されるなど、ソ連時代の規範に照らせば力強さに欠けており、映画は一度も劇場にかかることなくお蔵入りとなった。フィルムは1989年に修復され、1990年のモントリオール国際映画祭での上映がワールドプレミアとなった。以後、ウクライナ詩的映画の傑作として揺るぎない地位を築いている。オールタイムベスト24位。

ナチス・ドイツ占領下フツル人を描いたロシア語映画の傑作

アンヌィチカ

ボリス・イフチェンコ

Аннычка

1968 年

ソ連

ドヴジェンコ映画スタジオ

ロシア語

83 分

ヴィクトル・イフチェンコ、ボリス・ザゴルリコ

ニコライ・クリチツキー

ワジム・ゴモリャカ

リュボーフィ・ルミャンツェワ、
グリゴレ・グリゴリウ、
イヴァン・ミコライチューク

https://www.imdb.com/title/tt0312363/

図1

図2

図3

図4

　カルパティア山脈中のある村は、ナチス・ドイツの占領下に置かれていた。アンヌィチカは山の奥地でキノコの採集をしていたところ、銃を持った負傷した赤軍兵士のアンドレイに遭遇する【図1】。彼女は彼に請われて、洞窟の中に移動するのを手伝ってやるが、銃を投げ捨てて去っていく。アンヌィチカには結婚を予定しているロマンがいた。彼は補助警察として、ナチスに協力していた。アンドレイの様子が気になるアンヌィチカは、彼にパンを届けるようになる。両親に嘘をついていることに罪悪感を抱いているアンヌィチカは、もうここには来ないと言う。アンヌィチカは遭遇したロマンにキスを求めるが、自ら身を振り解いて去っていく。雷雨の夜、アンヌィチカはアンドレイの無事を神に祈り、彼の無事を確認しに山の中へ入っていき、彼と抱き合う。アンドレイは体力を回復させるため、もうしばらくの時間を必要としていた。

　ロマンはナチス・ドイツから英雄として表彰される【図2】。アンヌィチカは彼を見て微笑むが、すぐにその表情は曇る。お祝いの場で、ロマンがフツルの歌を歌おうと言って、アンヌィチカが披露する。そこへ、捕らえられたパルチザンの協力者が連行されてくる。ナチスは大量の瓶を砕いてガラスの破片を地面に撒き散らし、捕らえられた者たちにその上で踊るよう命じる【図3】。拒んだ者は処刑され、破片の上で踊ったロマンの友達も結局銃殺される。アンヌィチカはその残忍な様子を見て悲鳴を上げる。

　ある晩、アンヌィチカが家を抜け出したことに気づいた父は、後を追って行き、アンドレイの隠れ家を見つける。アンドレイとアンヌィチカはお互いの愛を確認する。ところが父はその後ひとりでアンドレイを訪問すると、彼をナチスの手に渡す。アンドレイが捕まったことを知ったアンヌィチカは、彼を逃すため、アンドレイと結婚式を挙げることにする。歌と踊りの饗宴が続き、ナチスが作った輪の中でアンヌィチカとロマンは踊るが、やがて彼女は耐えられずに彼の手を逃れていく【図4】。皆が酔っ払った隙に、彼女はアンドレイやパルチザンの協力者たちを逃し、一緒に村を出ていく。彼らの逃亡に気づいた父が馬車に向けて発砲すると、その弾丸はアンヌィチカに命中するのだった。

　　　　　　　　戦後のウクライナ映画の隆盛

カナダへの集団移住問題を背景にした、貧しい農夫の厳粛なドラマ

石の十字架

- 👤 **レオニード・オシカ**
- ⊖ **Камінний хрест**
- 📅 1968 年
- 📍 ソ連
- 🎬 ドヴジェンコ映画スタジオ
- 💬 ロシア語
- 🕐 82 分

- 📝 イワン・ドラチ
- 🎥 ワレリー・クワス
- 🎞 ウラジーミル・グバ
- 🎭 ダニイル・イリチェンコ、
  ボリスラフ・ブロンドゥコフ
- 🎬 https://www.imdb.com/title/tt0347307/
- ▶
- 🌐

図 1

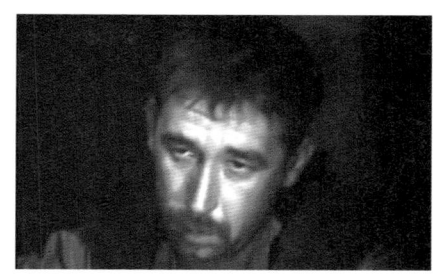

図 2

図 3

図 4

　年老いた農夫イワンが石だらけの大地を耕作するため、袋に土を詰め込んで馬とともに歩んでいる【図 1】。彼は馬の力を借りて鋤で大地を耕そうとする。この土地で大地を耕して生活の糧を得ることの困難が、イワンがひとり黙々と働く様子によって伝えられる。頭上で鳥がさえずると、カナダへの移住を控えた彼は、そんな気分でないのだと神に対して不満を漏らす。多くのウクライナ人がカナダへ移住していた当時、彼もまた一家で不毛な土地の故郷を捨て去る決心をしたのだった。

　その後、イワンが百姓小屋に泥棒に入ろうとした若い男を発見し、熊手を彼の足に突き刺して捕えたエピソードが挿入される。泥棒を自宅に連れ帰ったところ、顔馴染みのふたりの農夫もやってきて、4 人で酒を飲みながら泥棒の処遇について議論が交わされる。イワンは貧しさゆえに盗みを働こうとした泥棒を村の慣習に従って殺すべきか、思い悩むのだった。酒が入って議論が白熱してくる。酔いの回った泥棒は歌を歌い、大胆になって殺すがいいと豪語するようになる【図 2】。顔馴染みの農夫がイワンを部屋から追い出すと、瞬く間に泥棒をナイフで刺して殺してしまう。その死体は小屋から運び出され、十字架が立てられるのだった。

　イワンのカナダ移住を前にして、村人たちに別れを告げる場が設けられる。イワンは皆に酒を注いで回る【図 3】。故郷で忘れられてしまうことを恐れた彼は、自分を記念した石の十字架を彫り刻んだことを告白し、村人もその気持ちを汲み取る。本人にとっても見送る側にとっても、この出立はあたかもイワンの葬式のようである【図 4】。正装したイワンたちが並ぶと、見送る側も沈痛な表情をして一家を眺める。雪が降り積もる中、イワン一家は、村を後にしていく。村の入り口には、石の十字架が打ち込まれているのだった。

　イワンを中心に厳粛に農民の貧しさが描かれたこの映画の背景には、1890 年代から進められたウクライナ人のカナダ集団移住がある。入植したのは広い土地を求めた農民たちで、ウクライナよりも厳しい気候条件に新天地を求め、カナダに多くのウクライナ人コミュニティが形成されることになった。ガリツィア・ロドメリア王国出身の作家ワシリー・ステファニクの小説「泥棒」および「石の十字架」が原作。オールタイムベストで 5 位に選出された。

黒い模様のコウノトリ

ユーリー・イリエンコ

Білий птах з чорною ознакою

1970 年

ソ連

ドヴジェンコ映画スタジオ

ロシア語、ウクライナ語、ルーマニア語

93 分

ユーリー・イリエンコ、イワン・ミコライチュク

ヴィレン・カリュタ

イワン・ミコライチュク

ラリーサ・カドチニコワ、
イワン・ミコライチュク

https://www.imdb.com/title/tt0165636/

図1

図2

図3

図4

　戦前から戦後にかけて、ルーマニアと国境を接するブコヴィナに位置する村に住む、フツル人のズウォナル一家を中心に描く。父親と4人の兄弟は楽隊を組み、村で祝い事があると演奏を披露する。だが生活は苦しく、ペトロ、オレスト、ボフダンの3人の兄弟は、農作業の手伝いで日銭を稼いでいた。ペトロとオレストは、司教の娘ダナに恋をしているが、彼女はひとりを選ぶことができない。年少のヘオルヒーは黒い模様のコウノトリに夢中な、夢みがちな少年である【図1】。1940年6月、ソ連はルーマニアに圧力をかけて、ベッサラビアと北ブコヴィナを割譲させる。ルーマニアの国境であることを示す標識が、赤軍兵士によって引き抜かれる【図2】。

　ダナは赤軍兵士のオスタプと恋に落ち、彼との結婚を決意する。結婚式ではズウォナル一家が音楽を演奏するのだった【図3】。踊りが始まると、それまで不機嫌に演奏していたオレストは楽器を投げ捨て、ダナの相手を務める【図4】。ふたりの踊りを中心とした場面が、次第に早くなっていくリズムとともに最高潮に達したところで、「戦争が始まった！」という知らせが舞い込んでくる。1941年6月22日に開始された、バルバロッサ作戦と呼ばれる、ナチス・ドイツと同盟国による軍事作戦である。オスタプは即座に部隊に戻り、ペトロもその場で赤軍に志願する。オレストはダナを連れ去り、ふたりは村から隠遁した生活を始める。やがてオレストは、ウクライナ蜂起軍に加わっていく。

　3年の月日が流れ、ペトロとオスタプは村に帰ってくる。ふたりは最新型のトラクターに乗って、畑に埋められた地雷を撤去してやる。ペトロは父親の死を母親に伝えることができず、戦争の後遺症で声を失ったボフダンの帰還を、母親は泣いて喜んで迎える。ダナに見放されたオレストは、オスタプをトラクターに縛り付けて火を放つ。ペトロは彼を助けようとするが、結果としてふたりとも命を失うことになる。

　最後の場面は、長じて医者となったヘオルヒーが患者を診察する場面である。このときヘオルヒーのカメラ目線に続けて、画面はダナの結婚式で演奏していたズウォナル一家の静止した姿へ繋がれる。一瞬間を置いたのち、演奏が始まり、さらには年長の兄弟が仕事にしていた、筏で川を下る木材の映像へと編集される。こうして映画は、戦前の貧しくもまだ皆が元気であった時間への郷愁を演出した後、幕を閉じる。オールタイムベスト8位。

戦後のウクライナ映画の隆盛

ムラートワ独自の反復演出が出現する、息子を見送る母の躊躇

長い見送り

キラ・ムラートワ

Долгие проводы

1971 年

ソ連

オデッサ映画スタジオ

ロシア語

95 分

ナタリア・リャザンツェワ

ゲンナジー・カリュク

オレク・カラヴァイチュク

ジナイーダ・シャルコ、
オレク・ヴラディミルスキー

https://www.imdb.com/title/tt0092905/

https://www.youtube.com/watch?v=KxNiyctaYRQ

図 1

図 2

図 3

図 4

　思春期を迎え、親元を離れていこうとする息子サーシャと、その現実を受け止めていく母親エヴゲニアの変化する親子の関係を描く。冒頭からサーシャは口が重く、終始饒舌に喋るエヴゲニアとは対照的である。バスでは母親と離れた席に座り、彼女の質問にも答えない。過剰に世話を焼こうとする母親に、サーシャは苛立っていた。ふたりはエヴゲニアの友人を海辺の家に訪ね、そこで彼女はニコライと知り合い、細やかな気遣いの彼に惹かれるのだが、サーシャは彼が気に入らない。サーシャも幼なじみのマーシャに再会し、美しく成長した彼女に目を奪われる【図1】。だが彼女に再会する約束を提案されても、彼は敢えて気のない返事をしてしまう。母親だけでなく、彼にとって人間関係そのものが難しくなっていた。エヴゲニアとサーシャの緊張は、一同が集まった食事の席での口論というかたちで爆発することになる【図2・3】。

　サーシャは、遠く離れたシベリアのノヴォシビルスクに住む父親の元へ行くことを夢見ていた。エヴゲニアはそのことが耐えられず、父からサーシャに届く手紙を盗み読もうとさえ試みる。ニコライはエヴゲニアに「自分の人生を生きるべきだ」と説くが、彼女は聞く耳を持たない。サーシャは父親に長距離電話をかけるようになり、いよいよ母親の元を離れようとしていた。やがてエヴゲニアも、息子が去っていくことを諦めとともに受け入れようとしていた。だが、職場の懇親会があり、その後のコンサート会場の席上で取り乱した母が立ったまま動かず周囲に迷惑をかける姿を見て、サーシャは「どこにも行かないよ。ママを愛してる」と言うのだった【図4】。

　前作『短い出会い』と同じく撮影と音楽を担当したカリュクとカラヴァイチュクはこの映画の抒情性を生み出すことに貢献し、ムラートワ独特の編集によって、ぎこちない母子関係が映画のリズムにも反映されている。ウクライナが生んだ稀代の映像作家の特徴でもある、同じシーンが繰り返される「反復」の演出が初めてこの作品で登場した。逡巡して行動を起こさない母子、ムラートワ独自の反復演出が出現したこの作品は、形式と内容の両面でソ連映画の規範にそぐわないものであり、ペレストロイカ期まで長い間公開が許可されなかった。オールタイムベスト9位。

ザハル・ベルクト

👤 **レオニード・オシカ**

⊖ **Захар Беркут**

📅 1971 年

📍 ソ連

🎞 ドヴジェンコ映画スタジオ

🔊 ウクライナ語

🕐 92 分

⚙

📄 ドミトロ・パヴリチコ

🎥 ワレリー・クワス

💿 ヴォロディーミル・フバ

🎭 ワシーリ・シムチチ、イワン・ハヴリリュク、
アントニナ・レフチイ、イワン・ミコライチュク

IMDb https://www.imdb.com/title/tt0175346/

▶

🌐

図1

図2

　13世紀のウクライナ西部。キエフはタタールの侵略に遭い、土地の者たちは騎馬民族を恐れていた。一致団結して外来者の侵入者に備えるため、ザハル・ベルクトの息子マクシムが有力者トゥガルのもとへ、ヴェーチェ（中世スラヴ諸国における民会）への出席を要請しにやってくる。ボヤールと呼ばれる、公爵に仕える支配階級に属するトゥガルは尊大で、青年の申し出を一蹴する。トゥガルは自らの権威の承認が得られないヴェーチェに対しては否定的だったが、この若者が狩りに同行して熊の棲家を教えるという条件で、申し出を受け入れる。

　狩りの最中、同行していたトゥガルの娘ミロスラワが足を滑らせ、熊の巣穴に落ちてしまう。マクシムは彼女に襲いかかる熊を命がけで退治し、予期せずトゥガルに貸しをつくることになる。その後、一行は狩りを中断して食事をとり始める。その席は、タタールが攻めてくるという話題でもちきりである。酒が入って一同が陽気になってくると、トゥガルは農民を脅かす死刑が国では禁じられているため、彼らは傲慢なのだと言い放つ。父の言葉を聞いたミロスラワは気分を害し、ひとり馬に乗って駆け出していく。トゥガルに娘を追うように言われたマクシムが、馬に飛び乗って追う。ミロスラワに追いついたマクシムは、彼女と黙って並走する【図1】。彼女から「どうして連れ戻さないのか」と尋ねられると、「君のそばにいたい」のだと答える。馬を並べて走るうち、ふたりは急速に親密になっていき、ミロスラワはマクシムを自宅に招き入れて一夜を共にする。翌朝になって帰宅したトゥガルは、娘を助けた褒美として望みのものを言うようマクシムにうながす。マクシムは「ミロスラワが欲しい」と答えるが、トゥガルはその要求を一笑に付し、彼の両手を縛って馬に乗せて追い出してしまう。

　ヴェーチェの日がやってくる。トゥガルはここでも恐れを知らない尊大な態度で、公爵や他のボヤール以外の者には従わないと豪語する。ザハル・ベルクトがタタールの脅威を説き、皆が一丸となることの必要性を訴えるなか、実はトゥガルがタタールと内通していたことが、彼のもとで戦っていた傭兵の口から明らかにされる。秘密をばらされ激昂したトゥガルが衆人環視のもとで傭兵を殺してしまうと、即座に彼とその家族の追放が決定され、明日には彼らの命を奪う追手が向けられると宣告される。マクシムの反論も虚しく、その対象にはミロスラワも含まれていた。

　トゥガルは娘を連れてタタールの元へ身を寄せるが、彼らは歓迎されず、ミロスラワは妾にされる【図2】。トゥガルはタタール人たちを先導して、マクシムを生け取りにして捕虜にすることに成功する。彼は拷問を受けるが、カルパティア山脈を抜ける道をよく知っているというトゥガルの上申があったため、一命を取り留める。衰弱したマクシムの元へミロスラワが駆け寄ると、彼は恋人に、タタールたちを山の隘路に導いていくので待ち伏せするようにと、家族への伝言を託す。彼女はタタールの元を抜け出し、殺される危険を冒してマクシムの一族の元へ向かい、罵られながらも彼の作戦を伝える。それはマクシムにとって、愛するミロスラワを含む一族を救うための、捨て身の作戦であった。マクシムの思惑通り、峡谷で退路を断たれ水責めにあった騎馬民族は、退路を開かなければ捕虜を殺すと警告する。だがザハルはタタールを逃せばカルパティアの他の部族に危害が及ぶだけだとして、要求をはねつける。時間稼ぎのためにマクシムの兄弟も自ら敵の元へ飛びこんでいき、ミロスラワの願いは聞き入れられないまま、息子たちは犠牲になるのだった。何度も映画化されているイワン・フランコの小説を映像化したものとして、もっとも評価の高い作品。

戦後のウクライナ映画の隆盛

ミュージカル要素を取り入れた、赤軍兵士の異色の物語

ブンバラシ

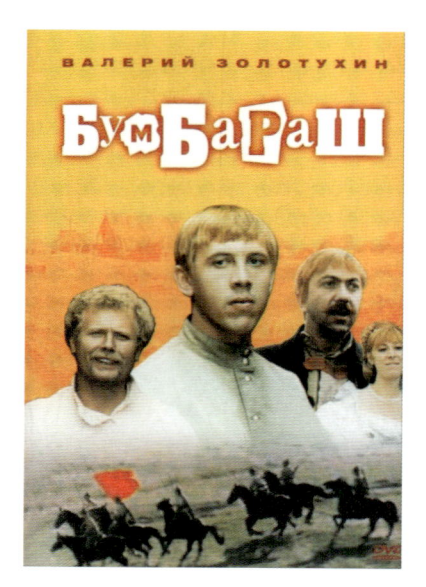

ムィコラ・ラシェーエフ、
アブラム・ナロディツキー

Бумбараш

1971 年

ソ連

ドヴジェンコ映画スタジオ

ロシア語

127 分

エヴゲニー・ミチコ

ヴィタリー・ジモヴェツ、ボリス・ミャスニコフ

ウラジーミル・ダシケヴィチ

ワレリー・ゾロトゥーヒン、ユーリー・スミルノフ

https://www.imdb.com/title/tt0131331/

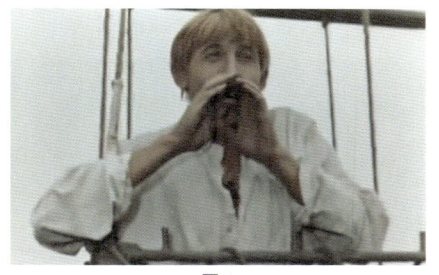

図1

図2

　第一次世界大戦のさ中、前線に送られた小柄な二等兵のセミョン・ブンバラシは、体重の軽さを見込まれて、敵軍の偵察のため気球に乗せられる。ところが敵の砲弾が気球に命中したため、彼は相手の陣地へと流されてしまう【図1】。公式には英雄的な死を遂げたと記録されるが、実際にはオーストリア軍の捕虜となって生き延びていた。ロシアの名優ワレリー・ゾロトゥーヒン演じるブンバラシの挙動はどこか滑稽で、危機に瀕した際にも深刻さの欠けた雰囲気を保ち、本作のコメディ的な側面を強めている。再び彼がスクリーンに登場するのは、汽車の先頭に座って「戦争はたくさんだ」と陽気な歌を歌いながら故郷へ凱旋する場面である。

　生まれ故郷の村では、皆が彼のことを戦死したものと思い、恋人のワルワーラはガヴリーラと結婚してしまっていた。ガヴリーラは村の自警団を組織し、犯罪者集団と通じている。ブンバラシはガヴリーラたちに追われることになり、干し草小屋の中に身を隠し、友人ヤーシカが爆弾騒ぎを起こした隙に、ワルワーラの導きで森の中へ逃れる。彼女は昔の恋人が道中で捕まらないよう、ガヴリーラがどこかで強奪した外套を与える。目的もなく歩いていると、ブンバラシは赤毛の赤軍兵士と出会い、彼と外套を交換することにする。ところがガヴリーラの戦利品である外套のポケットには、所有者が殺された政治委員のものであることを示す証拠が残っていた【図2】。ブンバラシは殺人の容疑をかけられ連行されるが、機を見つけて逃亡することに成功する。

　赤軍から逃れたブンバラシは、森の中でガヴリーラと犯罪者集団の女性頭目であるソフィヤが一緒にいるところに遭遇する。ここでも彼は追われる身となり、森を抜けた先で粉挽き小屋を見つけるが、そこの主人もまた犯罪者集団と通じていた。小屋では村を脱走したヤーシカが囚われ、処刑されてしまう。ブンバラシは友人の仇を討つことを誓う。再び森の中へ入ったブンバラシは、そこで出会ったリョーフカとともに、粉挽き小屋に赤軍を呼んで一味を捕えることに成功するが、ソフィヤを捕えることはできなかった。ブンバラシはそのまま赤軍に入隊し戦地へ赴くのだが、リョーフカを含む部隊は白軍の攻撃に遭って壊滅し、ブンバラシのみが重要な文書を抱えて生き残る。ブンバラシは白軍との遭遇もかわし、赤軍の分遣隊に合流することに成功する。彼は赤軍を鼓舞する伝言の書かれた文書を手渡すが、分遣隊には赤毛の赤軍兵士がいて、故郷の村に連れてこられ軟禁されてしまう。

　その頃、ソフィヤは赤軍を追い詰めるため、村の井戸水に毒を盛るよう手下の者に命じていた。だが赤毛の赤軍兵士はその企みを見抜くと、中毒したフリをし敵を油断させ、夜明けに村の赤軍に向かって攻め込むソフィヤたちを返り討ちにしてしまう。形勢が悪いことを見てとったガヴリーラは、ワルワーラを馬に乗せて逃げていく。ブンバラシがふたりを追いかけ、追い込まれたガヴリーラは妻を殺してしまう。追いついた赤軍兵士が取り囲むなか、ブンバラシは茫然自失となったガヴリーラの拳銃を奪うと、彼に向かって引き金を引くのだった。

　主人公が終盤まで使命を果たさず逃亡を続ける点が、革命期を舞台としたソ連映画としては異例である。主演した俳優はロシア人中心ではあるが、それ以外のスタッフはウクライナ人が占め、ウクライナの作家アルカージイ・ハイダルの同名小説を原作にしている。特筆すべきは、詩人・劇作家・吟遊詩人として活躍した、朝鮮系ロシア人ユーリー・キム（本作ではユーリー・ミハイロフとクレジットされている）が作詞・作曲した歌の数々で、映画にミュージカル要素を持ち込み、作品の人気を高めた。オールタイムベスト43位。

他者が自己の心理に与える影響を検証する、科学映画の代表作

私と他の人たち

- 🕴️ **フェリックス・ソボレフ**
- ➖ **Я и другие**
- 📅 1971 年
- 📍 ソ連
- 🎞️ キエフ科学フィルム
- 🔊 ロシア語
- 🕐 49 分

- 📋 ユーリー・アリコフ
- 📹 レオニード・プリャトキン
- 🎥 ヤキフ・ツェグリャル

- IMDb https://www.imdb.com/title/tt4023290/
- ▶️ https://www.youtube.com/watch?v=mfI_KlK2ARA
- 🌐

図 1

図 2

キエフ科学フィルムの創設者でもあるソボレフの代表作で、記憶、主観の問題と人の心理が他人から受ける影響について、複数の実験によって考証するドキュメンタリー作品。

最初の実験は、教室で講師が学生たちに、人間の記憶の曖昧さについて講義している場面から始まる。突然、銃を持った複数の男たちが教室に乱入してきて、講師を連れ去っていく【図 1】。この演出も実験の一部で、すぐに彼は戻ってきて、たった今起きたことの説明を学生たちに求める。彼らの答えは男たちの人数から服装に至るまでまったくバラバラで、ある女子学生は男のうちのひとりは警備員の男性だった、と誤った証言を自信たっぷりにする【図 2】。次の実験からは、著名な心理学者ムーヒナが登場する。実験のため志願した学生たちは 1 枚の男性の肖像写真を見せられ、ムーヒナはあるグループには男性が犯罪者であると告げ、別のグループには偉大な学者だと告げる。学生たちは同じ身体的特徴を挙げて、正反対の意見を述べる。私たちの目は、対象に見たいものを投影して見ていることが証明される。

子供が被験者の実験もある。はじめに白い三角錐をふたつ並べて、複数の子供たちに順番に色を答えさせていく。次に白と黒の三角錐を並べ、ひとり目が「どちらも白」と答えると、続く子供たちも同様の答えをしてしまう。同じ要領で、子供たちに順番に砂糖を振りかけたカーシャ（粥）を食べさせ、彼らに「甘い」という感想を言わせた後で、最後のひとりだけ塩を振りかけたカーシャを食べさせて反応を見る実験も行われる。最後の子供は周りの子供に合わせて「甘い」と感想を述べるが、積極的に口にせずその味を正確に認識していることは明らかである。子供は周りを模倣することで成長するのだという、肯定的に状況を説明するナレーションが挿入される。

同様の実験が大人に対しても試みられる。5 枚の異なる人物の写真を並べて、彼らが同一人物かどうかを答えさせる問題である。ひとり目の回答者は 5 枚とも異なる人物であると回答する。実はその後の回答者は全員がある 2 枚の肖像写真が同一人物だと主張するように仕込まれており、ひとり目の回答がどのように変わるのかが観察される。この実験はふたりの被験者に対して行われ、一回目の被験者は自分の意見を貫き通すが、二回目の被験者は皆の意見を聞いてすぐに自説を変えてしまう。本当は写真の人物は、性別さえもバラバラである。さらに、白と黒の三角錐の色を答えさせる問題がここでも出される。先に「どちらも白」と答える 6 人が仕込まれていて、7 人目の男性は動揺して同じ答えを繰り返すことになる。同調圧力の強さが大人に対しても有効であることが証明される。

最後の実験の被験者は、再び子供たちである。ふたつの的が並んだ部屋へ小学生がひとりずつ呼ばれ、左の的に当てればルーブル硬貨が自分のものに、右の的に当てればクラス共通のものになることが説明される。射的をする前に、他の生徒たちがどちらの的にどれくらい当てたか、ランプが点灯して表示される。左の的のランプが圧倒的に多いのだが、それはあらかじめ仕込まれたもので、実際生徒が撃った的とは無関係である。左側のランプの数が多いのを見て難しい顔をする生徒もいるが、結果として、80 パーセントの生徒が右の的を狙い、個人よりもクラスの利益を優先するという興味深い実験結果が得られた。

ソ連科学映画の古典となった本作は、2010 年にロシアの TV 曲でリメイク番組が制作された。ウクライナ国内でも評価が高く、オールタイムベスト 32 位に選出されている。

ゴーゴリの幻想文学を原作に、ウクライナ文化の精華を示す

失われた手紙

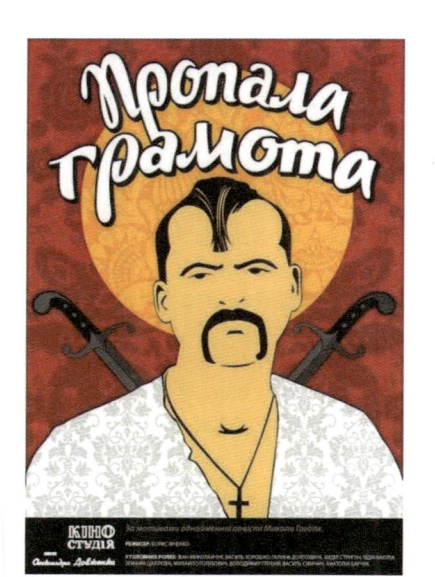

ボリス・イフチェンコ

Пропала грамота

1972 年

ソ連

ドヴジェンコ映画スタジオ

ウクライナ語、ロシア語

70 分

イヴァン・ドラチ

ヴィタリー・ジモヴェツ

ヴァシル・シムチチ、イヴァン・ミコライチュク

https://www.imdb.com/title/tt0175075/

図1

図2

図3

図4

　冒頭、芝居小屋風の舞台で、祖父の物語を語ろうと言う老人が、周囲に並ぶ人間に役を与え、映画は彼らが演じる物語という体裁をとって始まる【図1】。

　コサックとの戦いを終えたワシーリは、妻と9人の子供が待つ家へ帰る。そこへ、ヘチマンの使いを名乗るふたりの大男が突然現れる【図2】。彼らはロシア帝国の都サンクトペテルブルクに住む女帝宛ての親書を携え、それはワシーリにしか届けられないのだという。道中は悪魔が親書を狙い、失敗すれば命はない、とワシーリを脅迫する。帽子に親書を縫い付け、出発の時、ワシーリは父に信頼できる同伴者を見つけるよう助言を受ける。家ではワシーリを尻に敷いていた妻が、涙を流して彼を見送る。村人たちも都に行くというワシーリを総出で見送るが、ある母親は屋根を補修する藁を、ある子供の欲しい女性は虚弱の夫のため薬をもらってくるよう頼むなど、抜け目がない。

　道中でアンドリーというザポリージャのコサックを同伴者として見出し、途中、立ち寄った宿屋で妖女に惑わされるが、無事、帝都に辿り着く。この時、ワシーリが謁見する女帝は絵画の中の人物として描かれ、極度に様式化されている【図3】。しかも、女帝を演じているのは、ワシーリの妻と妖女を演じていたのと同じ役者である。冒頭の宣言から映画の中で役を演じる役者の存在は明確に宣言されているが、複数の人物を演じる役者も複数存在し、メタ映画的な要素も強く打ち出されている。ワシーリが女帝に差し出した親書には何も書かれておらず、彼は褒美を受け取ることなく帰途につく。

　ワシーリの土産話を聞くため、彼の自宅前には大勢の村人が集まる。ワシーリは女帝との謁見の様子について嘘を交えてまくし立てるが、その手に褒美はなく、村人は散っていく。祖父とともに並んだ妻はワシーリに向かって、「あなたは本当に女帝様に会ってきたの？　あなたもお父様もお祖父様もバカなんだから」とため息をつくのだった【図4】。映画は冒頭の舞台に戻り、一同が礼をして幕を閉じる。

　ゴーゴリ『ディカニカ近郊夜話』に収められた一編を原作とする本作は、ワシーリの冒険を通して、ウクライナ料理、文化、衣装、伝統のほか、ウクライナ民話に登場する悪魔などの魑魅魍魎が描かれる。映画でふんだんに使用されているウクライナの伝統音楽や歌曲は、ワシーリを演じたイワン・ミコライチュークが採集したものである。オールタイムベスト12位。

戦中の流行歌が多く登場し、前線での人間関係を描いた戦争映画

出陣するのは「老兵」のみ

👤 **レオニード・ブィコフ**

⊖ В бой идут одни "старики"

📅 1973 年

📍 ソ連

🎬 ドヴジェンコ映画スタジオ

🔊 ロシア語

🕐 92 分

⚙️

📄 エヴゲニー・オノプリエンコ、
アレクサンドル・サツキー、
レオニード・ブィコフ

🎥 ウラジーミル・ヴォイテンコ

🎵 ヴィクトル・シェフチェンコ

🎞 レオニード・ブィコフ、アレクセイ・スミルノフ、
ウラジーミル・タラシコ

IMDb https://www.imdb.com/title/tt0070861/

▶️

🌐

図 1

図 2

図 3

図 4

　1943 年の晩夏、ドニエプル川上空でナチス・ドイツと戦う空軍の前線での生活を描く。冒頭、ナチスの代名詞である戦闘機メッサーシュミット Bf109 が着陸すると、降りてきたのはマエストロの異名を持つソ連兵チタレンコである。鹵獲した戦利品を操縦してきた彼を、ベテランの整備士マカルィチが出迎える。

　新兵の補充があり、3 人の青年が、チタレンコ率いる名高い第二飛行中隊への入隊を希望する。チタレンコは彼らに、音楽経験について尋ねる。実は第二中隊はその歌唱力でも知られており、平時はオーケストラとなって、マエストロが自ら指揮を執るのだった【図 1】。マエストロは、「戦争はやがて終わるが、音楽は永遠だ」という。希望した第二中隊に配属された新兵はそれぞれ、当時の人気曲を歌い曲名からあだ名がつけられた「褐色の娘」【図 2】、キリギリスを捕まえることに夢中な「キリギリス」【図 3】、女性パイロットのマーシャに一目惚れしたウズベク人の「ロミオ」といった風に、あだ名で呼ばれることになる。だが彼らはすぐに空に飛び立てるわけではない。出陣するのはベテランの「老兵」からと決まっているのだ。

　若者たちもオーケストラの練習と訓練に励み、実戦の時が近づく。キリギリスは優秀なパイロットだが、まだ幼いため実戦に出ることが許されない。褐色の娘とロミオが初陣を飾り、チタレンコは偵察へと飛び立っていく。チタレンコはその機体から仲間の歩兵にドイツ兵と間違われ、勾留される。彼が基地に戻ると、整備士マカルィチに遭遇し、その表情からチタレンコはすぐに誰かが戦闘で亡くなったことを悟る。犠牲者は褐色の娘だった。若者の命が早速失われたことに、「老兵たち」は深く悲しむ。

　ロミオはマーシャと逢瀬を重ね、ウズベク語の単語を教えながら、愛を伝える【図 4】。次第に空軍の活躍で国土は解放されていき、ロミオとキリギリスも空を飛び活躍し始めていた。ある日、ロミオは出陣前にチタレンコにマーシャとの結婚の許しを得るが、直後の戦闘で重傷を負い、命を落としてしまう。チタレンコとマカルィチはマーシャにその事実を伝えようとするが、彼女もまた空に飛び立っていった後だった。ふたりはキリギリスに呼び止められる。彼の前には、マーシャの新しい墓標がすでに立っていた。マカルィチはうなだれて、戦争が終わったら「褐色のモルドバ娘」を最初から最後まで歌おう、というのだった。オールタイムベスト 16 位。

農奴制問題を告発した、ツルゲーネフ原作による文芸映画

一匹オオカミ

👤 **ロマン・バラヤン**

⊖ **Бирюк**

📅 1977 年

📍 ソ連

🎞 ドヴジェンコ映画スタジオ

🔊 ロシア語、フランス語

🕐 77 分

⚙

📝 ロマン・バラヤン、イヴァン・ミコライチュク

🎥 ヴィレン・カリュタ

💿 ヴォロディル・フバ

🎭 ミハイル・ゴルボヴィチ、オレク・タバコフ

🎬 https://www.imdb.com/title/tt0075757/

▶

🌐

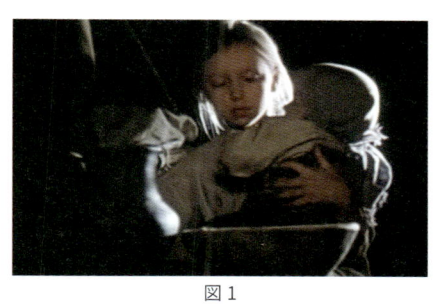

図1

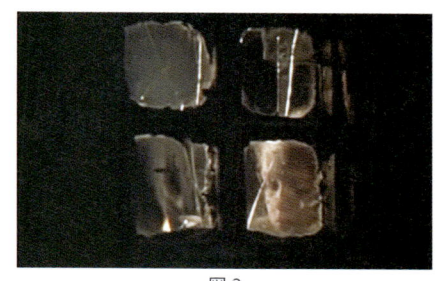

図2

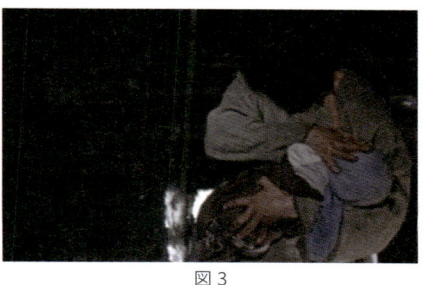

図3

図4

　農奴のフォマは「一匹オオカミ」と呼ばれる森の番人で、妻に逃げられ、幼いふたりの子どもと共に暮らしていた。フォマの仕事は、地主の許可なしに森の木を伐る人間を捕えることにあった。その暮らしは厳しく、フォマが捕まえた魚を上の娘ウリタに売りに行かせるが、農奴の娘は門前払いされるのが常である。父親は離れたところから、その様子をじっと見ている。母親のいなくなった家で、ウリタはまだ幼いながらも、健気に母親代わりとなって下の子の面倒を見ている【図1】。

　フォマの厳格な取り締まりは、村人の恨みを買い、仕返しにあうこともある。ある晩、フォマは武器を手にした男たちに袋叩きに遭い、気を失ってしまう。赤ん坊とともに帰りを待つウリタの心細い心情が、暗闇に浮かぶ窓の外を覗く姿を通して描かれる【図2】。翌朝、意識を取り戻したフォマがまず向かうのは幼い子どもが待つ我が家ではなく、自分に復讐した男たちが住む村である。だが村では誰もフォマに関心がなく無視され、行き場のない怒りを持て余して帰宅した彼は、不機嫌に無言で子どもを睨みつけるばかりである。父親が着替えをしている最中に赤ん坊が泣き出したため、ウリタは自分も涙を流しながら、父親を刺激しないよう、赤子の口にそっと自分の指をくわえさせる。その後、ウリタが森にキノコの採集に出かけると、フォマが泣いた赤ん坊をあやし始めるが、泣き声がひときわ大きくなると、我が子に一瞬手をかけそうになってしまう【図3】。農奴としての貧しい暮らしが、彼の精神を追い詰めていく。

　映画の最後では、森に地主が狩りに訪れ、彼の弾丸がフォマの背中に命中する。その頃、ウリタは貴族たちが残したお菓子をつまみ食いし、居眠りしていた。撃った本人も弾が命中したことを知らずその場を去って行き、フォマはひとり静かに息を引き取ろうとしていた。ツルゲーネフの「猟人日記」中の一篇「狼」（1848）を原作とする本作は、最小限のセリフで、静かな森の農奴の暮らしを淡々と描く。屋内ではハエの飛ぶ音、戸外では鳥のさえずる声といったように、豊かな自然音がスクリーンを満たしている。父親が吹く笛の音に合わせて、ウリタが踊り始めるシーンはこの映画でも屈指の美しさであり、貧しい農奴にとってもっとも幸福な瞬間でもある【図4】。映画は『猟人日記—狼—』の邦題で公開された。オールタイムベスト75位。

バビロン XX

🏴‍☠️ **イワン・ミコライチュク**

😐 **Вавілон ХХ**

📅 1979 年

📍 ソ連

🏛 ドヴジェンコ映画スタジオ

🗣 ウクライナ語

🕐 100 分

⚙

📃 イワン・ミコライチュク

🎥 ユーリー・ガルマシ

🎞 イワン・ミコライチュク

🎵 イワン・ミコライチュク、リュボーフィ・ポリシュク

IMDb https://www.imdb.com/title/tt0080083/

▶

🌐

図1

図2

図3

図4

　1920年代初頭、ウクライナ・ソヴィエト社会主義共和国下に入った、ウクライナ西部ポジーリャの村バビロンを舞台に、村人たちのさまざまな思惑が交錯する。映画の背景には、当時、ソ連全土で進められた農業集団化が背景としてある。

　映画が始まって間も無く、赤軍派のスィンツィアは、旧体制の象徴である、すでに退位していたニコライ2世一家の胸像をダイナマイトで爆破して、粉々に打ち砕いている【図1】。ふたりの兄弟ダンコとルキアンは、孤児のダリィンカを養子にし、年老いた病気の母の面倒を見させようとしていた。ダリィンカは、裕福な村人のブベラがソヴィエト政府に財産が没収されることを恐れ、スィンツィアを殺すために武器を集めているところを目撃する。ダリィンカは乱暴なダンコを恐れており、心優しいルキアンにそのことを伝える【図2】。ダンコは美しいマルワにつきまとう。彼女は粗暴で抑圧していた夫を病気でなくしたばかりである。彼女が本当に愛しているのは、ミコライチュク演じるバビロンの賢者ファビアンなのだが、彼は恋愛には興味がない。

　身を寄せる当てのないマルワはひとり、スィンツィアが革命のため運営するコミューンを訪れる。だが彼は彼女を信用せず、詩人ワロージャに自宅まで送らせることにする【図3】。その様子をに目したダンコは激しい嫉妬に駆られる。やがてダンコとルキアンの母親が死亡し、厳粛な葬式が執り行われる【図4】。兄弟は母が秘匿した財産を探す過程で、コサックが隠していた武器を掘り当てる。マルワとワロージャは親密になっていくが、ブベラと富農たちはスィンツィアの仲間である詩人を殺してしまう。このときマルワはすでにワロージャの子どもを身ごもっていた。富農たちは共産主義者を捕らえるが、バビロン自体が二分され、ダンコは富農側に、ルキアンは共産主義者側につくことになる。ブベラにけしかけられた村人が暴動を起こすなか、ファビアンは彼らを鎮めようとする。だがダンコがマルワを狙って撃った弾丸がファビアンに当たり、彼は斃れる。

　映画の最後には、白い衣装に身を包んだマルワが同じ恰好のファビアンに赤子を手渡す場面が挿入されている。かつて彼を愛していた彼女の願いが反映していると解釈できる幻想的なこの場面は、1960年代半ばから隆盛したウクライナ詩的映画の系譜に連なるものである。複数の登場人物の思惑が複雑に交錯する、オールタイムベスト10位の群像劇。

コラム3　ウクライナのアニメーション

図1

　本書でウクライナのアニメーション作品は取り上げていないが、100年にも及ぶその歴史では重要な作品が多くつくられてきた。ウクライナ最初のアニメーション作品は、全ウクライナ写真映画局の主導のもとオデッサ映画工房で製作された、同国の民話を原作にしたヴャチェスラフ・レヴァンドウシキーの人形アニメ『わらの牛の物語』（1927）である。レヴァンドウシキーは同年にもプロパガンダ・アニメ『ウクライニザーツィヤ』を製作するなど、この国のアニメーション産業の黎明期で活躍した。その後、レヴァンドウシキーの教えを受けたエウゲン・ホルバチとセメン・フエツキーによって、ウクライナ最初の作画に基づくアニメーション『アフリカのムルジルカ』（1934）がつくられた【図1】。ソ連の少年ムルジルカがアフリカで白人に酷使されている黒人の少年を救い、友情を築く、教訓的なメッセージが込められた物語である。ホルバチとフエツキーは『トゥクトゥクとジューク』（1935）でも、少年トゥクトゥクと犬のジュークのコンビが、庭を荒らす動物と対峙する反帝国主義的な寓話のアニメーションを制作した。

　戦後のウクライナでは、ソ連全土で人気を博したアニメーション作品がいくつも製作された。現在のチェルカースィ州出身のダヴィド・チェルカシキーは、特に人気作の多いアニメーション作家である。

TVシリーズのミュージカルアニメ『ヴルンゲル船長の冒険』（1976-1979）、コルネイ・チュコフスキーの人気児童文学を原作にした2部作『アイボリット先生』（1984、1985）、ロバート・ルイス・スティーヴンソンの子供向け海洋冒険小説が原案の『宝島』（1986-88）が代表作である。ソ連時代におけるもうひとりの重要なアニメーション作家が、ザポロージェ出身のヴォロディーミル・ダフノである。代表作に、ソ連時代に始まって独立後も断続的に製作された『コサックたち』（1967-1995）の連作（このシリーズはダフノ亡き後も別の監督によって続いた）、ペレストロイカ期の作品でソ連アニメの規範からの逸脱が垣間見える長編アニメーション作品『エネイーダ』（1991）がある。『エネイーダ』は、18世紀末から19世紀はじめにかけて活躍し、近代ウクライナ文学の基礎を築いた作家イワン・コトリャレウシキーが、ウェルギリウスの『アエネーイス』をもとに執筆した叙事詩『エネイーダ』（初出1798年、完成1842年）を原作としている。

　ソ連からの独立後、2000年代になってからウクライナ独自のアート・アニメーションが国際的にも注目される機会が増え、ステパン・コワリ『路面電車9番が行く』（2002）やエウゲン・スィウォキィニ『道に雪が降り積もる』（2004）といった短編アニメが高い評価を受けている。2012年に設立されたアニメーション制作スタジオAnimagradは、国内で製作されたアニメーション映画を国際的に発信することで知名度の向上に大きく貢献している。オレフ・マラムシュ『ストールンプリンセス：キーウの王女とルスラン』（2018）は、プーシキンの物語詩『ルスランとリュドミラ』（1820）を原作とし、冒険と自由を求めるたくましい王女の姿に、近年のディズニープリンセスの造型を投影させた。同スタジオ製作の『マウカ：森の歌』（2023）は、詩人レーシャ・ウクラインカの代表作である劇詩「森の歌」（1911）とスラヴ神話を下敷きにした作品である。

第 4 章

体制の崩壊へ

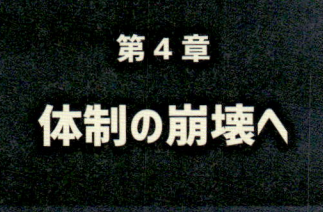

雪解けの開放感は急速にしぼみ、1960 年代後半から 1980 年代前半には、ブレジネフによる「停滞の 18 年」と呼ばれる反動期が訪れた。長年維持されてきたソ連という体制もひずみが生じ始め、1986 年のチェルノブイリ原発事故は崩壊の前触れとなった。ウクライナ映画はすぐにこの事故を映画にし、1980 年代後半の映画では、それまでの社会でタブーとなっていたものが、グラスノスチとともに次々にスクリーン上で表象された。それ以前の映画で登場することのなかった「マート」と呼ばれる罵倒語を俳優たちは口にし始め、輝かしいはずの軍隊での過酷ないじめが描写されたのだ。それらは現実の反映であり、ソ連が終焉へと向かうのと反比例するように、映画は真実らしさを獲得していった。

戦後たくましく生きる孤児ワーニャの青春を抒情豊かに描く

夜は短し

☠ **ミハイル・ベリコフ**

⊖ **Ночь коротка**

▦ 1981 年

◉ ソ連

🎦 ドヴジェンコ映画スタジオ

🔊 ロシア語

🕐 79 分

⚙

🗎 ミハイル・ベリコフ、ウラジーミル・メニショフ

🎥 ワシリー・トルシコフスキー

💿 アナトリー・チェルノオチェンコ

♒ イーゴリ・オフルピン、ヴィクトル・アンドリエンコ、
エヴゲニー・パペルヌイ、ミハイル・ゴルボヴィチ

IMDb https://www.imdb.com/title/tt0082823/

▶

🌐

図 1

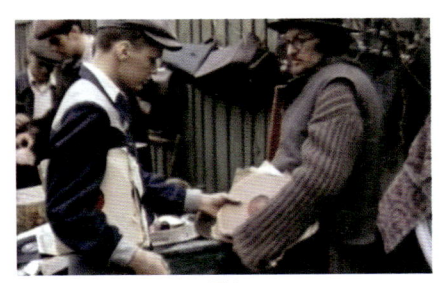

図 2

図 3

図 4

　戦争が終わって間もない、復興も半ばの貧しいある地方。叔母とふたり暮らしをしているワーニャの元には、時々父からの手紙が届く【図 1】。誕生日に手紙とともに送られてきたブーツを履いて、ワーニャは無邪気に喜んでいる。いたずら好きのワーニャは住宅の開いた窓に向かってホースで水をかけ、叱られるところを快活な少女アリーナに助けてもらう。厳しい環境下にあっても、頻繁にワーニャを訪れ気にかけてくれる、父の友人である軍人メルクリーのような優しい人物もいる。

　それから数年が経過し、ワーニャは不良仲間とつるんで、スリを働くようになっていた【図 2】。父は相変わらず帰ってこないが、手紙は以前と同じように届く。手紙に見向きもしなくなったワーニャに代わり、叔母は手紙を読んでやるが、その途中から彼女は空で内容を読み上げている。父から届く手紙の文面は、仕事のため帰ることができないなど、いつも同じことが書かれている。ワーニャは「どうせ父なんていないんだ！」と叫び、叔母にやり場のない感情をぶつける。

　ワーニャは美しく成長したアリーナが見知らぬ少年と歩いているところを見つけ、彼を待ち伏せして痛めつけようとしたところを彼女に見つかってしまう。それでも、アリーナは以前と変わらずワーニャを受け入れてくれる。ふたりが並んで寝転び、色をつけたガラスで日食を眺める場面がある。イワンが次の日食が 2014 年だと告げると、アリーナはそれまで長生きできるかしらと言う。ワーニャは、きっと長生きできると励ますが、やがて彼女が父親の仕事の都合で街を離れ 3 年は帰らないと告げると、君なしでは生きられないと訴えることになる。アリーナはワーニャときちんと別れの挨拶もできないまま去っていく【図 3】。

　映画の終盤では、ワーニャたちが住む共同住宅の中庭に皆が集まり、戦死した者たちを偲ぶ。この時、レオニード・ウチョーソフのヒット曲「暗い夜」が映画の伴奏曲として流れるが、それでも時は流れていく。孤児だったワーニャも周囲の人間の愛情を受け、その顔には自信に満ちた表情が表れていくのだった。

　『モスクワは涙を信じない』の監督ウラジーミル・メニショフが脚本に参加し、物語を彩る名曲の数々が映画の抒情性を高めている。タガンローグにある、ソ連最初にして唯一の円形住宅で撮影された、ワーニャたちが住む共同住宅も見所となっている【図 4】。

仕事にも家庭にも居場所を見失った、中年男性の危機を描く

夢と現実の跳躍

🕵 ロマン・バラヤン
⊖ Полёты во сне и наяву
📅 1982 年
📍 ソ連
🎬 ドヴジェンコ映画スタジオ
🔊 ロシア語
🕐 90 分

📄 ヴィクトル・メレシコ
🎥 ヴィレン・カリュタ
🎞 ワジム・フラパチョフ
🎭 オレク・ヤンコフスキー、リュドミラ・グルチェンコ、
オレク・タバコフ、ニキータ・ミハルコフ
IMDb https://www.imdb.com/title/tt0084518/
▶
🌐

図 1

図 2

図 3

図 4

　40 歳の誕生日を迎える、建築事務所で働くセリョージャの 3 日間を描く。朝早く目が覚めた彼は妻ナターシャと口論し、家を飛び出していく。仕事場では自分の年齢の半分に過ぎない 20 歳の同僚の女性にきつく当たり、泣かせてしまう。セリョージャは、自分の誕生日を祝いにやってくる母親を駅に迎えに行くと言って職場を抜け出し、若い愛人のアリサに会いに行く。ところが自家用車で彼女を待っていたところ、近くに居合わせたナターシャが先に乗り込んできてしまう。アリサからは頰打ちをくらい、ナターシャからはアパートの鍵を取り上げられる【図 1】。

　仕方なく職場に戻ったセリョージャは、ありのままあったことを話し、上司ニコライから辞職願を書くように言われ、仕事場を去る。セリョージャはアリサと仲直りし、その夜、一緒にパーティーに顔を出す。だが彼はふらふらと外に出て行き、映画の撮影現場に混ざっては、ミハルコフ演じる監督に追い出される。その後、貨物列車の機関士に母に急用で会うのだと言って乗せてもらうのだが、貨物を盗もうとする 3 人組を見つけるとしつこく追っては、袋叩きにされる。

　翌朝、目が覚めたセリョージャは、親切な女性転轍手に救われて無事に街へと戻っていく。だが帰る場所のない彼は、かつて愛し合っていた同僚ラリーサの自宅を訪問した後、再びアリサと話そうと試みるが、彼女のそばにはすでに新しい男友達が一緒にいた。夜になって、セリョージャとアリサは仲直りする【図 2】。

　3 日目はセリョージャの誕生日である。彼を祝うため、アリサや同僚など多くの人間が集まる【図 3】。アリサは一同に、「セリョージャが跳躍する」のだと言って吹聴する。皆が踊りに興じている中、セリョージャはひとりその場を静かに離れると、川沿いの木に括り付けられたロープにつかまって川へ飛び込む【図 4】。驚いた彼らが心配そうに川を覗き込む中、その様子をこっそり這い上がってきたセリョージャは背後から見ているのだった。そんな彼の姿を見た一同は、いよいよ愛想を尽かして離れていく。びしょ濡れのセリョージャは寒さに震え、ひとり藁の中に体を埋めるのだった。

　映画は中年男性の危機を描いた作品として高い評価を得、同様の主題を持つソ連映画ゲオルギー・ダネリヤ『秋のマラソン』（1979）とともに並び称されるとともに、ウクライナ映画のオールタイムベストでは 7 位に選出された。

体制の崩壊へ

戦場で出会った女性を忘れられない、優柔不断な男の三角関係

戦場のロマンス

👤 **ピョートル・トドロフスキー**
⊖ **Военно-полевой роман**
📅 1983 年
📍 ソ連
🎬 オデッサ映画スタジオ
🔊 ロシア語
🕐 93 分
⚙

📝 ピョートル・トドロフスキー
🎥 ワレリー・ブリノフ
💿 イーゴリ・カンチュコフ、ピョートル・トドロフスキー
🎭 ニコライ・ブルリャエフ、
　　ナタリヤ・アンドレイチェンコ、
　　インナ・チュリコワ
🎬 https://www.imdb.com/title/tt0086561/
▶ https://www.youtube.com/watch?v=UVJJuvtqj7s
🌐

図 1

図 2

図 3

図 4

　映画は戦時中のエピソードから始まる。サーシャは衛生兵のリューバに一目惚れするが、上官の妻である彼女に近づくことは難しく、ただふたりの近くをうろつき、リューバの笑い声とふたりが聴く音楽に耳を澄ますことしかできなかった。翌朝に攻撃を控えた日、サーシャは彼女の近くで足を滑らして転倒したことで存在を気付かれ、それをきっかけに会話を交わすことに成功する。サーシャはリューバに愛を告白し、上官との幸せを祈り、彼女にさよならを告げるのだった【図 1】。

　月日が経ち、戦後、サーシャは映写技師として働いていた。ある日、サーシャは街頭で幼い女の子を連れてピロシキを売っているリューバを発見する【図 2】。彼女からピロシキを購入するが、彼はただじっと見つめるだけで、言葉を発することができない。リューバはサーシャにまったく気づくことなく、彼には自宅で待ってくれている妻ヴェーラがいるのだった。だがリューバを忘れられない彼は、その後も街頭でリューバの姿を追う。夫を前線で亡くした彼女は生活に必死で、サーシャを激しく罵る。リューバに近づくことを諦めない彼は、花を贈り、悪意がないことを説く。子どもの世話に忙しい彼女の代わりにピロシキを販売すると、その姿を同僚に見られてしまうが、そうして彼女の信頼を得ていくのだった。映写技師として働くサーシャは、映写室でリューバと彼女の娘に自分が映し出す映画を見せてやる。映画が終わると、サーシャはリューバの唇に口紅を塗ってやり、寝てしまった娘の横で今度はふたりでチャップリンの映画を見て笑い声をあげる【図 3】。ふたりは親密な関係を続けるようになる。

　サーシャは妻に秘密を告げぬまま、やがて三人が鉢合わせする時が訪れ、勝気なヴェーラはおとなしいリューバに悪態をつく。だがヴェーラがリューバを儀礼的に新年の祝いに招待した結果、ふたりの女性は意気投合していくことになる【図 4】。それでもヴェーラは善良だが優柔不断なサーシャに捨てられることを恐れ、リューバの方も関係を続けることの難しさを自覚し、ひそかに別の男性と結婚する準備をしているのだった。

　ひとりになることを恐れるヴェーラを演じたインナ・チュリコワは、ベルリン国際映画祭で銀熊賞（女優賞）を受賞した。メロドラマを得意としたロシア人監督によるオデッサ映画スタジオ製作作品で、抒情的なメロディが全編を彩る。オールタイムベスト 42 位。

口づけ

🎬 **ロマン・バラヤン**

⊖ **Поцелуй**

📅 1983 年

📍 ソ連

🎞 ドヴジェンコ映画スタジオ

🔊 ロシア語

🕐 63 分

⚙

📄 ロマン・バラヤン

📷 ヴィレン・カリュタ

💿 ヴァディム・フラパチョフ

🎭 オレク・ヤンコフスキー、
アレクサンドル・アブドゥロフ

IMDb https://www.imdb.com/title/tt0170440/

▶

🌐

図 1

図 2

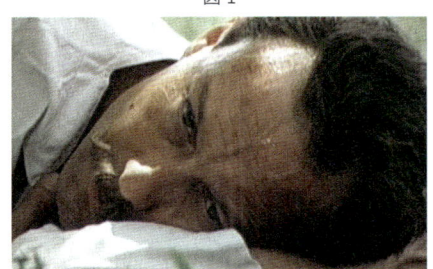

図 3

図 4

　砲兵旅団が野営地へ向かう途中で宿営していたところ、退役軍人で地元の名主であるフォン＝ラッベク中将にお茶の招待を受ける。４人の将校たちがフォン＝ラッベク家に到着すると、主人のふたりの妹が子どもたちを連れて来ており、大勢の客でにぎわっていた【図 1】。お茶が済むと、将校たちは広間へ通された。奥手のリャボーヴィチを除いた将校たちは令嬢や若い夫人に声をかけてダンスに興じる。これまで一度も踊ったことのないリャボーヴィチはその輪に加わることはできず、彼らが楽しむ様子を横から眺めているのだった【図 2】。やがてフォン＝ラッベクの末っ子セルゲイがひとりの将校をビリヤードに誘ったので、リャボーヴィチもさり気なく彼らの後をついていく。ここでも蚊帳の外で仲間に加われないリャボーヴィチは、広間へ引き返そうと決意する。だが暗い部屋をいくつ通り抜けても、元にいたところへ戻れない。困って思案に暮れていると、彼の身に思いがけないことが降りかかった。いきなり暗闇から現れた女性が「やっとね」とささやくと、彼の首に後ろから抱きつき、口づけしたのだ。彼女は即座に自分の誤りに気づき、慌てて飛び退くと、あっという間にどこかへ姿を消してしまった。これまで女性に触れる機会のなかったリャボーヴィチは、一瞬の出来事にすっかり当惑し、広間に戻っても平静を取り戻すことができない。彼は踊っている女性の中に先の女性を探ろうとするが、皆目見当がつかず、屋敷をお暇することになる。

　宿営地に戻り、砲兵旅団が村を後にしてからも、リャボーヴィチはその口づけの感触を反芻している【図 3】。彼は思い切って将校仲間に自分の身に起こったことを語って聞かせるのだが、女性慣れしたロブイトコ中尉は一笑に付す。彼のからかいに苛立ったリャボーヴィチは、決闘騒ぎまで引き起こすことになる【図 4】。野営地での任務を終え、帰途の途中で、リャボーヴィチは再び屋敷のある村に立ち寄る機会を得る。期待に胸をふくらませて屋敷を訪問するのだが、中には誰もいない。彼は突然、顔も知らない女性に再会することを望んでいた自分の馬鹿馬鹿しさに気づき、口づけされて以来、浮かれていた気分が急速に冷めていくのだった。アントン・チェーホフの同名の小説を原作に、内向的な性格のリャボーヴィチの深い悩みが名優オレク・ヤンコフスキーによって表現される本作は、バラヤンを高く評価していたパラジャーノフがとりわけ優れた作品と見なしていた。オールタイムベスト 62 位。

命と引き換えに撮影された、チェルノブイリについての最初の映画

チェルノブイリ：困難な日々の記録

ヴォロディーミル・シェフチェンコ

Чернобыль. Хроника трудных недель

1986 年

ソ連

ウクライナ・ニュース・ドキュメンタリー映画スタジオ

ロシア語

56 分

ヴォロディーミル・シェフチェンコ

ヴィクトル・クリプチェンコ、
ヴォロディーミル・タラセンコ、
ヴォロディーミル・シェフチェンコ

https://www.imdb.com/title/tt7154796/?ref_=fn_al_tt_1

図1

図2

図3

図4

　1986年4月26日に起きた、チェルノブイリ原子力発電所での事故に関する、最初の映画の1本。チェルノブイリ原子力発電所は4基の原子炉から成り、第一炉は1977年に着工された。事故が起きたのは、1983年に着工された第四炉である。撮影は同年5月14日に開始された。事故から2週間以上が経過したこの日、ゴルバチョフは国民に向けてテレビ演説を行い、初めて事故の被害状況について口を開いた【図1】。そこでは放射能を浴びた299人が入院し、そのうち7名が命を落としたことが報告される。

　撮影班は許可証を携え、命の危険を顧みず、立入禁止区域へと入っていく【図2】。事故のあった日に使われた救急車や輸送車は、汚染されて使い物にならなくなり、そのまま打ち捨てられている。原子炉から放射性物質が漏洩することを防ぐため、コンクリートで覆う「石棺」の建造が開始される。侵入の難しい原子炉下部での活動には、ドネツクの坑夫が活躍する。映画は「英雄的行為」という言葉を繰り返し用いて、事故に対処する人間の活動を讃える【図3】。サハリンからは重機の運転を志願する男性から電報が届き、5日後には彼が遠隔でブルドーザーを操作しているところが撮影される。リトアニアの少年からは、血液を提供したいという手紙が寄せられる。多くの国民が血液と骨髄の提供を申し出て、チェルノブイリ基金へ送金した。集団農場で働いていたキューバ人のグループも送金した後、献血するために現地へやってきた。彼らのひとりは「英雄的行為でなく、インターナショナリズムだ」と笑って言う。

　映画では、目に見えない放射能の恐ろしさが、ガイガーカウンターが計測する音によって表現される。天井の抜けた第四炉を撮影するため、隣接する第三炉の屋上から撮影するシーンでは、不吉な音が最大限に大きくなる。強い放射能に晒されて、撮影機材はたびたび故障することになった。撮影は3か月にわたり、関係者や避難民へのインタビューを続けた。映画はソ連市民による数々の英雄的な行動の結果、原発事故の克服を予感させるかたちで幕が閉じる【図4】。だがスタッフは撮影の過程で過度の放射線を浴び、多くが入院することになり、監督のシェフチェンコは撮影が終了した翌1987年3月30日、死亡した。命と引き換えにチェルノブイリ原発事故直後の様子をカメラに収めた本作は、オールタイムベスト49位に選出された。

ソ連末期の変調を「無気力症」というシンドロームを通して描く

無気力症シンドローム

- 👤 **キラ・ムラートワ**
- ⊖ **Астенический синдром**
- 📅 1989 年
- 📍 ソ連
- 🎬 オデッサ映画スタジオ
- 🎦 ロシア語
- 🕐 153 分

- 📑 キラ・ムラートワ、セルゲイ・ポポフ、
  アレクサンドル・チョールヌィフ
- 🎥 ヴォロディーミル・パンコフ
- 💿
- 🎮 オリガ・アントーノワ、セルゲイ・ポポフ
- IMDb https://www.imdb.com/title/tt0096841/
- ▶ https://www.youtube.com/watch?v=YDb76aekGBY
- 🌐

図 1

図 2

図 3

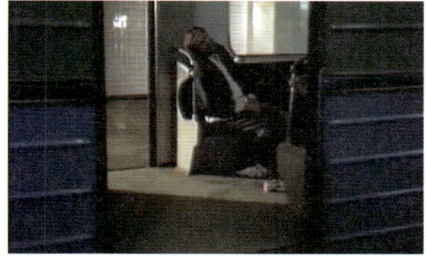

図 4

　女医のナタリアを主人公にしたモノクロの第一部、男性教師ニコライを主人公にしたカラーの第二部から成る。

　第一部は、ナタリアの夫の葬儀場面から始まり【図1】、墓地の風景、映し出される無数の写真など、過去のイメージに満ちている。悲しみが深く気分の落ち込みが激しい彼女は、終点で止まったバスに制止を振り切って乗り込んだり、同僚や通行人に強く当たったり、時には暴力を加えるなど粗暴な振る舞いを示す。友人たちはナタリアを心配して気遣う言葉をかけるが、彼女は彼らに対して敵意を剝き出しにして応える。道端で男性に声をかけられると、自ら彼を自宅のベッドに誘い込み、隣人にその様子を見られても気にする素ぶりもない。だが我に返ると男性を激しく罵って追い出し、実際は深く傷ついているのだ。

　実はモノクロ映像の第一部はナタリアを主人公にした映画内映画で、映画ホールで上映中の作品であったことが第二部の冒頭でカラーになって判明する。明かりのついたホールでは、ナタリアを演じたオリガ・アントーノワが登場して上映後トークが始まろうとしている【図2】。ところが無関心な観客は映画が終わると、退屈な映画への不満を口にしながら一斉に席を立ってしまうのだ。司会が帰る客を引き止め、「ゲルマン、ソクーロフ、ムラートワの本物の映画について語り合いましょう」という言葉が虚しく響く、監督による自虐的でユーモラスな自己言及もある。この映画館で最後まで残っているのが、教師のニコライである【図3】。彼はどこでも眠ってしまう「無気力症」にかかり、ここでも眠っていて映画が終わったことに気づいていない。ニコライは精神病院に入院させられるが、病気は改善せず、やがて退院するが、相変わらず場所を選ばず眠り続けるのだった【図4】。

　ムラートワによるソ連時代最後のこの作品に描かれる苛立つ人間たちは、ソ連が解体した後に改めて見ると、当時の壊れていく社会の姿を反映しているように見える。公開時にはスキャンダラスな批判をもって受け止められた。また、「マート」と呼ばれるロシア語の罵倒語が多く登場することも本作の特徴である。ソ連の労働者はこうした言葉を多用していたが、「正しいソ連映画」で登場人物が口にすることはなかった。グラスノスチもだいぶ進んだ80年代末のこの作品は、マートを多用しタブーを破ったソ連映画としての側面もある。ウクライナ映画オールタイムベスト6位。

オデッサに送られたアメリカ人殺し屋を描く、ポストモダン・コメディ

デジャ ヴュ

🕵 **ユリウス・マチュルスキ**

☎ **Дежа вю**

📅 1989 年

📍 ソ連

🏛 オデッサ映画スタジオ、Studio Filmowe Zebra

🗣 ロシア語

🕐 108 分

⚙

📖 アレクサンドル・ボロヂャンスキー、
ユリウス・マチュルスキ

🎥 ヤヌシュ・ガウエル

🎞 クシェシミル・デプスキ

🎭 イエジー・スチュエル、ニコライ・カラチェンツォフ、
ウラジーミル・ゴロヴィン

IMDb https://www.imdb.com/title/tt0097253/

▶ https://www.youtube.com/watch?v=0K-jXCQWeEI

🌐

図 1

図 2

　1925 年の禁酒法時代のアメリカ、シカゴ。マフィアたちは裏切り者のミック・ニッチを探していたが、彼はすでにオデッサに逃亡していた。そこで製造した自家密造酒サマゴンを北極海航路でアメリカに輸入する、「偉大なるサマゴンの道」という計画を練っていたのだ。ニッチを始末するため、ポーランド系アメリカ人で、殺し屋として名高いジョン・ポラックが刺客として送り込まれる。

　ポラックは蝶を採集する昆虫学が専門の大学教授を偽装し、港から入国することに成功する。ところが着いて早々、ニューヨークとオデッサを結ぶ国際フェリーの乗客１号となってしまったポラックは、コムソモールやピオネールの熱烈な歓迎を受け、その過剰な歓待の最中、行李に隠していた暗殺の武器を破損してしまう。さらに彼が投宿したホテルの部屋は３人部屋で、ウズベク人やユダヤ人など、予期せぬ客との同室を余儀なくされる。レセプションで人数分の金を払うことで問題を解決しようとするのだが、ここは「資本主義国ではない」のだ。その後も、ポラックを勝手に恋のライバル視する男性など、さまざまな人物が付きまとう。

　ポラックはアルメニア人の一団と痛飲する機会を得る。酔い潰れてしまった彼は、目が覚めるとエレヴァン行きの列車に乗っていることに気づき、慌てて飛び降りるのだが、その際に頭を看板に強打して記憶を失ってしまう【図 1】。本来の任務を忘れて自分を大学教授と思い込んでしまうが、そのおかげで、殺し屋が送り込まれたことに気づいたニッチの手下の追及をうまく逃れることになる。やがて記憶を取り戻したポラックは、武器を手に入れ、ニッチを追っていく。ふたりはエイゼンシテイン『戦艦ポチョムキン』(1925) の有名なオデッサの階段シーンに紛れ込んでしまい、エキストラと間違われて撮影に加わることになる。ここでポラックは再び記憶を失うことになり、乳母車が階段を転がり出し、撮影するよう指示を出すエイゼンシテインが映り込んでいる【図 2】。

　再度、使命を思い出したポラックはニッチを追い詰め、とどめを刺そうと引き金を引いたところであえなく弾切れになってしまう。すると、周囲に潜んでいた警察が現れてニックを逮捕する。彼らはホテル同居人やたびたび遭遇した恋人たちで、以前から密造酒を製造しているニッチを追っていたのだった。ポラックは暗殺が失敗したためにアメリカに戻れば自らが始末されることを恐れ、刑務所に入れるよう自分の罪を告白する。しかし、ニックを大学教授だと信じ込んでいる警察は、彼の言葉を信じようとせず、ポラックはパラノイアの診断を下されてしまう。映画の最後では、任務不履行のポラックを始末するため、新たな殺し屋がオデッサに送られる。ところが殺し屋は記念すべき 1,000 人目の乗客となったため、港で熱烈な歓迎を受けることになり、その任務は簡単でないことを予感させて終わる。

　タイトルは、記憶を失ったポラックが過去の記憶に繋がる場面でたびたび感じる、微かな既視感から採られている。コスモポリタンな国際都市オデッサを舞台に展開する、多国籍なコメディ映画。シカゴ・マフィアの名前はデ・ニーロ、チミノなど、ハリウッドの監督・俳優から採られており、フランシス・フォード・コッポラ『ゴッドファーザー』(1972) のパロディ作品でもある。また、ポラックとともに未来派の詩人ウラジーミル・マヤコフスキーが乗船し、その友人であるオシプ・ブリークと詩人のミューズであったリリヤ・ブリークも登場するなど、さまざまな見どころがある。

体制の崩壊へ

チェルノブイリ原発事故と同時に描かれる、社会と人間関係の崩壊

崩壊

 ミハイル・ベリコフ

Распад

1990 年

ソ連

ドヴジェンコ映画スタジオ

ロシア語、英語

102 分

ミハイル・ベリコフ、オレク・プリホチコ

ワシリー・トルシコフスキー、
アレクサンドル・シガエフ

イーゴリ・ステツュク

セルゲイ・シャクロフ、タチアナ・コチェマソワ、
ゲオルギー・ドロズド、アレクセイ・セレブリャコフ

https://www.imdb.com/title/tt0105220/

図1

図2

映画は鉄道が線路を軋ませて走る音を背景に、スタッフクレジットよりも前に、ダーリの辞書に記された「チェルノブイリ（ニガヨモギ）」の定義が引用される。チェルノブイリ原子力発電所で事故が発生したとき、「ヨハネ黙示録」でニガヨモギという名の巨星が天から落ちて、地上を毒して多くの者が命を失ったという逸話がよく連想された。最初の場面は、1986年4月のキエフ、新聞記者のサーシャがギリシャから列車で帰国してくるところである。彼が妻と共に乗るタクシーの車窓からは、開催中の自転車の国際競技大会の様子が見える【図1】。自転車集団の統率のとれた動きは、映画に登場するテレビ画面の中に何度も映し出され、現実で起きる混乱としばしば対照を成す。サーシャは自宅で友人たちにギリシャの写真を見せながら、マリウポリ出身であるギリシャ人の父から、祖国の土を持ち帰るよう頼まれていたことを思い出す。父の頼みをすっかり忘れていたサーシャは、無関係な土を祖国のものだと言って何食わぬ顔で渡し、真実を知らない父は無邪気に喜ぶ。サーシャは自分の留守中に妻が浮気をしていたいう告発の手紙を受け取る。妻は夫の留守中に友人が訪ねてきただけで、その手紙はたまたま折り悪くやってきたサーシャの父が書いたものだと言って取り合わない。

4月26日の夜明け前、何台もの消防車がサイレンを鳴らしながら、爆発の起きた原子力発電所に駆けつけていく。サーシャの幼馴染で原子力発電所のオペレーターを務めていたイグナートは、全身にひどい火傷を負い、同じ幼馴染のトーリャに付き添われて救急車へ運ばれ、その後命を落とす。同じ頃、キエフの自宅でサーシャはうなされて眼を覚ます。彼は妻に「ドミトリーは自分の息子か？」と尋ね、彼女はその質問を一笑して否定する。彼が窓から外を見ると、大量のバスが移動している光景が見える。翌朝、トーリャはひとり学校や結婚式場など人が多い場所を周り、発電所で爆発があり、避難する必要があることを訴えて回る。映画はすぐに、サーシャが明け方に目にしたバスに乗って人々が避難する様子を映し出す。サーシャは事故の真相を追究しようとするが、当局は真相を隠す。サーシャが街を出るためチケットを求めて訪れた駅では、大混乱が起きていた。彼は駅で偶然出会った友人から、トーリャも死亡したことを知る。

街を離れられない中、サーシャは自身が勤める新聞社の同僚を自宅に招いてパーティーを開き、そこへ妻との浮気を疑ったシューリクもやってくる。サーシャはシューリクに、誰もが今起きていることの罪を背負っているのだと言う。家族を売り、嘘が平気で罷り通る世の中になってしまい、友人の妻と寝ることも大した問題ではない。全ての者が最後の審判を受けるべきなのだ。酔っ払ったサーシャはひどい醜態を晒すが、終いには妻と子供をシューリクに預けて避難させ、彼自身は記者としての使命を果たすため原発事故の現場へ向かう決心をする。それが彼なりの、モラルの崩壊した社会での自分の行いに対するけじめなのだ。サーシャはヘリコプターで事故の現場へ降り立つと、全身を防護し、天井の崩落した発電所で写真を撮る【図2】。続く場面はすでに秋になっている。サーシャは編集室から家に帰る途中、ディナモ・キエフの熱狂的なサポーターに遭遇し、乗車した車をひっくり返されて顔に怪我を負ってしまう。家に帰ると、妻が待っていて、彼に抱きついて「あなたなしでは生きていけない」と涙を流す。最後の場面は再び自宅でのパーティーで、今度はチェルノブイリの事故の写真を一同で眺めているところで終幕となる。オールタイムベスト65位。

第二次世界大戦下における、ユダヤ人一家迫害の物語

追放／記憶せよ

ヴォロディーミル・サヴェリエフ

Ізго / Пам'ятай

1990 年

ソ連

ドヴジェンコ映画スタジオ

イディッシュ語、ウクライナ語、ロシア語、ドイツ語

89 分

ロマン・カレンブリト

ヴォロディーミル・サヴェリエフ

ユーリー・ガルマシ

エヴゲン・スタンコヴィチ

ヨッシ・ポッラク、マルガリータ・ヴィシニャコワ、
ボリスラフ・ブロンドゥコフ

https://www.imdb.com/title/tt0107237/

図1

図2

図3

図4

　1941 年夏。西部のコロムィヤで肉屋をしていたシモンはナチス・ドイツからの迫害を逃れて、妻バーシャと赤子を含む 6 人の子供を連れてポルタヴァの村へやってくる【図1】。空き家に住処を見つけ、初めは村人たちから白い目を向けられていたが、彼の陽気な性格と人並み外れた腕力が、受け入れられるきっかけになっていく。ある日、村人たちが家畜の豚を屠殺しようとしていたため、シモンが力を貸してやることになった。本来、シモンがユダヤ教で不浄の動物とされている豚に手をかけることはないのだが、バーシャから「彼らが食べるものに手を貸してあげて」と言われたためである【図2】。職人的な技術を見せた新参者を、村人はすっかり歓迎する。シモンたち一家は村人の結婚式に招かれると、長男が演奏するバイオリンに合わせ、シモンとバーシャはユダヤの踊りを披露するのだった【図3】。

　しかしその幸せな時間は長く続かなかった。ナチスの軍隊がやってくると、たちまち村は占領されてしまう。力自慢のシモンは、家族と引き離されたまま、ナチスの司令官フォン・クリューゲルの死んだ愛馬の墓掘り人として抜擢される。墓を埋めた後、シモンが司令官を荷車に乗せていると、その運動量に目をつけたドイツ人将校たちは、彼を馬と競走させる賭けをすることにする。家族と再会するため、シモンは競走に勝つことを求められる。フォン・クリューゲルに後ろから鞭打たれながら、シモンは馬との競走に勝利する【図4】。妻子を心配するシモンは、司令官ごと貨車を投げ飛ばし、家に向かって駆け出していく。家に着いてみるとそこは火の粉があがっていて、妻子は井戸に放られて命を落とした後だった。絶望するシモンに、赤子を抱いた隣人の老婆が声をかける。それは唯一生き延びた、バーシャとの間の子供だった。喜びも束の間、すぐに戦車に乗ったドイツ兵が迫ってきたため、シモンは赤子を再び老婆に預けると、できるだけ遠くへ逃げていこうとする。だが結局シモンは戦車に追いつかれ、轢き殺されてしまう。戦車の旋回する動きが、結婚式で回って踊るシモンとバーシャの運動に重ねられ、映画は終わりを迎える。

　ナチス・ドイツによるユダヤ系ウクライナ人の迫害を描いた作品として、最初の 1 本に数えられる本作は、オールタイムベスト 90 位に選出された。シモンを演じたポッラクはイスラエルの俳優である。

オホーツク海を舞台にニヴフの生活を描いた「ウクライナ映画」

海の果てを走るまだらの犬

カレン・ゲヴォルキャン

Пегий пёс, бегущий краем моря

1990 年

ソ連

ドヴジェンコ映画スタジオ、ZDF

ロシア語

132 分

カレン・ゲヴォルキャン、トロムシ・オケーエフ、チンギス・アイトマートフ

イーホル・ベリャコフ、カレン・ゲヴォルキャン、ルドルフ・ヴァチニャン

シャンドル・カッロシ

バヤトロ・ダムバエフ、アレクサンドル・サスィコフ、ドスハン・ジョルジャクスィノフ

https://www.imdb.com/title/tt0102648/

図 1

図 2

図 3

図 4

　アルメニア人のカレン・ゲヴォルキャンが監督した『海の果てを走るまだらの犬』は、ドヴジェンコ映画スタジオで製作され、ウクライナ映画オールタイムベストにも選出された。映画はキルギス共和国（クルグズスタン）の国民的作家であり全ソ連的な作家であったチンギス・アイトマートフの同名の小説を原作にしている。あるインタヴューでアイトマートフが、自身の作品を映画化したもののうち、キルギス映画の傑作として名高いボロトベク・シャムシエフ『白い汽船』（1975）と並んで見る価値のある 2 本のうちの 1 本として挙げた作品でもある。映画は 2 部構成で、それぞれ地上と海上での生活を描き、前半はドキュメンタリー調の映像、後半はアイトマートフの小説に基づいた物語で構成されている。

　冒頭で、オホーツク海に住む、あるニヴフの狩人一家に息子が誕生する。その後、衆人環視のもと熊が矢を放たれて絶命し、皮を剥がれ、肉を切り刻まれる様子は、ニヴフの狩人たちの生活を写実的に捉えており、現在の劇映画では動物保護の観点から撮影が難しい映像である【図 1・2】。妊婦の大きく膨らんだ腹部や乱暴な性交場面、波打ち際でアザラシを撲殺するとそのまま切り裂いて内臓を口にする場面など、劇映画かドキュメンタリーなのか弁別できないほどの迫真性に満ちている。

　後半、冒頭で誕生した少年が 10 歳に成長すると、祖父、父、叔父とともにボートに乗って初めて漁へ出かける【図 3】。ところが深い霧が立ち込め始めると、やがて嵐に見舞われ、海岸を見失ってしまう。ボートは大海原をさまよい、海中の獰猛な動物が彼らを狙い、飲み水の備蓄もなくなってくる。極限の状況下に置かれ、大人たちは覚悟を決める【図 4】。息子を生かすため、一人ひとりと海へ飛び込んでいくのだった。彼らが海に繰り出してからは、一般のボートというきわめて限定されたシチュエーションで、数十分にわたってヒッチコックさながらのサスペンスドラマが展開される。

　ドキュメンタリー映画を多数制作しているゲヴォルキャンの映画は、全編にわたってセリフを限定し、淡々とスクリーンに起こる出来事を映し出す。アイトマートフの小説はソ連をはじめとした国々や地域でその大部分が映画化されてきたが、この映画は原作小説の発表から 20 年以上を経て、ドイツの資本協力を得てようやく実現した。オールタイムベスト 68 位。

　　　　　　　　　　　　　　　　　　体制の崩壊へ

モノクロの映像でテンポよく語られる、男女の壊れていく恋愛関係

1 階

イーホル・ミナイェフ
Перший поверх

1990 年

ウクライナ

オデッサ映画スタジオ

ロシア語

64 分

オリガ・ミハイロワ

ウラジーミル・パンコフ、
ヴィタリー・ソコロフ＝アレクサンドロフ

アナトリー・デルガチョフ

エヴゲニヤ・ドブロヴォリスカヤ、
マクシム・キセリョフ

https://www.imdb.com/title/tt0100355/

図 1

図 2

ふたりの出会いは 8 月だった。ナージャはケンカの場に居合わせたという理由で、警察の車に乗せられる。中にはセルゲイが座っていて、彼女に好意を抱いた彼は密かに外へ逃がしてやる。9 月、ナージャがディスコに向かって歩いていると、入り口を見守っているセルゲイと思わず再会する【図 1】。セルゲイは、「ドルジーナ」と呼ばれる人民パトロール員を務める模範的なソ連市民なのだ。ナージャはセルゲイを踊りに誘うが、彼は立場上許されない。だがどこかへ行こうと誘いを受けた彼は、仲間の制止も聞かず、仕事を放棄して彼女についていってしまう。ふたりは何もない殺風景な部屋で、一晩を共に過ごす。それは彼女が叔父から間借りしている部屋だった。朝になると、ナージャは叔父のコーリャから呼び出され、別れた夫と電話するが、すぐにまた眠りにつく。

その後、セルゲイはナージャとの再会を求めて彼女の部屋を訪問するようになるが、捕まえることができない。11 月、部屋の前でようやく再会を果たした彼女は、嬉しい素振りはまったく見せず、彼に向かって罵りの言葉を浴びせる。だが結局は帰ろうとする彼を引き止めると、再び一緒に夜を過ごす。やがて、美容室で働くナージャの元に、セルゲイの母親から苦情の電話がかかってくる。母親いわく、ナージャにたぶらかされた大切な一人息子は、学業を放棄してしまったのだという。セルゲイはまだ 18 歳で、ナージャより 2 歳も年下なのだった。罵られて呆然と受話器を抱えているナージャの元へ、仕事場にまで押しかけたセルゲイが現れ、そばで着替え中だった美容室のマネージャーであるタチアナに咎められる。

しばらくしてセルゲイはコーリャから、彼女が夫と別れた後、1 階に引っ越したのだという話を聞く。その引っ越しは彼女のどん底の精神状態を表すものだった。仕事もせずただ彼女に依存しているだけのセルゲイは、コーリャから寄生虫と罵られて激しく言い争う。1 月、質素な部屋でふたりはセルゲイの誕生日を祝い、幸福そうである。2 月、セルゲイはナージャの職場に押しかける。焦って結婚したがる彼を、彼女はそっけなくあしらう。彼らの口論は次第に激しいものになっていく。3 月 8 日の「女性の日」、ナージャの元へ向かうセルゲイを母が制止するが、3 人は鉢合わせする【図 2】。ナージャは思わせぶりな態度をとった挙句、母親に向かって暴言を吐くと、恋人たちは別々の方へ去っていく。ひとり残された母は静かに涙を拭う。4 月、ナージャがタバコを吸うことが気に入らないセルゲイは、彼女を自分の思い通りにしようとして、言動がどんどん粗暴になっていく。彼は何か仕事をするでもなく、ただ彼女に執着するだけである。5 月のメーデーのシーンでは、セルゲイは登場せず、街の喧騒と市民の賑わいが描写される。

7 月、セルゲイはダンスホールの前でナージャを待っている。タチアナが車で通りかかり、セルゲイに好意的に語りかけるが、彼はナージャのことで頭がいっぱいである。彼女が現れると、誰と踊るつもりなんだと激昂して詰め寄る。ふたりは帰宅するバスの中でも始終ケンカをしている。ナージャは「自分には上がないの」と切実に訴えるが、彼に彼女の絶望を解決することはできない。彼女が別の男と付き合っていることを告白すると、セルゲイは嫉妬に駆られたあまりナイフを手にとり、悲劇的な結末を迎えることになる。

抒情的なメロドラマとして始まる本作は、次第にソ連末期の社会とそこに生きる若者の救いのなさを赤裸々に映し出していくようになる。恋愛感情の変化をテンポよく語り、国内外で多くの賞を受賞した。オールタイムベスト 46 位。

体制の崩壊へ

20世紀前半の全体主義を、フロイト自ら夢判断のように振り返る

夢判断

👤	**アンドリー・ザグダンシキー**
⊖	Толкование сновидений
📅	1990 年
📍	ソ連
🎞	キエフ科学フィルム、ORF
🔊	ロシア語
🕐	52 分
⚙	
📄	セミョン・ヴィノクル
🎥	ウラジーミル・グエフスキー
💿	ヴィクトル・シゴリ
🎭	セルゲイ・ユルスキー、アンドリー・ザグダンシキー
IMDb	https://www.imdb.com/title/tt0250054/
▶	
🌐	

図1

図2

図3

図4

　タイトルは、20世紀の芸術に大きな影響を与えたオーストリアの心理学者・精神分析医、ジークムント・フロイト（1856-1939）の代表的な著作からとられている。冒頭、アパートメントの入り口を通って、階段を上がって扉が開いたところで、若い男性が声をかけてくる【図1】。映画はアパートの一室から、リュミエール兄弟の『列車の到着』（1895）の映像に切り替わる。フロイトが挨拶を返し、若い男性が続けて「夢を見ました」と言ったところで、映像が停止し、クレジットタイトルが出現する仕組みである。もっとも映画で声の主がカメラに捉えられることはなく、ときどきフロイトの肖像写真が映し出されるだけである【図2】。室内の映像に加え、サイレント映画やニュース映像が頻繁に挿入され、全編にわたって基本的にはフロイトのモノローグが続く。そのセリフは、1928年から1989年までソ連では発禁処分であった彼の著作から引用されている。

　その後フロイトに話しかけるのは、若い女性の声である。彼女は、自分が突起と装飾のある帽子を被っていた夢を見たと打ち明ける【図3】。彼女のいないところでフロイトが語るには、その帽子は男性器の象徴であり、彼女が欲求不満である可能性を示していると、いささか過剰なほど饒舌に性的な解釈を披露する。リビドー、エディプス・コンプレックス、死の欲動の定義など、本作の前半はさながらフロイト入門の趣がある。だがそれはまだ序の口で、映画の核心はニュース映像がナチスの台頭やスターリンの登場を告げ知らせてからの部分にある。「もし宗教団体が他の集団にとって代わられるなら、今日であればそれは社会主義の集団になる。結果は、あらゆる外部の者に対して同様に不寛容になるだろう」。「群衆に影響を与えようとする個人には、論理的な議論は必要でない。彼は明確なビジョンを持って、誇張しながら、同じことを繰り返せばよいのだ」。映像にフロイトの言葉は、後世の歴史を知る観客に恐ろしく響く。

　1938年にナチスに追われていたユダヤ人のフロイトはイギリスに亡命し、翌年に病没した。映画の中でフロイトが自らの死について語ると、ナレーションを務めていた俳優ユルスキーがスタジオで声を吹き込んでいるところが映し出される。俳優は台本も見ず、最後の言葉を繰り返す【図4】。それは、間違いを繰り返しながらも人間の理性に希望を見出す言葉である。まるで20世紀前半の全体主義の夢判断をするかのように回顧した本作は、オールタイムベスト64位に選ばれた。

ソ連崩壊を予言する、体制の末期に声をあげ始めた労働者の記録

七月の雷雨

アナトリー・カラシ、
ヴィクトル・シクリン

Липневі грози

1989 年、1991 年

ソ連

ウクライナ・ニュース・ドキュメンタリー映画スタジオ

ロシア語

82 分、75 分

アナトリー・カラシ、ヴィクトル・シクリン

ヴィクトル・クリプチェンコ、セルヒー・チモフェーエフ

https://www.imdb.com/title/tt14926750/
https://www.imdb.com/title/tt14926772/

図1

図2

　ウクライナ映画史においてドンバスは、まず、第一次五カ年計画の達成を予告的にスクリーンの上で達成したジガ・ヴェルトフ『熱狂：ドンバス交響曲』（1931）によって、華々しく言祝がれた。その後、レオニード・ルコフが『愛してる』（1936）で、遡及的に革命前を舞台として革命精神に目覚める坑夫を描いた。戦後しばらくして、フェリックス・ミロネルとマルレン・フツィエフは『ザレチナヤ通りの春』（1956）では、フル活動する製鉄所とそこで文字通り汗水流して働く労働者の姿が映し出されていた。ソ連時代にこのように表象されてきた歴史をもつドンバスは、ソ連時代末期の『七月の雷雨』において、坑夫が労働を拒むストライキというかたちでその系譜の終焉を迎えることになった。本作は、1989年から1990年にかけてドンバスの鉱山労働者が起こした、大規模ストライキの模様を収めたドキュメンタリー映画である。この歴史的なストライキに参加した労働者の数は、数十万人にのぼった。映画は、「ストライキ」と「爆発」の2部から成る。

　「ストライキ」では、1989年7月15日に始まった、ストライキの一部始終を映し出す。労働条件に不満を抱いたドンバス地方の鉱山労働者がストライキを開始し、同月22日までに、121あるうち109の鉱山が操業停止することになった。集まったストライキ中の鉱山労働者たちを前に演説する者は後を絶たず、労働条件の改善を訴えると割れんばかりの拍手で迎えられる【図1】。それに対して交渉する政権側の代表者は、場を丸く収めようとする魂胆を見透かされて、労働者から激しいブーイングを受ける。途中で、人口に膾炙した「坑夫たちのマーチ」やドンバスが歌詞に登場する人気歌手マルク・ベルネスが歌った流行歌が、かつて栄華を誇ったドンバスの記録映像とともに挿入される【図2】。それらは20世紀のソ連文化における、ドンバスの存在感を伝えるものである。「ストライキ」の終盤で、ソ連指導部はストライキの代表をモスクワに招いて直接交渉し、最終的に彼らの要求を飲むことで合意にいたる。「爆発」は、1990年2月、マケエフカのポチェンコフ鉱山で13人が死亡する事故が発生したことに端を発する。政府は前年から出されていたストライキ参加者の要求に応えていなかったことが明らかになり、新たな抗議の引き金となって、ソ連崩壊まで続く。この時、鉱山労働者の要求の中には、政府の非共産化やウクライナ独立も見られるようになる。1991年8月、モスクワでのクーデター失敗があった後、ウクライナは独立を宣言する。鉱山労働者は抗議の現場で、体制の崩壊を目の当たりにするのだった。

　映画は、ストライキ参加者の抗議の声を記録する一方、鉱山労働者が強いられている過酷な労働条件や居住環境の実態も紹介する。大規模なストライキの発生自体が、ペレストロイカが進行したソ連末期だからこそ可能となったものであり、デモ参加者が口々に述べるソ連の体制への不満は、ソ連共産主義体制の崩壊を予告するものとなった。まさに国民が自発的に声をあげているという点において重要であり、ソ連の崩壊からウクライナ独立へと至る記録でもある本作は、オールタイムベスト81位に選出された。

体制の崩壊へ

沼地ストリート、あるいはセックスの治療薬

マルク・アイゼンベルク

**Болотная street,
или Средство против секса**

1991 年

ソ連

ヤルタフィルム

ロシア語

81 分

ウラジーミル・ザイキン

オレク・ルヌシキン

アレクサンドル・ザツェーピン

ミハイル・プゴフキン、タチアナ・ワシリエワ、
レオニード・ヤルモリニク、
スタニスラフ・サダリスキー

https://www.imdb.com/title/tt0101495/

図 1

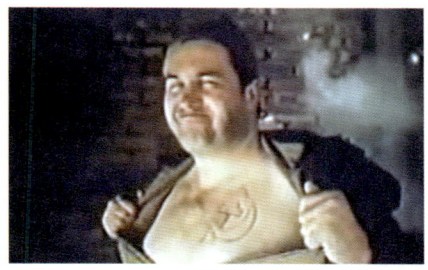

図 2

図 3

図 4

　機内でリョーヴァは悶々とした表情をし、苦しそうにしている。女性に飢えた彼は、近くにいる女性のミニスカートや胸元が気になって仕方がない【図 1】。空港に到着するや否や、彼は 3 年ぶりに会う恋人ファヤの元へ駆け出していく。ところが長らく女性の体に触れていなかったリョーヴァは、周囲の目を気にすることなく、その場でファヤの服を脱がせようとする。ファヤは空港中を逃げ回り、いったんはふたりでタクシーに乗り込むのだが、リョーヴァは車中でも興奮が収まらず、運転手に「ここは売春宿じゃない」と言われ追い出されるほどである。逃げるファヤと追うリョーヴァの追いかけっこは、町中やアパートの中を舞台に延々と続く。やがて人目のない屋根裏部屋に到着すると、ファヤは自ら上着を脱いでリョーヴァを受け入れるそぶりを見せる。そのとき極度の興奮に達しているリョーヴァの体からは火花が飛び散り始め、辺りに火が燃え移っていく【図 2】。炎はたちまち燃え広がり、充満する煙のために、ふたりははぐれてしまう。

　沼地ストリート 13 番地で火事が起きた通報を受けて、初出動の消防士が 3 年間勤務してひとりも救ったことのない先輩とともに現場へと向かう。いち早く火事に気づいた管理人のフォードルは、アパートの各戸を周って火事が発生したことを告げ知らせる。ところが、住民のユダヤ人はポグロムでないと知ると安心して部屋に戻ってしまい、偽札造りに熱心な住人は仕事を邪魔されて管理人に銃を向ける始末である【図 3】。消防車が到着した時には、多くの住民がすでに避難しているが、管理人はなお強情な住民相手に手こずっていた。ある女性の部屋の窓辺にぶら下がった若い男は、彼を助けようとする管理人に向かって、妻を寝とったと虚言を言う。初出動の若い消防士は、助けに入った部屋にいた全裸の女性に一目惚れしてしまう【図 4】。管理人もまた、大事にしている SONY 製のテレビが無事かどうか、気になって仕方がない。

　火事現場という究極のシチュエーションにおける、人間の欲情が剥き出しになった、エキセントリックコメディ。リョーヴァは黒焦げになってタンカで運ばれていくが、ファヤが駆け寄っていくとむくっと起き上がり、追いかけっこが再開する。その夜、街では他にも火事が複数件発生したと伝えられて終幕となる。膨大なソ連映画に作曲家として関わったアレクサンドル・ザツェーピンが本作で提供する音楽も、映画のテンポを心地よくしている。抑圧されていたものが一気にスクリーン上に表出した、ペレストロイカ期の怪作。

　　　　　　　　　　　　　　　　　　　　体制の崩壊へ

ソ連映画の栄光ある軍隊と異なる、過酷ないじめが露呈する

酸素飢餓

👮 **アンドリー・ドンチク**
⊖ **Кисневий голод**
📅 1991 年
📍 ソ連＝カナダ
🏛 Kobza Interneishnl Korporeishn, SP Kobza
🔊 ロシア語
🕐 94 分
⚙ アンドリー・ドンチク、マルコ・ステフ
📝 ユーリー・アンドルホヴィチ、
　　アンドリー・ドンチク
🎥 イーホリ・クルプノフ
📀 ユーリー・サエンコ
🎭 タラス・デニセンコ、イリヤ・セナツキー、
　　ヴィクトル・ステパノフ
IMDb https://www.imdb.com/title/tt0104617/
▶
🌐

図1

図2

図3

図4

　主人公ビルィクら若い兵士たちが、エスカレーターで下へ降っていく【図1】。降りる一歩手前で上官が立ちはだかって進路を塞ぎ、ビルィクたちはエスカレーターに乗ったまま、その場で駆け足での足踏みを余儀なくされる。その後、彼らにはガスマスクを装着したまま障害物を乗り越える訓練が待っていて、軍隊での理不尽なしごきが続く。厳しく管理された食事の時間、ビルィクは傍で犬が柵越しにこちらを眺めていることに気づく【図2】。犬はすぐに興味を失い去って行ってしまうが、人間と犬のどちらが檻に入れられているのかわからない関係性が可視化されている。

　コシャーチイ軍曹を筆頭に「じいさん」と呼ばれる先輩兵士たちは、新兵いじめに余念がない。中でも従順な態度を示さないビルィクは度々標的になっていた。顔を腫らしている姿を見かねて、師団長のガマリヤが呼び出して事情を聞き出そうとするが、ビルィクは頑なに口を割らない。ふたりの会話を盗み聞きしていた軍曹は、ビルィクが信頼できると判断し、自分のコートを着せて街へウォッカを買いに行かせることにする【図3】。ところが店で買い物した後、ビルィクはガマリヤと遭遇してしまう。無断で部隊を離れた罰で、ビルィクはネズミが跋扈する不衛生な営倉に入れられ、体調を崩すことになる。

　懲罰期間を終えた後、ガマリヤは誰の使いでウォッカを買いにいったかをビルィクに尋ねるが、彼は答えない。ガマリヤはコシャーチイとビルィクに見張り当番を命じる。その頃、コシャーチイの仲間たちは多くが復員しており、軍曹はビルィクが自分を売ったため、未だ軍隊に留まっているのだと考える。ふたりが持ち場への移動中、コシャーチーの苛立ちは極度に達する。ビルィクの前に大きな水たまりが現れると、コシャーチイはそのまま直進し、水に浸かったまま腕立て伏せをするよう命じる【図4】。ビルィクが運動をする度、彼の顔は水につかり、呼吸ができない。コシャーチイはビルィクに銃を持たせ、撃ってみろと挑発する。彼らは激しい揉み合いになり、その最中に銃が発砲され、軍曹は命を落とす。遠くを歩兵が行進していき、まだ体調の優れないビルィクの空咳がスクリーンにいつまでも響く。

　映画はソ連軍の実際の軍事施設で撮影された。独立後のウクライナにおいて非国家予算で製作された最初のフィルムの1本で、作中には多くの「マート」が登場し、本作はソ連映画で軍隊が登場する際に決まって描かれた栄光や勝利とは無縁である。酸素のような当たり前の存在でさえ、そこでは保証されていない。オールタイムベスト68位。

　ウクライナはしばしば、独ソ戦の激戦地として外国映画に登場した。東部戦線と呼ばれたウクライナ一帯は、特に交戦したイタリアの映画監督によってドラマに仕立てられた。ネオレアリズモの作家として歴史に名を残すロベルト・ロッセリーニはそのキャリアの初期に、イタリア軍従軍神父を主人公にした『十字架の男』(1943) を撮っている。1942年、ロシア東部戦線に攻め入ったイタリア軍とソ連軍が交戦する中、前者の軍に随行したヒューマニストの神父は、敵味方分け隔てなく命を救おうとし、最後は流れ弾に当たって命を落とすことになる。ドイツ軍は登場しないが、ファシズムに抵抗する映画としてロッセリーニらしい主題を備えた作品である。

　戦後も東部戦線を舞台にした映画製作は続いた。同じくネオレアリズモの監督ジュゼッペ・デ・サンティスは、ロシア人監督ドミトリー・ワシリエフとともに『イタリアの勇士たちよ』(1964) を共同監督した。戦時資料に依拠し、イタリア旅団の悲劇を描いたこの作品はポルタヴァでロケ撮影も行われ、同地出身のジャンナ・プロホレンコも出演した。ウクライナ出身のグレゴリー・チュフライの映画『誓いの休暇』(1959) で、ヒロインを演じた俳優である。戦後の西側で、ソ連との緩やかな政治的バランスを保った特異な地位にあったイタリアが、例外的に両国による共同製作を可能にしたのだ。続くイタリア・ソ連合作映画であるヴィットリオ・デ・シーカの『ひまわり』(1970) は、結婚して間もなく東部戦線に送られた男と夫を待ち続けて終戦後ソ連にまで赴く妻を、それぞれマルチェロ・マストロヤンニとソフィア・ローレンという大スターが演じ、スクリーン一面のひまわり畑の光景を広く知らしめた。

　ハリウッド映画で活躍するウクライナ系ユダヤ人監督たちは、自らの出自と向き合ったとき、作品にウクライナ人を登場させた。ウクライナ系ユダヤ人であるスティーヴン・スピルバーグは、自伝的な要素の濃い『フェイブルマンズ』(2022) において、祖国からアメリカを訪ねてくる祖母を登場させてい

る。長編デビュー作の『リトル・オデッサ』(1994) ではニューヨークのロシア人街を舞台にロシア人マフィアを描いたジェームズ・グレイも、『アルマゲドン・タイム：ある日々の肖像』(2022) ではウクライナ系ユダヤ人という来歴と向き合う。1980年代、ニューヨークのクイーンズ地区に住むユダヤ人一家を描いたこの映画で、祖母は主人公の少年に、今は亡き曾祖母がウクライナ国内でのユダヤ人迫害を逃れるため、命がけで国を脱出してアメリカに辿りついた経緯を語って聞かせる。ウクライナ系移民の子孫であるリーヴ・シュレイバーは、同じユダヤ人作家の小説を原作とした監督デビュー作『僕の大事なコレクション』(2005) で、自分のルーツを求めて初めてウクライナを訪れる移民の子孫を描いた。アメリカ文化に憧れを抱く、ガイドを引き受けた若いウクライナ人の男性は、戦前のウクライナでユダヤ人が迫害され、ナチスを喜んで迎え入れてさえいたことを聞いて驚く。このように外国映画では、自国を客観視する視点が外部から持ち込まれるということがある。

　映画を通してウクライナへ眼差しを注ぐとき、数ある隣国の中でロシアを除けば、もっとも注目すべき国はポーランドである。現代ポーランド映画界を代表する監督アグニエシュカ・ホランドの『赤い闇：スターリンの冷たい大地で』(2019) は、1930年代にソ連時代のウクライナでの飢饉を取材した実在のイギリス人ジャーナリストを描いた映画である。ホランドの『人間の国境』(2023) は、ヨーロッパの玄関口で起きた移民危機を描く。ベラルーシ経由でポーランド国境を越えれば安全にヨーロッパに入ることができると信じたシリアやアフガニスタンの難民たちが、ベラルーシ・ポーランド両国の国境警備隊によってモノ扱いされ、国境を往復させられながら命を落としていく。それはエピローグで映し出される、侵略戦争開始以来、ポーランドが受け入れた数百万人のウクライナ難民の記録映像と対照的で、母国の偽善へと矛先が向けられている。

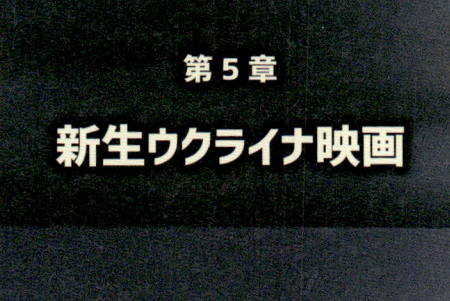

第 5 章

新生ウクライナ映画

ソ連から独立を果たしたウクライナ映画界では、それまでほとんどなかった国際的な共同製作による映画づくりが栄えた。ソ連全体として見ても、経済的に低迷し、西側への門戸が開かれたこの時期には、外国との共同製作の事例が相次いだ。もともとひとつの国で地理的にも近いロシアとの共同製作も多かった。ソ連時代から活躍していたキラ・ムラートワは依然、観客を挑発するような映画を撮り続ける一方、セルゲイ・ロズニツァやオレフ・センツォフといった新しい監督たちが映画を撮り始めた。

100 年以上、ロシア帝国およびソ連映画の一部として映画史を形成してきたウクライナ映画は、独自の道を歩み出した。

孤児を養子にするため奔走する、思いやりある警官を描く寓話

思いやりのある警察官

キラ・ムラートワ
Чувствительный милиционер
1992 年
ウクライナ＝フランス
プリモデッサ・フィルム、パリメディア
ロシア語
119 分

キラ・ムラートワ、エヴゲーニー・ゴルベンコ
ゲンナージー・カリュク

ニコライ・シャトヒン、イリーナ・コワレンコ
https://www.imdb.com/title/tt0103967/

図1

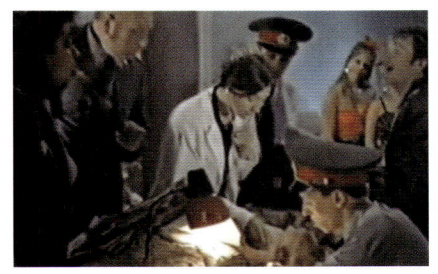
図2

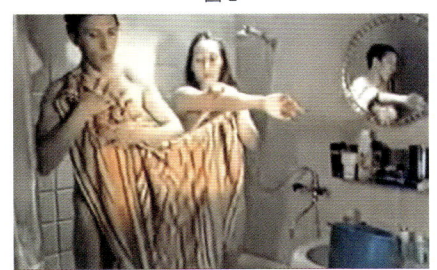
図3

図4

　キャベツ畑の真ん中に放置された赤ん坊のクロースアップで始まる最初のシークエンスは音が排除され、サイレント映画のように演出されている【図1】。泣き声を聞いた警官トーリャが赤ん坊を探す大仰な身振りは、エイゼンシテイン『戦艦ポチョムキン』などの古典作品を連想させる。劇伴となるのは、チャイコフスキーのピアノ組曲『四季』中の12番目の曲「クリスマス」で、それはサイレント映画の上映に演奏されるに相応しいピアノ曲である。トーリャがついに赤ん坊を発見したとき、ピアノの演奏は終了し、赤ん坊の泣き声が響き渡る。こうして映画は音を獲得する。

　トーリャは赤ん坊を抱えて住宅街を抜けていくが、そこでは飼い犬が吠えることに腹を立てる住民が犬を殺してしまえと主張し、飼い主との間でやかましい言い争いが起きていた。トーリャは住民をなだめ、警察署へ赤ん坊を連れていく。署内は泊めてほしいと同じフレーズで繰り返し懇願する男性など人で溢れかえり、積み重なった書類の束が、警察が抱える仕事の量を物語っている。そこへ医師のザハロワが呼ばれて、ナターシャと名付けられた赤ん坊を診察し、異常がないことが確認される【図2】。その後、カメラはザハロワが帰宅するところを追っていき、彼女の孤独な生活を伝える。同居人のいない彼女の自宅のテレビでは、野良犬が乱暴に保護される映像が流れ、トーリャの妻クラワが働く人気のない深更の動物園の映像に接続される。トーリャが妻と合流し、仕事で疲れたふたりが寄り添ってあくびをすると、動物園のあくびをするライオンにモンタージュされる。『戦艦ポチョムキン』に登場するライオンをパロディ化した場面である。

　翌朝、アダムとイヴのように裸で目覚めたふたりの起床場面では、再びセリフが排除されて、支度をする様子がテンポよく映し出される【図3】。子宝に恵まれないトーリャとクラワは、ナターシャを養子にしようして孤児院を訪問するが相手にされない。若い夫婦は裁判所に訴えて決着をつけることにするが、女医のザハロワがナターシャを養子にすると主張する。法廷にザハロワが先に養子として育てた息子が飛び込んでくると、一人前になった彼の存在が有利に働き、ナターシャは女医の手に委ねられることが決定する【図4】。トーリャは肩を落とすが、裁判の後、クラワは彼に妊娠したことを告白する。

　住宅街、警察署、孤児院、裁判所の間を奔走し、心優しいトーリャが孤児を養子にしようと奔走する様子を描いた寓話。オールタイムベスト51位。

資本主義経済が流れこんだキーウで、変化に馴染めない男を描く

死者の友人

ヴァチェスラフ・クリシトフォヴィチ
Приятель покойника

1997 年

ウクライナ=フランス

ドヴジェンコ映画スタジオ、Compagnie des Films、Compagnie Est-Ouest、カザフフィルム

ウクライナ語、ロシア語、英語

100 分

ジャッキー・ウアクニン、ピエール・リヴァル、ムィコラ・マシェンコ

アンドレイ・クルコフ

ヴィレン・カリュタ

ヴォロディーミル・グロンシキー

アレクサンドル・ラザレフ Jr.、エレーナ・コルニコワ、アンジェリカ・ニェヴォリナ

https://www.imdb.com/title/tt0119952/

図1

図2

　1990年代の資本主義経済が導入されて間もないキーウで、トーリャは英語とフランス語の通訳として生計を立て、妻と暮らしている。地味な仕事で稼ぎがわずかな夫に比べ、広告会社で働く妻カーチャの方が羽ぶりが良く、ふたりの仲はすれ違いつつあった。トーリャは偶然、街中で小売店を営む馴染みのディマと邂逅する【図1】。数年ぶりの再会を祝って深酒するうち、トーリャはディマから殺し屋の依頼の仕方を教わる。それは、殺したい相手の写真とよく出没する場所を記した封筒を、私書箱に投函するというものだった。やがてトーリャは、妻が男と車に乗って去っていく場面を目撃する。それがひとつの契機となり、自暴自棄になった彼は、自分の写真の裏に行きつけのカフェの住所を書いて私書箱へ投げ入れる。トーリャは正装してカフェへ向かうが、その日は女主人の息子が誕生日だったため、店を早仕舞いして追い出されてしまう。それまで極度に緊張していたトーリャは吹っ切れたようになり、レストランで声をかけた女性レーナと関係を結ぶ。

　翌朝、ディマに呼び出されたトーリャは1000ドルの仕事を提案される。それは、離婚を望んでいる彼のボスのため、妻と不貞を働いたという偽の証言を法廷ですることだった。トーリャは金のために引き受けたものの、偽証した罪悪感に苛まれることになる。レーナとの関係は続いていたが、トーリャは殺し屋の男がカフェに現れたことを女主人から聞くと、精神的に追い詰められ、彼女とも疎遠になっていく。偽証で得た1000ドルの半分はディマに紹介料として取られ、トーリャは残りの金でボディガードのイワンを雇う。カフェで待ち伏せした退役軍人のボディガードは、殺し屋を誘い出してあっさりと殺してしまう。トーリャが殺された男の懐にあった財布を受け取ると、中には妻子と思われる人物の写真が入っていた。ディマは再度トーリャを呼び出し、殺し屋が殺されたことを告げ、巻き上げた紹介料を強引に返す。トーリャが殺し屋を追悼するディマに、友人だったのか尋ねると、ディマは「輝かしいソ連の過去と共に友情は消えた」と答える。今あるのはビジネスの関係だけなのだ。トーリャとディマの仲も、友人とは言い難い粗雑な関係へと変わっていた。

　トーリャは殺し屋の財布の中にあったメモに記されていた住所を訪ねることにする。トーリャは出迎えた妻のマリーナに「ご主人の友人」だと自己紹介し、借りていた金だと言って、財布の中にあった現金を渡す。トーリャはマリーナから温かく迎えられるが、居心地の悪さを感じ、連絡先を残して足早に去る。街中に戻ると、ディマの店が何者かの放火によって全焼していた。その後、トーリャは妻カーチャと再会して束の間会話を交わす機会を得るが、彼女に戻ってくる意思はないことが改めて判明する【図2】。同じ頃、しばらく疎遠になっていたレーナが、婚約者の男の暴力によって顔を腫らしてやってくる。トーリャはレーナのため、イワンに殺しの依頼をする。すでに彼は、殺しを依頼することに躊躇いを感じることがなくなっていた。

　トーリャはマリーナから何度か連絡を受け、息子が誕生して10か月のお祝いに招待される。マリーナが食事を用意していると、隣の部屋で赤ん坊が目覚めた気配がする。トーリャが様子を見に行くと、赤ん坊はトーリャに向かって「パパ」と呟く。その一言はいつの間にか柔和な表情を失っていたトーリャに、不意に人間との結びつきを思い出させるのだった。

　1990年代にもっとも商業的に成功したウクライナ映画の1本で、国外でも多くの国で公開された。原作は現代ウクライナの代表的なロシア語作家アンドレイ・クルコフ。オールタイムベスト65位。

三者三様の犯罪を通してムラートワが問う、人間が守るべき倫理

三つの話

👤 キラ・ムラートワ

⊖ Три истории

📅 1997 年

📍 ロシア＝ウクライナ

🎦 НТВ - Профит

🔊 ロシア語

🕐 105 分

⚙ イーゴリ・トルストゥノフ、イーゴリ・ボシコ

📄 レナータ・リトヴィノワ、エヴゲニー・ゴルベンコ、ヴェラ・ストロジェワ

🎥 ゲンナジー・カリュク

🎞

🎭 オレク・タバコフ、セルゲイ・マコヴェツキー、レナータ・リトヴィノワ

IMDb https://www.imdb.com/title/tt0120372/

▶

🌐

図1　　　　　　　　　　　　　　　　　　　　図2

　映画は殺人を主題とする3つの短編作品から成る。1話目の「6号ボイラー室」では、チホミロフが棺桶のような大きな戸棚を引きずり、友人ゲーナが勤めるボイラー室へ向かう。ゲーナは、ソ連時代の非公式芸術家が実際によくボイラー室でそうしていたように、融通の利く仕事時間の合間を縫って詩作に励んでいる。詩人はボイラー室の一角を同性愛者たちに貸し出し、客が絶えず訪れてくるのだが、そのうちのひとりは、チホミロフが気になって仕方がない。男はタバコをねだるフリをして突然キスをすると、チホミロフの方からも積極的にキスを返すという、荒唐無稽で観客の笑いを誘う一幕がある。ゲーナはチホミロフが引きずってきた棚の中に、彼が隣人トラブルで殺してしまった女性の死体を発見する。一見、喉元が引き裂かれて血が溜まっている恐ろしいショットだが、その血が浮き沈みする運動が明らかに死体が呼吸していることを示している。死体が紛い物であることが惜し気もなく披露され、犯罪の凡庸さが暴かれるのだ。チホミロフとゲーナが死体を前に途方に暮れているうちに、ひとつ目の短編は幕を閉じる。

　第2話の「オフェーリア」でオフェーリアの愛称にちなむ主人公オファを演じたのは、本短編の脚本も執筆したリトヴィノワである。産院で働く彼女は親に捨てられて孤児となった過去を持ち、実の母親の記録が保管された文書庫へ入室する機会をうかがっている。オファは出産したばかりの赤ん坊を拒んで退院した若い女性に声をかけ、アパートの中の暗がりへ導くと、彼女が背を見せた隙に自らが履いていたストッキングであっさりと締め殺してしまう。オファはまるでアリバイをつくるのが目的のように、産婦人科の医師を呼び出して関係を結ぶが、それは事後になってロマンチックな要素とは無縁に示されるだけである。途中、オファのものと思われる指が、柱らしきものの幾何学的な模様をなぞる場面が複数回挿入されている。その官能的な指の軌跡は、不思議と輸卵管および卵巣の形に類似している。その後、文書庫で実の母親の居所を突き止めたオファは、アパートを出た彼女の後をつける。波止場に腰を下ろした母親は、オフェーリアが表紙に描かれた本を読み始める。オファは隣に座って話しかけるが、読書に夢中な母親は隣にいるのが実の娘だとは気づかない【図1】。母親が海を覗きこむと、オファは背中を押して海に突き落とす。泳げない彼女はあっけなく溺れ死んでしまうが、それはシェイクスピアが描いたオフェーリアの死因と同じである。

　第3話「少女と死」の登場人物は、幼い少女リーリャと車椅子に乗った老人のふたりである。リーリャの母親が働いている間、隣人であるこの男性が面倒を見ているのだ。老人はチェスや文字の読み方を教えようとするが、少女は興味がなく、外に行って遊びたいと何度も訴える。老人から「いけません」と言われる度、リーリャは口を尖らせる。3つの短編の中でももっとも殺人とは無縁な雰囲気で始まり、少女の口調はあどけないが、彼女は「あんたが死んだら部屋をもらう」と恐ろしい言葉を口にする。やがて姿を消したリーリャは、家の中から鼠捕りを引っ張り出してきて、殺鼠剤をコップに入れて水を注ぎ、老人に差し出す【図2】。無邪気に差し出された飲み物を飲んだ老人は、次第に体調を崩し、命を落とす。少女は軽快な足取りで外へ出ていく。

　各短編で描かれるのは、いずれも裁かれることのない犯罪である。公開当時、救いのないプロットの本作は、それまでムラートワをヒューマニストと見なしていた観客や批評家から不興を買った。だが「オフェーリア」で母親に捨てられた過去を持つオファが「この惑星に0点をつけたい」と放言しているように、本作が提示するのはヒューマニズムが実現されない世界への批判である。オールタイムベスト63位。

稼ぐ術を持たないインテリが、アメリカへ移民した友人に送る手紙

アメリカへの手紙

- ☠ **キラ・ムラートワ**
- ⊖ **Письмо в Америку**
- 🗓 1999 年
- 📍 ウクライナ
- 🎬 オデーサ映画スタジオ
- 🔊 ロシア語
- 🕐 20 分
- ⚙
- 📄 セルゲイ・チェトヴェルトコフ
- 🎥 ゲンナジー・カリュク
- 💿 エフィム・トレツキー
- 🎨 セルゲイ・チェトヴェルトコフ、ウタ・キリテル
- IMDb https://www.imdb.com/title/tt0228543/
- ▶ https://www.youtube.com/watch?v=rBuIELjMgLg
- 🌐

図1

図2

図3

図4

　詩人のイーゴリは友人が撮影するカメラに向かって、数年前にアメリカへ渡った恋人に宛ててメッセージを録画する。その内容は、結婚せず、仕事もしないで気分はいい、今も変わらず飲むのが好きで、タバコもまた始めた、という投げやりなものである。イーゴリは友人をその場に残し、若い女性レーナに部屋を貸しているアパートへとやってくる。家主の突然の訪問に、裸でいたレーナは慌てて服を纏う。イーゴリは彼女に滞納している家賃の支払いを督促する。それが彼にとって、唯一の収入源なのだ。持ち金のないレーナは自身の体で支払う方法を提案するが、彼は固辞する。金を払わないなら出ていくように要求するイーゴリと、金もなく行く当てもないと主張するレーナの問答が延々と繰り返される。

　イーゴリが諦めて部屋を出ていくと、クローゼットの中に隠れていたレーナの恋人が半裸で出てくる。イーゴリは部屋の前の階段でしばらく思案した後、やはり家賃を請求することにして、再び入っていった部屋で、抱き合うふたりを発見する。レーナは家賃を稼ぐため、イーゴリが出ていった後、客を取ったばかりなのだとすぐに分かる嘘をつく。レーナは家主を台所に閉じ込め、「ドストエフスキーはしゃっくりをし、歓声をあげて墓の中で左右に振り向く」と意味不明の独り言を言いながら、時間稼ぎをするようにゆっくりと花に水をやる。それから本に挟んで秘匿していた金を取り出すと、わざわざ服の上からタオルを羽織って家主に差し出す。彼女はわずかな金を稼ぐために体を売ったという体裁をとることで、滞納した家賃を払うというきわめて世俗的な行為の中に『罪と罰』の貧しい娼婦ソーニャとの繋がりを見出し、恍惚となるのである。まるで悲劇のヒロインになったかのように、レーナは売春しなければならなかった辛さを饒舌に語り、家主は何も言わず部屋を後にする。

　イーゴリは友人と再び合流して撮影を再開し、ふたりは「移民への頌歌」なる珍妙な内容の詩を暗誦する。それは、地方都市に残された者がアメリカへ渡った者に対して向けた恨み言に近い内容で、終いには友人がカメラに向かって唾を吐く。彼らは満足したように公園を去っていく。

　製作資金が調達できなかった本作は、4人の俳優は無償で出演し、撮影は監督のアパートおよび近所の公園で行われた。それは、1990年代の不況下で生きる知識人の屈折した思いを写しとった作品となった。オールタイムベスト90位。

冷戦下ウクライナにおいて亡命を願う、フランス人の絶望的な試み

イースト／ウェスト：遙かなる祖国

- 👤 レジス・ヴァルニエ
- 🎬 **Est-Ouest**
- 📅 1999 年
- 📍 フランス＝ロシア＝ウクライナ＝ブルガリア＝スペイン＝ポルトガル＝ブラジル
- 🏛 UGC YM、Mate Producciones、NTV-Profit、France 3 Cinéma
- 💬 ロシア語、フランス語
- 🕐 121 分
- ⚙ イブ・マルミオン
- 📝 ルスタム・イブラギムベコフ、セルゲイ・ボドロフ、ルイ・ガルデル、レジス・ヴァルニエ
- 🎥 ローラン・ダイアン
- 💿 パトリック・ドイル
- 🎭 オレク・メニシコフ、サンドリーヌ・ボネール、セルゲイ・ボドロフ Jr.、カトリーヌ・ドヌーヴ
- IMDb https://www.imdb.com/title/tt0181530/
- ▶

図1

図2

スターリン体制下の1946年、フランスに亡命していた医師のアレクセイは、特赦を受けてフランス人の妻マリーと息子セルゲイを連れ、多くの帰還者とともに船で故郷へ帰るところである。アレクセイはかつて追われた祖国での新たな生活を夢見ていたが、オデッサに到着すると直ちに、物々しい厳戒態勢に帰還者は歓迎されていないことが判明する。

アレクセイたちが身を落ち着けたのはキエフの共同住宅で、台所やトイレは共同の、窮屈な部屋だった。突然現れたフランス人のマリーを隣人は歓迎せず、彼女の行動は皆から監視されることになる。そんな中、フランス語を喋れるひとりの老婆がマリーに優しく接する。彼女は共同住宅の古くからの住人で、幼い頃にフランス人の家庭教師がついていたという。現在は粗末な服に身を包んだこの女性は、おそらくかつての貴族階級であったと思われるが、マリーとフランス語で会話していたために、孫のサーシャの目の前でスパイ容疑のため逮捕されてしまう。

マリーは、唯一の身内だった祖母が粛清され住む部屋を失ったサーシャを、自分たちの部屋に住まわせることにする。彼女は、選手として将来を有望視され力強く泳ぐサーシャに惹かれ、彼を励ます存在になる【図1】。同時に、一刻も早く国外に逃れたいマリーと現実的には亡命は難しいことを知るアレクセイとの間では、すれ違いが大きくなっていた。ある日、フランスの劇団が公演に訪れ、マリーは俳優のガブリエルに自分が置かれた境遇を記した手紙を託すことに成功する。だがその場を見ていたアレクセイからは、無駄に危険な真似をしないよう咎められる。やがて、夫から浮気を告白されたマリーは彼を部屋から追い出してしまい、サーシャと関係を結ぶ。身内に逮捕者が出たため水泳選手の道が絶たれたサーシャは、マリーとともに密航を計画するようになる。それはサーシャが黒海を泳いで外国行きの船へ飛び乗り、西側でマリーを救う手筈を整えるという無謀なものだった。サーシャは無事フランスに辿り着くが、マリーはスパイ容疑で強制収容所送りになる。ソ連大使館から身柄を要求されたサーシャはフランスに住むことはできず、ガブリエルにマリーのためだと説得されカナダへ亡命する。

6年後、スターリンが死去したことで雪解けが訪れ、ようやく釈放された彼女をアレクセイと成長したセルゲイが出迎える。息子は母に、彼女の釈放のために父が払った努力を語る。さらに2年が経過する。アレクセイは共産党の幹部に出世し、ソ連の代表団として家族を連れてブルガリアを訪問していた。現地のフランス大使館では、ガブリエルがマリーとセルゲイのためパスポートを用意していた。その事実をアレクセイから打ち明けられたマリーは、夫が彼女を亡命させるため、周囲を欺きながらひたすらその機会を窺っていたことを知る【図2】。フランス人でないアレクセイは、一緒に行くことができない。ガブリエルに導かれながら、マリーは息子とともにフランス大使館に駆け込むのだった。

フランス人監督のヴァルニエは、ベトナム、マレーシアと共同製作した、フランス領インドシナでの独立運動を背景にした映画『インドシナ』（1991）でアカデミー外国語映画賞を受賞している。さらに多くの国が製作に名を連ねた本作では、脚本にはロシア人ベテラン監督のセルゲイ・ボドロフを含む4人を起用し、時代背景がよく考証された物語を生み出した。ガブリエルを演じたカトリーヌ・ドヌーヴをはじめ、アレクセイ役をオレク・メニシコフ、サーシャ役をセルゲイ・ボドロフ Jr. と、フランス、ロシアの名優が演じた。ソ連時代に亡命することの困難を伝える、ウクライナとロシアの合作映画。

ロシアでは裏切り者扱いのマゼッパが愛国者として描かれる

ヘチマン・マゼッパのための祈り

 **ユーリー・イリエンコ**

Молитва за гетьмана Мазепу

2001 年

ウクライナ

ドヴジェンコ映画スタジオ

ウクライナ語、ロシア語

154 分

ユーリー・イリエンコ

ユーリー・イリエンコ

ユーリー・イリエンコ

ヴィルコ・バレイ

ボフダン・ストゥプカ、オレク・ドラチ、リュドミラ・エフィメンコ、ニキータ・ジグルダ

https://www.imdb.com/title/tt0323279/

図 1

図 2

　怒り狂ったロシアのピョートル大帝が、コサックのヘチマン（頭領）であるイヴァン・マゼッパの墓の上に乗って暴れている。皇帝は墓石を破壊すると、棺桶をこじ開けようとする。すると墓の下からマゼッパの腕が伸びてきてピョートルの首を掴み、事の発端を思い出させてやると告げる【図 1】。

　仰々しい演出によって始まる本作の背景には、17 世紀末から 18 世紀初めにかけて、バルト海の覇権を握るスウェーデン、左岸ウクライナを得て強国に変貌しつつあるロシア帝国、コサックの反乱を抑え込めず弱体化するポーランド＝リトアニアが覇権を争っていた状況がある。ピョートルは北方の沼地にサンクトペテルブルクを建設し、軍備を増強して態勢を整えていた。スウェーデン国王カール 12 世はモスクワ国家に攻め込もうとするが、ピョートルに阻まれる。その結果、南進を目指したスウェーデン王が内通していた相手がマゼッパだった。

　はじめ、ピョートルとマゼッパの関係は良好だった。ところが南進するスウェーデン軍を迎え撃つため、マゼッパがピョートルに 1 万人の援軍を求めたところ、皇帝はこれに応えなかった。カールと同盟を組むように仕向けたのはピョートル自身である、というのがヘチマンの言い分である。ドニプロ川左岸に生まれたマゼッパがピョートルと手を組んだのは、もともと自分たちの権利を守るためであり、それゆえ戦時動員を強要する皇帝に反発を強めていったのだった。ウクライナの臣下と見なしていた人物の裏切りを知ったピョートルの怒りは、映画では、マゼッパが首を切り落とされ、全身を燃やされる処刑場面として表現される【図 2】。この史実では実際になかった処刑シーンは、藁人形のヘチマンをあたかも本人であるかのように見なして挿入されている。その後、ピョートルは首府バトゥールィンを襲撃し、住民を虐殺する。

　そして、ロシアがヨーロッパの表舞台に出るきっかけとなった、大北方戦争における最大の戦いである、ポルタヴァの戦いが訪れる。もっとも戦争そのものは茶番化され、戦場の真ん中でピョートルとマゼッパが豪勢な食事の並べられたテーブルで向かい合って座っている。ふたりは険悪な雰囲気で、マゼッパが一方的にまくし立てる。ふたりは乾杯するが、マゼッパはピョートルに対して「ウクライナの自由を台無しにしてくれたことに感謝する」と皮肉を込めて言う。彼は、ウクライナは戦争などしたくない、ただヨーロッパの列強国が中立を保障してくれることを望むだけだと続ける。その言葉を聞いた瞬間、それまで一言も発さず黙って聞いていたピョートルが、感情を爆発させてテーブルを飛び越え、マゼッパにつかみかかる。皇帝は、独立を望むのか、と詰問する。そしてピョートルは配下の兵士たちに、ウクライナ人を皆殺しにするよう命じる。この戦いの結果、カール 12 世とマゼッパはオスマン領に敗走することになった。映画は逃亡先でマゼッパが息を引き取るところを映し出して終幕となる。

　ヘチマン・マゼッパはロシア史では裏切り者として記憶され、10 フリヴニャ紙幣に肖像が描かれているウクライナでは、民族主義者から愛国者として崇められている。本作はロシアから否定的な反応を引き起こしたが、本作におけるマゼッパに英雄らしさはほとんどなく、ウクライナを守るため純粋に奮闘した人物として描かれている。ただその演出はグロテスクで過剰に華美であり、夢と現実の境目も曖昧である。ここには、不明な点も多い歴史上の人物を描くため、1960 年代に詩的映画の担い手として出発したイリエンコが、晩年に到達した新たな映像表現を見ることができる。オールタイムベスト 36 位。

存在の効果

🎬 **レオニード・パウロウシキー**
⊖ **Ефект присутності**
📅 2004 年
📍 ウクライナ
🎞 オデーサ映画スタジオ
🔊 ロシア語、ウクライナ語
🕐 115 分
⚙️

📄 オレクシー・レオンチエフ、ユーリー・ラズモウシキー
🎥 セルヒー・コルビニェフ
💿 ハンナ・ピドリスナ、アナトーリー・ピドリスニイ
🎦 ワレリー・バッセリ、アナトーリー・トルヒン、
　　ボリス・バルシキー
🎬 https://www.imdb.com/title/
　　tt15079746/?ref_=ttrel_rvi_tt_i_1
▶ https://www.youtube.com/watch?v=SzQep09QHww
🌐

図1

図2

図3

図4

　オデーサ映画スタジオ製作の本作は、同スタジオの映画作品の例に違わず、トレードマークである黒海に浮かぶ帆船のロゴから始まる。映画が始まって最初のショットは、実際に黒海に浮かぶ大型の船である【図1】。オデーサの街を地元で活躍する俳優たちがそぞろ歩き、まるで観光案内をするように観客に街並みが提示される。登場する市民たちは、キラ・ムラートワの映画の登場人物さながら、奇妙な行為にふけったり、同じセリフを繰り返す。本作が、オデーサの偉大な映画人ムラートワに最大限の敬意を表している姿勢がうかがえる。やがてカメラは観客でいっぱいの映画館のホールを映し出す。観客が罵り合う賑やかな客席で、ある観客が「テレビには存在の効果（リアリティ）がない」と映画の優位を述べ、本作の映画への愛に満ちた姿勢が明確に打ち出されている。スクリーンで映画が始まると、本作のタイトルクレジットも兼ねた「存在の効果」の文字が映し出される仕組みである【図2】。

　市内には追放されてこの地にやってきたプーシキンの銅像をはじめ、文学的な史跡が多く存在する。戦後の小学校の様子を回想する場面では、オデーサに住んでいたこともある作家、コンスタンチン・パウストフスキーの詩の一節「我らはプーシキンの末裔」をクラスで唱える光景が再現される【図3】。ロシア人として初めてノーベル文学賞を受賞したイワン・ブーニンは、フランスに亡命する前に2年間オデーサに滞在していた。映画の中ではブーニンが住んでいた住居が、彼の肉声ともに紹介される。

　文学だけでなく、映画と音楽の引用も、オデーサの文化都市としての豊かさを強調する。市内には、ポルタヴァに生まれてオデーサで25歳の若さで没した、サイレント映画時代の大女優ヴェラ・ハロドナヤの銅像も建立されている。挿入される彼女の葬儀の模様を収めた1919年のドキュメンタリー映像では、当時、葬送の列に加わった市民がカメラ目線でこちらを見つめ、現代の観客と関係を結ぶ【図4】。『ザレチナヤ通りの春』や児童映画『白いプードル』など、オデーサ映画の中で歌われ人口に膾炙した曲も、繰り返し流れて映画を彩る。オデーサ映画スタジオもたびたび登場するが、市民たちは資金難から外国に売却されるという噂を口にし、ソ連崩壊後の文化の置かれた立場が端的に示される。社会が急速に変化していた2000年代初頭のオデーサの雰囲気を鮮やかに捉えた本作は、オールタイムベスト88位に選出された。

新生ウクライナ映画

恋人に唆され、裕福な未亡人から金を騙し取る調律師の犯罪ドラマ

調律師

- 👤 **キラ・ムラートワ**
- ➖ **Настройщик**
- 📅 2004 年
- 📍 ロシア、ウクライナ
- 🏛 ピグマリオン
- 🔊 ロシア語、ウズベク語
- 🕐 154 分
- ⚙ セルゲイ・チリヤンツ
- 📝 セルゲイ・チェトヴェルトコフ、
  エヴゲーニー・ゴルベンコ、キラ・ムラートワ
- 🎥 ゲンナージー・カリュク
- 🎼 ワレンチン・シルヴェストロフ
- 🎭 ヘオルヒー・デリエフ、レナータ・リトヴィノワ、
  アッラ・デミドワ、ニーナ・ルスラノワ
- https://www.imdb.com/title/tt0383020/
- ▶
- 🌐

図 1

図 2

図 3

図 4

　裕福な未亡人のアンナが、馴染みの店員と会話を交わしている。そばにいたアンドレイは、アンナがピアノの調律師を探していて、彼女が新聞に広告を出したという話をたまたま耳にする【図 1】。アンドレイは帰宅するや新聞に目をやって、未亡人が打った広告を見つける。ピアノの調律師をしているアンドレイはリーナと同棲している。裕福な両親に甘やかされて育ち、贅沢な暮らしを当たり前と考えているリーナは、ジムに通いたいしドイツ語も習いたいと言って、終始金をせびり彼を困らせていた【図 2】。アンドレイは広告に掲載された番号に電話をかけ、アンナの自宅を訪問する。そこには未亡人の親友で、結婚願望の強い未婚の中年女性リューバがいた。アンドレイは調律したピアノで演奏の腕前を披露し、言葉を巧みに操ってふたりの信頼を獲得すると、頻繁に自宅を訪問するようになる。

　リューバは、新聞に個人広告を出して結婚相手を探し求めている。彼女はある男性と親しくなり、列車に乗ってハネムーンへと旅立つのだが、駅に一時停車した隙に彼に現金の入ったカバンを持ち逃げされてしまう【図 3】。アンドレイとリーナは協働し、男から金を取り戻すことに成功する。アンドレイはアンナの自宅で、傷心したリューバにその金を手渡して喜ばせる。だがその善行はふたりからの信頼をより強固にするためで、彼の本当の狙いは裕福なアンナの方にあった。彼は彼女の自宅の電話帳をすり替えると、銀行に電話するよう仕向ける。電話帳の番号は書き換えられたもので、リーナの友人が共謀して、アンナに 10 万ドルの宝くじが当選したことを知らせるのである。アンドレイは許嫁のため緊急でパリへ行く必要があることを打ち明け、必要な 7,000 ドルの工面をアンナに頼んで金を受け取る【図 4】。

　翌朝、アンナはリューバを連れて喜び勇んで銀行の窓口へ向かい、騙されていたことが判明する。警察に被害を訴えた帰り道の路面電車では、ウズベク人の移民労働者が大勢乗り合わせている。彼らが立った席に盲人が座り、あるエピソードを語る。盲人は金を地面に落としたので、通行人に拾ってくれるよう頼んだ。だが通行人は、その金は盲人よりも自分に必要だからと返してくれなかった、という。

　ロシア帝政時代に活躍した、犯罪学者で刑事だったアルカージー・コシコの回想録を原案とし、音楽はウクライナ現代音楽を代表する作曲家シルヴェストロフ。ムラートワが初めてキス場面を撮った作品としても知られている。オールタイムベスト 75 位。

Київ, 2006. Бабин Яр.
50° 26′ північної широти 30° 24′ східної довготи

名前の綴りを教えて

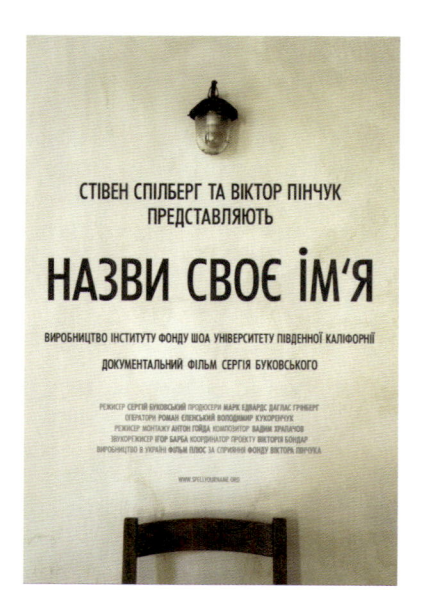

СТІВЕН СПІЛБЕРГ ТА ВІКТОР ПІНЧУК
ПРЕДСТАВЛЯЮТЬ

НАЗВИ СВОЄ ІМ'Я

ВИРОБНИЦТВО ІНСТИТУТУ ФОНДУ ШОА УНІВЕРСИТЕТУ ПІВДЕННОЇ КАЛІФОРНІЇ

ДОКУМЕНТАЛЬНИЙ ФІЛЬМ СЕРГІЯ БУКОВСЬКОГО

РЕЖИСЕР СЕРГІЙ БУКОВСЬКИЙ ПРОДЮСЕРИ МАРК ЕДВАРДС ДАГЛАС ГРІНБЕРГ
ОПЕРАТОР РОМАН ЄЛЕНСЬКИЙ ВОЛОДИМИР КУКОРЕНЧУК
РЕЖИСЕР МОНТАЖУ АНТОН ГОЙДА КОМПОЗИТОР ВАДИМ ХРАПАЧОВ
ЗВУКОРЕЖИСЕР ІГОР БАРБА КООРДИНАТОР ПРОЕКТУ ВІКТОРА БОНДАР
ВИРОБНИЦТВО В УКРАЇНІ ФІЛЬМ ПЛЮС ЗА СПРИЯННЯ ФОНДУ ВІКТОРА ПІНЧУКА

WWW.SPELLYOURNAME.ORG

セルヒー・ブコウシキー

Назви своє ім'я

2006 年

ウクライナ、アメリカ

Film Plus Ltd

ウクライナ語、ロシア語、イディッシュ語

92 分

スティーヴン・スピルバーグ、ヴィクトル・ピンチュク

ロマン・エレンシキー、
ヴォロディーミル・ククレンチュク

イーホル・バルバ

ワジム・フラパチョフ

ジナイーダ・クリマノウシカ、
レオニード・セレブリャコフ、フェニャ・クレイマンほか

https://www.imdb.com/title/tt0443684/

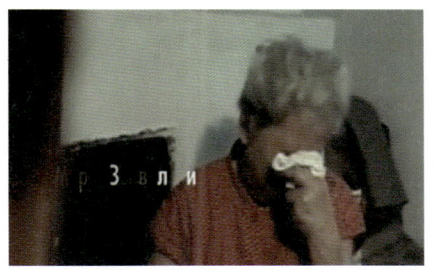

図1　　　　　　　　　　　　　　　　図2

　1941 年 6 月 22 日、ナチス・ドイツはソ連への侵攻を開始し、ウクライナにいた 150 万人以上のユダヤ人が虐殺されることになった。1994 年から 1998 年にかけて、ナチス占領下のウクライナを生き延びたユダヤ人と、当時彼らが生きるために救いの手を差し延べた者たちへのインタヴューが行われた。実施したのは、本作の共同プロデューサーに名を連ねるスティーヴン・スピルバーグがイニシアチブをとって設立された、南カリフォルニア大学財団映像歴史教育研究所である。

　映画では、若い 3 人の女性がインタヴュー映像を見てホロコーストの証言内容を書き起こし、証言者自身の発言はほとんどが断片的な引用として登場する。この映画は、風化しつつある歴史と記憶を復元しようとする試みである。この主題のもと、クレジットは儚いフォントの文字列として微かに現れては消える演出が施され【図1・2】、神の試練が次々と訪れ信仰が試される『ヨブ記』第 1 章 16 節中にある言葉、「私ひとりだけが逃れてお知らせするのです」が引用される。タイトルも、インタヴューアーが最初に証言者に名前の綴りを尋ねる、声の持ち主を特定しようとする意図に由来している。

　今では高齢になった生存者たちはほとんどがロシア語でインタビューに答えるが、彼らが幼かった当時、耳にしたフレーズをそのまま引用する際には多くがイディッシュ語のまま口にされる。例えばそれは、アーダという名の幼いユダヤ人の少女が口癖のように始終呟いていた「アーダはパンがひとかけら欲しい」といった独り言の記憶などである。1941 年末になると、ナチスはウクライナ人のための居住区であるゲットーを設け始める。ウクライナには少なくとも 454 のゲットーがあったとされ、ナチスによる虐殺は特別居住区の内外で続いた。ある日、ゲットーの近くに馬に乗った兵士が現れたが、肩章をつけていなかったため、ユダヤ人たちは恐る恐る彼を窓の内側から眺めていた。ナチスを助けた地元警察の中にはウクライナ人もいたのだ。最初に勇気あるひとりが近づいていき、害のない人物だと分かると、瞬く間にゲットーから出てきたユダヤ人が取り囲んだ。兵士から「君たちは自由だ！」と告げられた 52 年前のことを思い出し、男性の顔から笑みがこぼれる。

　最後にインタヴューを受ける証言者は、なぜ戦争が起こるのか、なぜ平和に暮らすことができないのかを分かりやすい言葉で繰り返し訴える。「どうして血を流す必要があるの？　ちっぽけな土地のために。もし私がどこかの政府の人間なら、すべてが穏やかでいられるようにするのに。人間の血が一滴も流れないようにするの。私は世界中のすべての人間に語りかけている。ただ穏やかでいるために」。ホロコーストを生き延びたユダヤ人のメッセージは、映画を見る者への問いかけで結ばれる。

　映画の最後で監督は、カメラとともにバビ・ヤールの跡地へと向かいながら、歴史学者のヴィターリー・ナフマノヴィチに電話でインタヴューする。ナフマノヴィチは、独立後にバビ・ヤールについて語ることは可能になったが、その跡地には地下鉄が建設され、その後も新しい建造物を建てる計画が続々と浮上した、と事情を説明する。その度、「ここはユダヤ人が射殺された場所からは少しずれているから」という、建設を正当化する主張が常になされることになった。ナフマノヴィチは、バビ・ヤールを保護区とし、国籍や信仰に関係なく追悼できる象徴的な場所にすべきだと提案する。オールタイムベスト 40 位。

暴力が蔓延した、ポストソヴィエト世界の不吉なロードムービー

わが幸せ

- 🎬 **セルゲイ・ロズニツァ**
- 🎞 **Счастье моё**
- 📅 2010 年
- 📍 ドイツ＝オランダ＝ウクライナ
- 🎥 Sota Cinema Group
- 🗣 ロシア語
- 🕐 127 分
- ⚙ オレフ・コハン、ハイノ・デクルト
- 📝 セルゲイ・ロズニツァ
- 🎥 オレグ・ムトゥ
- 🎵 ウラジーミル・ゴロヴニツキー
- 👥 ヴィクトル・ネメツ、オリガ・シュワロワ、ヴィクトル・ゴロヴィン
- 🎬 https://www.imdb.com/title/tt1646114/
- ▶
- 🌐

図1　　　　　　　　　　　　　　　　　　　図2

　冒頭は、ひとりの男性が乱暴にセメントをかけられ、埋められていく場面から始まる。ロズニツァの劇映画にとって重要な主題である、寓話性および不意に襲いかかる暴力が、彼の劇映画第一作の最初の場面で明確に提示される。場面が変わり、夏。トラック運転手のゲオルギーが車を走らせていると、交通警官に停止させられる【図1】。警官は身分証を取り上げ、事務所に持ち去っていってしまう。車内で待つゲオルギーはしびれを切らし、そっと事務所の中を窺う。すると、中では警官と先に車を停められた若い女性が、笑い声をあげながら話に夢中になっていた。ゲオルギーは、気づかれることなく自分の身分証を回収することに成功する。

　トラックに戻ると、助手席に見知らぬ老人が座っている。ゲオルギーが車を走らせる間、名前を名乗ろうともしない老人は、かつて戦後間もない時期、駅でカバンを没収しようとした士官を射殺した話を打ち明ける。話が終わり、ゲオルギーがガソリンを求めて車を離れた束の間に、老人は姿を消してしまう。やがて、渋滞に巻き込まれたゲオルギーは、ドライバー相手に売春をする未成年の少女に声をかけられる。彼は少女を車に乗せ、ただ金を恵んでやろうするが、その結果、彼女から激しく罵られることになる。

　その後、道に迷ったゲオルギーは、トラックを停めて夜を明かすことにする。彼は、3人の年老いた男がこっそり近付き、積荷を盗もうとしているところを発見する。男たちは悪びれる様子もなく近くで焚き火を起こし、ひとり運転席で休もうとするゲオルギーを誘い出し、一緒に火を囲むことになる。彼らのひとりは子どもの時に目の前で父親を殺され、それ以来しゃべれなくなったことを教えられる。ゲオルギーが彼らに道を尋ねると、突然、ひとりに後ろから殴られて倒れる。それから映画は、フラッシュバックで独ソ戦初期のエピソードを提示する。敗走中のふたりの兵士が、妻を亡くした教師がひとり息子と住む家を見つけ、食事と寝床の提供を受ける。ところが兵士たちは教師が示す平和主義の態度を反逆的と見なし、翌朝になると殺してしまう。兵士たちは家を物色し、幼い子どもを残して去っていく。

　再び映画は現代に戻り、季節は冬である。ゲオルギーは後頭部を殴打されたことでひどい後遺症を負い、しゃべることも出来なくなっていた【図2】。ある女性にペットのように家に置かれ、夜は性的に奉仕することを強いられている。それは、戦中、教師が住んでいた家である。旧知の警官からゲオルギーが捜索されていると教えられた彼女は、彼のトラックを売り払い、村を去っていく。残されたゲオルギーは村人から追われ、意識を失って倒れると、老人に助け起こされる。それはかつて彼が、助手席に乗せた老人だった。しかしその老人も、村を訪れた警官によって殺され、ゲオルギーは彼の銃を取って懐にしまう。彼は人が良いトラック運転手に拾われ、交通警官に停められる。それは映画のはじめに登場した警官である。事務所では、先に車を停められた自身も警官である男が手錠で固定され、ひどい暴力を受けていた。男の妻、トラック運転手を巻き込み、警官の暴力がエスカレートしていくなか、ゲオルギーは懐にしまった銃の引き金を引くことになる。

　ロードムービーの本作では、運転手を悪意や暴力が次々に襲い、それぞれのエピソードは緩やかな繋がりを示している。登場人物のほとんどに善意を認めることのできないこのロシア語映画は、ロシア国内では反ロシア的であるとして賛否両論の意見が噴出した。しかし、その後のロズニツァが人間そのものが持つ悪意や攻撃性を問題にし続けていることを踏まえると、人間の悪についての普遍的な映画としても注目される。ウクライナ映画として初めて、カンヌ国際映画祭のコンペティション部門に出品された。オールタイムベスト 22 位。

原発事故で激変した、ふたりの語り手の交わることのない人生

故郷よ

👤 ミハル・ボガニム
🎬 La Terre outragée
📅 2011 年
📍 フランス＝ウクライナ＝ポーランド＝ドイツ
🏛 レ・フィルム・ドゥ・ポアソン
🔊 フランス語、ウクライナ語、ロシア語
🕐 108 分
⚙ レティシア・ゴンザレス、ヤエル・フォギエル
📄 ミハル・ボガニム、アントワーヌ・ラコンブレ、
　　アン・ヴェイル
🎥 ヨルゴス・アルヴァニティス、アントワーヌ・エベルレ
💿 レシェック・モジジェル
👥 オルガ・キュリレンコ、アンジェイ・ヒラ、
　　イリヤ・ヨシホフ
🎬 https://www.imdb.com/title/tt1555084/
▶
🌐

図1

図2

　映画はふたりの男女の語り手が、現在の視点から 1986 年 4 月 25 日のプリピャチを語り起こすところから始まる。チェルノブイリ原子力発電所で事故が起きた前日である。当時、少年だったワレリーは、父と一緒に植え、現在は大きく成長したリンゴの木に向かってウクライナ語で語りかける。女性の語り手アーニャは、その頃の幸せをパトリックという名の男性に向かい、フランス語で語りかける。翌日にピョートルとの結婚式を控えていた彼女は、ボートの上でピョートルの腕に抱かれながら、「オデーサに連れてってほしい」と言って明るい未来に思いを馳せていた。その時、岸辺にはワレリーと父がいて、ここでふたりの語り手はお互いそれと知らず、ひとつの画面に収まっている【図 1】。

　翌日、アーニャは皆に祝福され、幸せの絶頂にいた。川沿いで、レオニード・ルコフが戦中に撮った『ふたりの兵士』（1943）から出た大ヒット曲に合わせて、皆が陽気に踊る。オデーサの兵士について歌った曲である。ワレリーは花嫁衣装のアーニャに惹かれて近寄っていき、少年に気づいた彼女が声をかけることで、ふたりは一瞬接触を持つ。だが幼いワレリーは恥ずかしがって、すぐに父の元に走り去っていく。その頃、川には魚や鳥の死体が人知れず浮かんでいた。しばらくしてアーニャが「百万本のバラ」を歌っていると、ピョートルが仕事着に着替えて現れ、彼女は困惑する【図 2】。森林火災のため、やむを得ず出勤しなければならないことをピョートルが告げるのは、アーニャがちょうど「あなたの人生をバラ色に染める」と歌ったところである。仕事に行かないよう訴える彼女だが、ピョートルに選択肢はない。やがて辺りに、黒い雨が降り始める。

　他方、技師であったワレリーの父は事故の情報をいち早く耳にする。自宅がすでに放射能に汚染されていることを知ると、まず妻子を遠くへ避難させる。職務上、彼は街を離れることができなければ、守秘義務のため真実も言えず、ただ街の人に傘を配り、雨に当たらないよう警告を続けることしかできなかった。アーニャはピョートルが病院にいることを知って訪ねていくが、会うことは許されない。すでに被爆して、もう助かる見込みはないのだ。途方に暮れてベンチで雨に濡れる彼女に、通りすがりのワレリーの父がそっと傘を与える。お互いそれとは知らず、彼らの運命は静かに交差して物語を紡いでいく。

　10 年の月日が経過し、アーニャは避難民のために建設された街スラヴティチに住み、週の半分はプリピャチに通って、禁止区域でのツアーガイドで生計を立てていた。禁止区域の空き家には、タジキスタンから内戦を逃れてやってきた一家が住み着いている。アーニャが彼らを見咎めて子供たちを危険に晒すのかと詰め寄ると、彼らは「放射能より人間の方が恐ろしい」という。監督ボガニムが本作を撮る上で参照した、スヴェトラーナ・アレクシエーヴィチ『チェルノブイリの祈り』中に実際に収められているタジク人難民の言葉である。アーニャはフランス人のパトリックと婚約し、フランスへ行くことを夢見ているが、ピョートルの友人であったドミトリーとも関係を持っている。パトリックはアーニャとの子供を欲しがっているが、彼女は子供を持つことを諦めている。シャワーを浴びていると髪の毛が抜けてきて、被爆していることを思い知らされるのだ。パトリックはアーニャを憧れのオデーサへと連れていくが、彼女は彼の前から姿を消してしまう。成長したワレリーは母とともに事故の慰霊者を訪ねるツアーに参加する。父の無事を信じている彼は、ツアーを抜け出してかつての自宅に戻り、父へのメッセージを残す。母がすでに死んだと信じている父はまだ生きていたのだが、半ば狂人のように街をさまよっていた。父子は再会できない。事故の起きた日を思い起こしながら、ふたりの語り手の激変した人生はまだなお続いていく。

ゲームに青春を捧げる青年を描く、センツォフの鮮烈なデビュー作

ゲーマー

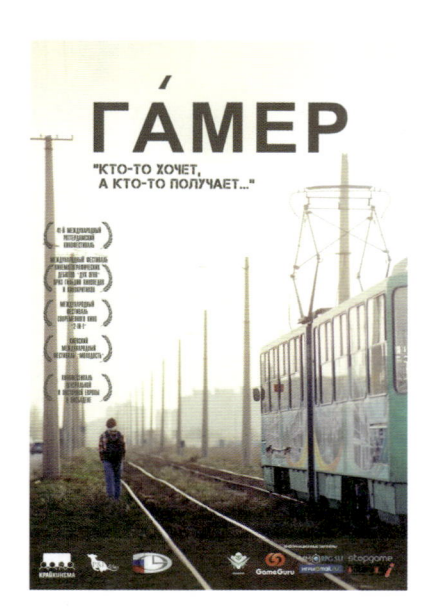

- オレフ・センツォフ
- Гамер
- 2011 年
- ウクライナ
- Cry Cinema
- ロシア語
- 92 分
- オレフ・センツォフ、オリハ・ジュルジェンコ
- オレフ・センツォフ
- イホル・ペトリク、イェウヘニヤ・ヴラディー、ゲンナージー・ヴェセルコフ

- ウラジスラウ・ジュク
- imdb.com/title/tt2217809/

図 1

図 2

　クリミアの中心都市シンフェローポリに母親とふたりで暮らすコスは、PC 用ゲームの FPS（ファーストパーソン・シューター）ゲーム「Quake」にすべてを捧げる生活を送っている。ゲーム以外のものに関心を持たないコスは感情をほとんど表に出さず、彼に好意を抱く女友達にも素っ気ない。だがゲームの実力は周囲の仲間からも一目置かれる存在で、地元の大会で活躍すると、強豪チームから勧誘を受けその一員となる【図 1】。大会では賞金も獲得し、勉強の大切さは分かっているというが、母親は「多くのことを約束しながらひとつも叶わなかった父親を思い出す」といって、息子の将来を案じている。ゲーマーとしての生活で犠牲にしているものは大きく、母親は彼が専門学校にほとんど通わず退学となった事実を後から知ったのだった。

　日々練習に励むコスは、やがてロサンゼルスで開催される世界大会 World Cyber Games 2010 に出場する機会を得る。早々と敗退した仲間にコスが語る、「宇宙飛行士になりたくても健康面でなれない者がたくさんいる。ただゲームは自分の情熱だけでチャンピオンになれる。他の人はもっと難しい目標を立てている」というセリフには、ゲームと自己に対する厳しい姿勢を認めることができる【図 2】。いつも通り淡々とプレイするコスは大会で準優勝を収め、その模様はウクライナのテレビでも伝えられる。帰国したコスは勉強への意欲を示して大学に編入するが、ゲームの方はスランプに陥り、チームからも解雇の警告を受ける。街でサインを求められることもあるが、彼の生活は徐々に普通の大学生のものへと変わろうとしていた。ある日の帰り道、道端でひとり酒を飲んで酔っ払ったコスは、愛用のマウスを池に投げ捨てる。その後、帰宅してまだ酩酊状態の彼は、映画の最後にこれまで見せたことのない笑顔を見せるのだった。

　映画は全編において余分な説明を排し、ドキュメンタリーさながらの客観的なカメラと抑制された演出によって、テンポよく物語が進行していく。監督のオレフ・センツォフは『ゲーマー』の舞台と同じシンフェローポリ出身で、2014 年 3 月にロシアによってクリミアが併合されると、批判活動をしたためロシアの治安機関に身柄を拘束され、同国の軍事法廷で禁錮 20 年の判決を言い渡されるという、非常に不幸な運命に見舞われる。フランスのマクロン大統領がプーチン大統領との電話会談によって解放を訴え、ジャン＝リュック・ゴダールもル・モンド紙上で公開書簡を発表した。収監中の 2018 年には、欧州議会によりサハロフ賞を受賞している。2019 年 9 月、ウクライナ軍が捕らえたロシア人捕虜との人質交換によって、ようやく祖国へ帰ることができた。2022 年 2 月のロシア軍によるウクライナ侵攻以降、センツォフは国内におけるロシア語作品の排除を唱えている。ナショナリストとしての側面が注目を集める映画監督であり、巧みなストーリーテラーであるいう点で、センツォフはロシアの映画監督アレクセイ・バラバーノフを彷彿とさせる。政治的なコンテクストは別にしても、『ゲーマー』で一見してわかるようにその映画スタイルは非常に洗練されており、現代ウクライナでもっとも注目すべき映画監督のひとりである。オールタイムベスト 83 位。

世界中で称賛された、手話のみで描くろう者たちの青春と暴力

ザ・トライブ

🎬 ミロスラウ・スラボシピツキー

😐 Плем'я

📅 2014 年

📍 ウクライナ

🎞 Harmata Film

🔊 ウクライナ語手話

🕐 132 分

⚙ ヴァレンチン・ヴァシャノヴィチ、イヤ・ミスリツカ

📝 ミロスラウ・スラボシピツキー

🎥 ヴァレンチン・ヴァシャノヴィチ

🎭

👥 フリホリー・フェセンコ、ヤナ・ノヴィコワ、
ロザ・バービー

🎫 https://www.imdb.com/title/tt1745787/

▶

🌐 https://www.mimosafilms.com/lineup/ ザ・トライ
ブ /

図 1

図 2

図 3

図 4

　冒頭、この映画の言語は手話であり、字幕はつかないことが英語キャプションで説明される。音楽も一切使用されておらず、登場人物が発話する場面もないが、俳優たちの息遣いや物音は常時聞こえるため、サイレント映画ではない。続けて、バスが次々にやってきて乗客が乗り込んでいく停車場の様子が、道路の反対側から距離を置いた長回しで捉えられる【図 1】。ここには、この作品でプロデューサーと撮影監督を務め、のちに監督として活躍するようになるヴァシャノヴィチの作家性も反映されていると考えることができる。その後も、カメラは常に被写体とは一定の距離を保ち続ける。やがて、ろう者の少年セルヒーがバスに乗り、同じ障がいを持つ少年少女が全寮制で暮らす、寄宿学校へ向かう。

　学校では不良グループが恐喝や売春を日常的に行っていた。食堂で、ひとり何も食べずにテーブルに座っている少年がいる【図 2】。映画が進むにつれて寮内で壮絶ないじめが行われていることがわかり、少年は現金をすべて巻き上げられてしまったのだと判明する。セルヒーは不良たちとのケンカで腕力の強さを示し、仲間に迎え入れられる【図 3】。売春する少女たちには、ひとりの少年が付き添うことになっている。ある日、この少年はトラックが後ろから接近していることに気づかず、下敷きになってしまう。セルヒーが付き添い役を引き継ぎ、彼は少女のひとりアーニャを好きになる。アーニャはセルヒーと事務的にセックスをし、ふたりは体を頻繁に重ねるようになる。やがて、アーニャの妊娠が判明する。セルヒーは列車で財布を盗み、アーニャは闇医者のアパートの一室で堕胎手術を行う。

　学校には、イタリアにコネのある人物が出入りしていて、アーニャともうひとりの少女に同国の国旗がプリントされた T シャツを与えて喜ばせる【図 4】。少女たちはイタリア大使館へ行き、ビザの申請をする。アーニャの気を引こうとするセルヒーは、教師のひとりを襲い、自宅に隠していた大金を奪う。彼女の部屋を訪れて現金を渡し、同居人が寝ているそばで、嫌がる彼女を無理やり強姦する。その後、アーニャのパスポートにビザが貼られているのを見つけたセルヒーは、彼女から奪って切り裂き、複数の少年からリンチに遭う。セルヒーの暴走は留まることを知らず、恐ろしい結末を迎えることになる。ムラートワも高く評価した作品で、カンヌ国際映画祭を含む国際的な映画祭で 20 を超える賞を受賞した。オールタイムベスト 4 位。

82 歳の老いた母とほとんど目が見えない息子の農村での日常生活

薄明かり

ヴァレンチン・ヴァシャノヴィチ
Присмерк
2014 年
ウクライナ
Harmata Film
ウクライナ語
61 分
イヤ・ミスリツカ

ヴァレンチン・ヴァシャノヴィチ

マリヤ・ヴァシャノヴィチ、
オレクサンドル・ヴァシャノヴィチ
https://www.imdb.com/title/tt10150330/

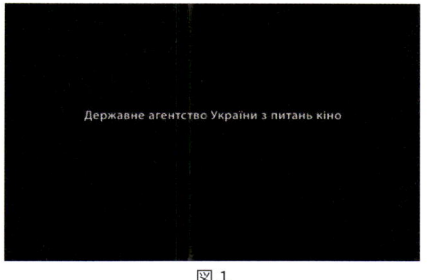

図 1

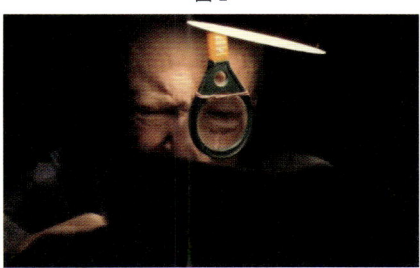

図 2

図 3

図 4

　映画は暗い画面に視力検査する医師の声がスクリーンの外から響きながら始まる。視力検査表の文字を模倣した、映画で真っ暗なスクリーンに最初に浮かぶ文字列は、小さくて観客にもはっきりと読み取ることは難しい。別の男性の声が挿入され、文字を読み取ることができない彼のために、医師が文字を少し大きくして見せる。今度ははっきりと「ウクライナ国立映画制作庁」の文字を確認することができる【図 1】。それは本作の製作クレジットである。だが、検査中の男性の声が、文字を読み取れないことを申告している。医師は、また文字を変える。すると今度は、さらに少し大きくなった字で、本作の製作スタジオが表示される。男性にはまだ何も見えていない。次に医師が示すのは、本作の監督名である【図 2】。こうした手順で映画のタイトルも示され、その次に「П（ペー）」の文字が大きく現れて、ここで音声と文字が一致して実際の視力検査の場が再現される。そして最初のカットで、本作の主人公である男性サーシカ（オレクサンドル）の姿が現れるのだ【図 3】。ドキュメンタリー作品でありながらもただ被写体を映すだけでない、観客が目を凝らすよう創意工夫されたヴァシャノヴィチらしいオープニングである。

　サーシカは大きなレンズを使いながら読書をしているが、糖尿病で視力のほとんどを失ってしまい、文字を読み取ることができない。次のカットではフルートを弾こうと試みるが上手く音が出ず、またしても不器用な身体を露呈している。田舎の村で彼と一緒に暮らすのが、82 歳になる老母である。母親は老い先が短いことを知りながら、目の不自由な息子のため、毎日畑仕事に精を出している。サーシカも、薪を割るなどの力仕事で母を助ける。廃品を集め、トラクターを組み立てようとさえするのだ。牛や鶏を飼い、畑を耕す彼らの生活は、ほとんど自給自足である。現金を得るため、母親が雪道をひとり歩いて、バケツ一杯の牛乳を卸業者に売りに行く場面もある【図 4】。時には激しく口論もする母と息子の日常は、生に対して不思議と前向きな魅力に満ちている。

　ドンバス紛争以降、国際的に注目を集めることになったヴァシャノヴィチの作家性を確認することができる初期の代表作。オールタイムベスト 37 位。

コラム5　　ハリウッド映画の中の「危険なウクライナ」

　ハリウッド映画界では草創期からウクライナ出身のユダヤ人が多く活躍していたことはよく知られているが、ロシア人とウクライナ人が区別して描かれることはほとんどなかった。それがソ連から独立してしばらくすると、次第に個別のウクライナ人が登場するようになった。ソ連崩壊時、ウクライナ国内で大量に余った兵器に目をつけたマフィアは、国際市場で違法にそれらを売り捌いた。人気作では、F・ゲイリー・グレイ『ミニミニ大作戦』（2003）からガイ・リッチーのスパイ・アクション映画『オペレーション・フォーチュン』（2023）に至るまで、ウクライナ人マフィアはアクション映画の物語の発端として機能している。アンドリュー・ニコル『ロード・オブ・ウォー』（2005）では、ニューヨークのロシア人街でロシア料理店を営むウクライナ系移民の一家に生まれた男が、マフィアの銃撃戦に遭遇したことをきっかけに武器商人を志し、富を築いていく様を描く。祖国が独立すると現地へ飛んで大量の武器を仕入れ、紛争が続く世界情勢を追い風に世界有数の武器商人へと上り詰めるのだ。

　1986年に原子力発電所で事故が起きたチェルノブイリも映画によく登場した。人気作「ダイ・ハード」シリーズ5作目のジョン・ムーア『ダイ・ハード／ラスト・デイ』（2013）は、主人公であるニューヨーク市警ジョン・マクレーンの息子ジャックが、CIAのスパイになっていたことが明らかになる。ジャックは危険思想の持ち主であるロシアの政治家の秘密を握る、モスクワで政治犯として長年収容されていた科学者コマロフの救出を試みるが、本当の黒幕はコマロフで、チェルノブイリに保管された濃縮ウランを転売して大金を得ようとしていた。前半のモスクワからチェルノブイリへと舞台が変わる後半では、疎遠な関係だったマクレーン父子が絆を深めながら、コマロフの野望を阻止するためにともに戦う。デヴィッド・リーチ『ワイルド・スピード／スーパーコンボ』（2019）においても、途中ロシアを舞台に展開しながら、アジトはウクライナに置かれており、「怪しいチェルノブイリ」の系譜に連なる作品である。

　マイダン革命は、ハリウッド映画の中のウクライナにも影響を与えた。直接の舞台とはならないフェデ・アルバレス『蜘蛛の巣を払う女』（2018）では、主人公の天才ハッカーを追いつめる、NSA（アメリカ国家安全保障局）特別部門の優秀なセキュリティ専門家が紹介される際、「アフガニスタン、メキシコ、ウクライナに駐留していた」という説明がされる。アフガニスタンやメキシコと並んで危険なウクライナでの任務は、立派な肩書きとして記録されるのだ。クリストファー・ノーラン『TENET テネット』（2020）の冒頭シーンは、キーウにある劇場での戦闘シーンで幕を開ける。この銃撃戦の原因がプルトニウム241であることにはチェルノブイリの連想が働いており、直接戦場となっている点には、ウクライナが危険な場所として全世界の観客に提示されるようになってしまった実際の情勢が反映している。

　「ロッキー」シリーズのスピンオフ「クリード」シリーズの第2作であるスティーヴン・ケイプル・ジュニア『クリード／炎の宿敵』（2018）は、『ロッキー4／炎の友情』（1985）で登場したロシア人ボクサーのドラゴの息子が敵として立ちはだかる。主人公クリードはロッキーのライバルかつ親友であるアポロの遺児で、父は過去作でドラゴによってリング上で命を奪われていた。その後、ドラゴはロッキーに敗北したことでモスクワで活動の拠点を失い、ウクライナに追いやられていたことが今回明らかになる。ドラゴは息子にクリードを討たせることで自らの運命に復讐を果たそうとするのだが、父子の挑戦は返り討ちにあって終わる。映画の最後に挿入される場所は、ドラゴと息子が一緒にランニングしている荒涼としたウクライナで、父子がふたたび表舞台のモスクワから遠く離れた地に再び置かれていることを象徴する風景となっている。こうしてハリウッド映画は、作品の中にロシアとウクライナの地位関係をも投影させて世界に伝播させるのだ。

第6章

マイダン革命以降

ウクライナの社会に大きな影響を与えた 2014 年の
マイダン革命、その後に続いてクリミア併合とドン
バスでの戦争で、映画も大きく変わった。マイダン
革命はそれ自体が映画の題材になり、劇映画・ドキュ
メンタリー問わず、「ウクライナに栄光あれ！」と
いうスローガンをスクリーンに充満させた。以前の
映画では工業地帯として登場してきたドンバスの風
景は、戦場に変わった。2014 年以降も外国との共
同製作は続いたが、映画はここでは少し違う意味を
帯びるようになった。スロヴァキア人監督による『平
和あれ』（2016）は外国人ならではの客観的な眼差
しでドンバスを見つめようと試み、ロシア側とウク
ライナ側双方に思いを寄せる人々へのインタビュー
を行った。スイス生まれの監督による『オルガの翼』
は、国内のロシア語からウクライナ語への移り変わ
りを巧みに物語の中で示してみせ、革命当時の西側
のウクライナへの無理解を露呈させた。2022 年の
戦争が開始し情勢が混迷を極める中で、ヨーロッパ
に拠点を置くウクライナ人監督セルゲイ・ロズニ
ツァは、映画を武器にして普遍的なファシズムと
闘っている。

© Atoms & Void

マイダン

👤 **セルゲイ・ロズニツァ**

⊖ **Майдан**

📅 2014 年

📍 ウクライナ＝オランダ

🎦 Atoms & Void

🔊 ウクライナ語

🕐 130 分

⚙ セルゲイ・ロズニツァ、マリア・ベイカー

📝

📹 セルゲイ・ロズニツァ、セルヒー・ステツェンコ

💿

🔊

🎬 https://www.imdb.com/title/tt3675486/

▶

🌐

図 1　　　　　　　　　　　　　　　　　　　　図 2

　2013 年 11 月 21 日、ヤヌコーヴィチ大統領が EU との連合協定締結の延長を決定したことにより、政治腐敗や経済不振に不満を抱えていた市民が、ウクライナの首都キーウの中心部に位置する独立広場（ウクライナ語で広場を意味する「マイダン」と呼ばれる）に続々と集結し、瞬く間にその数は数万人に膨れ上がった。『マイダン』は、広場を埋め尽くした市民が、ウクライナ国歌「ウクライナは滅びず」を歌っているシーンで幕が開く【図 1】。歌唱が終わると、「ウクライナに栄光あれ！」の大合唱が続き、ウクライナ・ナショナリズムの昂まりが記録される。カメラは少し距離をとった位置から、ギターを持った老人がウクライナ国歌をひとり歌い出す様子を収め、周囲の人間も自然に声を合わせ、ひとつの大きな合唱になっていく。水色と黄色の大小さまざまなウクライナ国旗を身につけた人々もいれば、笑顔で温かい食事を振る舞う人々もいる。マイダンに集まった人々を見下ろせる位置に設置されたステージ上には、連日、一般市民から有名歌手までが登壇し、自作の詩を朗読したり演説をしたりと群衆の気分を盛り上げる。さまざまな歌曲が歌われる中、『マイダン』でも流れるヤヌコーヴィチを愛称で呼びその退場を愉快に訴える歌「さらばヴィーチャ」は、1940 年代のイタリア内戦時にパルチザンによって歌われた「さらば恋人よ」の替え歌で、マイダン革命において市民を束ねる愛唱歌の役割を果たした。映画では冒頭以降も「ウクライナに栄光あれ！」のスローガンがよく聞かれるが、カメラが収める市民の表情にはまだ和やかなところもあり、どこか祝祭的な雰囲気も漂っている。マイダン革命の始まりとは、こうした静かな立ち上がりだった。

　一変するのは、映画が 45 分を経過して、年が明けて間もない 2015 年 1 月 16 日に可決された法案をキャプションが伝えてからである。集会の規制、各種媒体での言論制限、ヘルメットとマスクの着用禁止などを決めたこの法案は、その内容から「独裁者法」と呼ばれ、かえって市民の大きな反発を招くことになった。このキャプションの後に続く最初の場面は、冒頭と同様の構図で国歌を一斉に歌う群衆の姿である。その後には、デモ隊が道路のレンガを剥がして治安部隊に投げつけ、また彼らを取り締まる側も催涙ガスや発砲といった手段に訴え、双方が過激になっていく様子が延々と映し出される。1 月 22 日にはマイダン近くのフルシェーフスキー通りでデモ参加者に最初の死者が出ており、市民に対する発砲が映画の中でも目立ってくる。『マイダン』には、炎が燃え上がり瓦礫が積み上がった中、元ボクシング世界ヘビー級王者で、2015 年 5 月にキーウ市長に選出されることになる、ヴィタリー・クリチコがマイクを握ってヤヌコーヴィチの退陣を求める姿も収められている。映画の終盤に置かれているのは、マイダン革命で命を落としたデモ参加者の葬送場面である【図 2】。名前を読み上げられる者の中には、極右政党の党員もいる。さまざまな政治背景を持った市民がヤヌコーヴィチ打倒という共通の目的のため一体となり、2 月の同大統領の亡命へとつながった。犠牲者となった市民の数は100 人以上にのぼり、彼らを「天上の百人」と呼ぶ記念碑がウクライナ各地に建立されることになった。ウクライナで「マイダン革命」や「ユーロマイダン革命」よりも「尊厳の革命」という呼称が好まれるのは、尊い犠牲を払って達成された革命という点に力点が置かれているからである。ロズニツァの『マイダン』は、その後のウクライナの方向を決定づけることになったマイダン革命の一部始終を、淡々と記録している。オールタイムベスト 35 位。

若きシネフィルたちが語り合う、ウクライナの自由と未来

さようなら、シネフィルたち

👤 **スタニスラフ・ビチュツキー**
🎞 **До побачення, сінефіли**
📅 2014 年
📍 ウクライナ
🏛
🔊 ロシア語、ウクライナ語
🕐 67 分
🎬 スタニスラフ・ビチュツキー
📝 スタニスラフ・ビチュツキー
🎥 セルヒー・ステツェンコ、テタ・ツィブリニク
🎵 アントン・コチェトコフ
🎞 スタニスラフ・ビチュツキー、オリハ・コヴァレンコ、
　　オレクサンドル・テリュク
🎞 https://www.imdb.com/title/tt4405246/
▶
🌐

図 1

図 2

図 3

図 4

　暗がりの中で、監督のスタスを含む 3 人の若者がウクライナの未来と映画について語る【図 1】。スタスが自分の過去の記憶から語り始める。彼いわく「記憶とは我々の一部で、あらゆるものは過去からできている。映画とは過去なのだ」。フレームに入ったものはすべて過去になる、という意見にふたりも同意する。彼らは映画祭で出会って以来、親交を深めてきたシネフィルたちである。キーウの映画祭では日に何本も続けて映画を見、1 日が終わる頃には内容をほとんど覚えていない。だが彼らにとって、ただ映画を見続けることが重要なのだった。映画祭では 2 列目にいつもロマン・バラヤンがいた。ヤンコフスキーやイリエンコなど、彼らの口からはウクライナ映画史の重要人物の名前が次々に出て、関連するエピソードが披露される。ウクライナ映画だけでなく、ハリウッド映画の俳優キム・ベイシンガーの名前が出ると、他の者たちはすぐに何の作品の話かを理解する。皆、同じ映画的記憶を共有しているのだ。

　シネフィルのひとりオリハが、キーウは退屈だからセルビアのベオグラードに移住すると告白する。だがこのとき、キーウではマイダン革命が起き、社会変革の真っ只中にあった。そしてウクライナ人とは誰か、といった問題が浮上することになったのだ。オレクサンドルは、サッカーファンくらいにしか重要ではなかった国歌は、これを機会に新たな意味を持つようになった、という。かつては右派のフレーズだった「ウクライナに栄光あれ！」という言葉が、リベラルや中流階級も唱えるものとなったのだ。本作のタイトルは、この女性がウクライナに残る仲間に贈る言葉でもある。彼女は、ウクライナにいなければウクライナ人ではないのか、と問いを投げかける。シネフィルたちも、それぞれが生き方を模索していた。

　饒舌な前半と対照的に、後半はほとんどセリフがなく、映像イメージが優先される。キーウ市内を走る車のロングショットと映画館「ウクライナ」を捉えた長回しが続く【図 2】。その後、若者たちが入口の前でたむろしている建物は、ビチュツキーがかつて映画クラブを主宰していた文化施設である【図 3】。内部では関係者のパーティーが開かれ、やがて一同は施設内の上映会場に移動する【図 4】。スクリーンでは、リュミエール兄弟『港とヴェスヴィオ火山』（1896）とドヴジェンコ『我がソヴィエト・ウクライナのための戦い』（1943）のふたつのドキュメンタリー映画がかかる。ドヴジェンコの映画とともに唐突に終幕を迎える本作は、その後に続くウクライナの物語を提示せず、未来を観客に委ねている。本作は現代ウクライナの新しい映画文化の騎手であるビチュツキーの代表作で、オールタイムベスト 72 位に選ばれた。

マイダン革命を機に結成された映像集団による、ウクライナの覚醒

武器よりも強く

Babylon' 13
（ヴォロディーミル・チーヒイほか）

Сильніше, ніж зброя

2014 年

ウクライナ

Harmata Film

ウクライナ語、ロシア語

78 分

ヴォロディーミル・チーヒイ、デニス・ヴォロンツォフ

ユーリー・グルジノフ

https://www.youtube.com/watch?v=fYak6B8aLJ0

図1

図2

図3

図4

　映画は、2014 年 2 月 28 日、南ロシアのロストフ・ナ・ドヌーにいるヤヌコーヴィチが、残虐行為をやめるよう、ウクライナ国民に訴えている映像から始まる【図1】。2013 年末に始まったマイダン革命の結果、ヤヌコーヴィチは国外逃亡することになった。この映像は、彼が庇護を求めた逃亡先のロシアから、ウクライナ国民に訴えかけている映像である。タイトルクレジットが現れて、マイダンに集まった市民がヤヌコーヴィチへの不満を次々に述べている場面に接続される。市民に犠牲者が出ていることから、革命がだいぶ進行していることがわかる。中にはウクライナ市民を支持するため、ロシアのサンクトペテルブルクからやってきた者もいる【図2】。彼が言うには、ロシアと違ってウクライナには未来があるのだ。

　その後、時間が少し戻って 2013 年 12 月 1 日の映像が流れる。この時はまだ交渉の余地があると語っていた市民もいたのが、市民とベルクト（治安警察）の対立が次第に激化し、暴力革命の様相を呈してくる。警察から身を守るために築き上げたバリケードに対し、通行の邪魔だと詰め寄る市民もいる。途中でカメラがマイダンを離れ、ヤヌコーヴィチの生まれ故郷であるドンバスの村を訪れる映像が挿入される。村人たちにはヤヌコーヴィチを支持する者が多い。ロシアに隣接するこの地方では、ヨーロッパよりもロシアとの関係が重視されているためである。カメラがマイダンに戻ると、2011 年のエジプト革命を撮影した映像を広場で上映する企画が行われていた【図3】。30 年にわたる長期独裁を築いたムバラクに対するエジプト国民の怒りを目の当たりにして、共感したウクライナ人は涙を流す。

　2014 年 1 月 22 日、デモ参加者に最初の犠牲者が出ると、市民とベルクトとの対立はますます激しくなっていく。デモの最前線で負傷者の治療に当たるボランティアは、オートマイダンが待機しているからと言って励ます。自家用車で負傷者を病院に運ぶ、オートマイダンと呼ばれるボランティアが後方を支援していたのだ。2 月 18 日、市民たちは国会に向かって行進を始め、ベルクトが彼らをマイダンへ押し戻そうとする。この日、激しい火器の応酬により双方合わせて 20 人以上が命を落とした。2 日後に衝突はピークを迎え、亡くなった市民は 50 人以上にもなった。地面に横たわった犠牲者を写した後で、カメラはドネツィク空港を拠点に分離派と戦う兵士に密着する【図4】。カメラも容赦なく標的にされる中、撮影は続いていくのだった。オールタイムベスト 95 位。

スロヴァキア人監督がドンバスで分断された市民の声を記録する

平和あれ

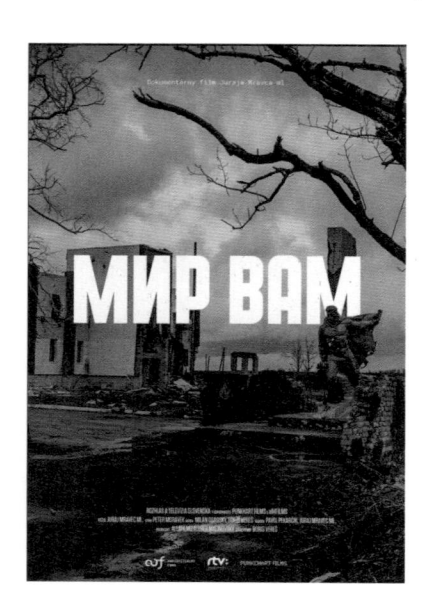

ユライ・ムラヴェツ Jr.

Мир вам

2016 年

スロヴァキア

ALL4films, s.r.o、Punkchart films、RTVS、Rozhlas a televízia Slovenska

スロヴァキア語、ウクライナ語、ロシア語

67 分

ユライ・ムラヴェツ、ユライ・ムラヴェツ Jr.

https://www.imdb.com/title/tt15245836/

https://peacetoyouall.com/

図1

図2

　監督のムラヴェツ Jr. は、2010 年 7 月 5 日、モスクワからウラン・ウデまでシベリア鉄道に乗って現地の人間と交流した。その時、彼は旅先で出会う人々が自分たちスロヴァキア人と似た兄弟民族だと実感し、旧ソ連の国々を全て撮って回ろうという考えに至る。社会主義後の貧困の中で暮らす人々を撮ることに、写真家としての自らの主題を見出したのだ。

　2015 年 4 月、ムラヴェツ Jr. はウクライナに入国し、戦争状態にある東部の「ドネツク人民共和国」へ向かった。ウクライナからの独立を目指す分離主義者が支配する地域で、ウクライナ派とロシア派の双方にインタヴューし、記録するためである。映画では度々、インタヴュー映像の合間に監督が撮影したモノクロ写真が挿入される。街中には、ロシアへの忠誠を訴えるプロパガンダや、新しく大統領に就任したばかりのポロシェンコを罵る落書きが散見される。

　ある坑夫の男性は、「ドネツク人民共和国」のためスパイ行為をした嫌疑をかけられ拘束されたことを監督に打ち明ける。ウクライナ兵からは暴行を受けて肋骨を骨折し、ハルキウに連行されると、15 年の判決を言い渡された。母親が無実の息子のために炭鉱で働いている証明書を持っていくが、相手にされなかったことを涙ながらに振り返る。結局、彼は捕虜交換の対象となることで自宅に帰ってこれたのだった。あるノヴォロシアを支持するという女性は、ドンバスはウクライナと一緒にならない方がいいと言う。キーウにいるナチス式の敬礼をする人々のことを指し、自分の亡くなった父は後戻りさせるためにナチスと戦ったんじゃない、と涙に暮れ、分断が深刻であることが伝えられる。また、ドネツィク軍とウクライナ軍が対峙していた間に立つ、全壊した学校について説明する若い女性は、前者は学校を回避して砲撃していたのに対し、後者の攻撃は学校に命中していたと証言する。

　その後、監督がスロヴァキアに一時帰国すると、首都ブラチスラヴァにナイトウルヴズがやってきていた。プーチンに忠誠を誓う、バイクに乗った極右集団で、クリミア併合やドンバスでの戦争を支持している。旧ソ連諸国だけでなく東欧全域に支部を持ち、スロヴァキアもその脅威と無縁ではないのだ。

　監督は 2016 年 2 月、再び「ドネツク人民共和国」に入国を試みる。ところが同国のデータベースに NATO のジャーナリストでプロパガンダ担当と登録されていたため、入国が許可されず、ウクライナ軍が支配する地域でインタビューを行うことにする【図 1】。監督からなぜ戦争が始まったのかと質問されたウクライナ軍の大佐は、学校で歴史を勉強しなかったからだと答えて言う。ルハンシク出身の彼は、戦闘相手の背後にロシア軍がいることをよく分かっていながら、「また友達になれるはずだ」と前向きである。戦争の最前線であるデッドゾーンにひとり住む老婆は、多くの人間が殺されるのを目の当たりにしてきた。住む家を失い、どこにも行くことができず、今は空き家となった他人の家にひとりで住んでいる。「もう少し賢ければ戦争なんかしない」と言って泣き崩れる彼女を、監督は思わず抱きしめて慰める【図 2】。

　映画の終盤で監督は、弱者に対する支配欲の強さを目の当たりにし、冒頭で示された当時の考えがナイーヴに過ぎたと考えを改めるようになる。兄弟民族はなく、あるのは力への渇望と弱者への無関心のみだ。映画はインタヴューに答えてきた人々のモノクロ写真を背景に、兄弟同胞への愛を歌ったキリスト教歌「平和あれ」の合唱が流れて幕を閉じる。日本では『ウクライナから平和を叫ぶ Peace to You All』の邦題で劇場公開された。

やさしい女への暴力を通して暴かれる、不条理な現代のドラマ

やさしい女

- 🎬 **セルゲイ・ロズニツァ**
- 💭 **Кроткая**
- 📅 2017 年
- 📍 フランス＝ウクライナ＝ドイツ＝ラトビア＝リトアニア＝オランダ＝ロシア
- 🎦 Slot Machine、Arte France Cinéma、Graniet Film、BV、LOOKSfilm ほか
- 💬 ロシア語
- 🕐 143 分
- ⚙ マリアン・スロト、カリン・レブランほか
- 📝 セルゲイ・ロズニツァ
- 🎥 オレグ・ムトゥ
- 🎞 ウラジーミル・ゴロヴニツキー
- 🎭 ヴァシリナ・マコフツェナ
- IMDb https://www.imdb.com/title/tt5618752/
- ▶
- 🌐

図 1

図 2

　片田舎に住む中年の「やさしい女」は、無実の罪で投獄されている夫に送った小包みを、理由も分からないまま理不尽に返送される。夫に直接差し入れをするため、彼女は初めて夫が服役する刑務所へと向かうことにする。道中、女性ひとりの訪問者は周囲の目を引き、彼女は会う人間皆に誰に会いに行くのかと尋ねられる。到着した刑務所では、入り口でにべもなく追い返され、そこから先へと進むことができない。ここからカフカの「城」さながらの不条理が、彼女に襲いかかることになる。途方に暮れた彼女に対して、ジンカと名乗る女性が寝床の提供を申し出る。ところが連れてこられた場所は売春宿を兼ねており、夜は男女が入り乱れる醜悪なパーティーが開かれるのだった【図1】。「やさしい女」は力になってくれるというある男性を紹介される。だが彼女が詳細を尋ねても、誰もはっきりとしたことは言わないのだった。

　翌日、またも入口で昨日と同じ女性に断られた彼女は、途方に暮れて、建物の外に立って無言で抵抗の意思を示す。すると警察がやってきて、おとなしく帰らなければ彼女を拘束すると脅す。「警察の命令に従わなかったこと」など、彼女を収監する理由はいくらでもあるのだ。当てもなく歩いていると、昨夜の宿で紹介された男性に出会い、力を貸すと言われ、車に乗せられる。車は刑務所で働く職員用宿舎で止まり、男は待っているように言い残して外へ出ていく。近所の女性がひとり車内に残された彼女に近づいてくると、売春婦と勘違いして暴言を吐いていく。男は売春婦を拾って客のもとへ届けた後で、「やさしい女」をレストランへ連れて行き、土地の一番の権力者だという男を紹介する。権力者は、自分を含めここでは誰も信用するなと断った上で、かつて自分の優秀な部下を戦場へ送った話を始める。ファシストにうんざりし、母国のために戦う気概のあったその男は、移動式遺体焼却炉で人体の一部を回収するという、強靭な精神力を必要とする仕事に従事するようになる。だがある日、回収した手に見慣れた指輪を認め、それが自分を追ってやってきた恋人のものだと知った彼は、絶望して自ら命を絶つ。権力者は、彼女を見ているとその男を思い出すと言い残して、テーブルを去っていく。

　その後、彼女は人権活動家の事務所へと足を向ける。辺りで道を尋ねると、近所の住民がヤツらはファシストだと罵り、入り口には「外国エージェント」と落書きされている。事務所にいた女性は親身に話を聞いてくれるが、膨大な数の案件を抱えており、3週間はかかると言う。事務所は毎週襲撃を受けており、孫は暴行を受けて腕を骨折したのだと涙ながらに訴えられる。行き場のない彼女は、駅の待合室で疲れ果てて眠ってしまう。そこへジンカが現れ、すべて手配したので行こうと誘う。電飾のついた馬車に乗って連れてこられた屋敷では、人権活動家や警官など、これまで出会った人間が勢揃いし、総括が行われていた【図2】。互いに同志と呼び、ソヴィエトを強く連想させる時代錯誤的なこの「ショー」では、各々が自分の活動を報告し、皆でその成果を肯定するのだった。だが彼らの会話はちぐはぐで偽善に満ちており、形式的に行うことが目的になっているかのようである。最後に刑務所長が「やさしい女」と囚人との面会を認めると、一同が拍手喝采し、彼女は護送車に乗せられる。ところが車には複数の男が潜んでおり、彼女は暴行を受け、悲鳴を上げているところで目が覚める。そこへ再びジンカが近づいてくる。他の者たちが依然眠りこけた待合室の光景は、あたかもまだ夢の続きのような不気味さをたたえている。

　映画ではしばしば男たちが、西側のせいでロシアが虐げられているかのような「陰謀論」を口にし、2022年に始まったウクライナ侵略戦争に通じる悪意が充満している。その暴力が、おとなしい「やさしい女」に容赦なく向けられる。ドストエフスキーの同名小説の翻案作品。オールタイムベスト95位。

ブラック・レベル

ヴァレンチン・ヴァシャノヴィチ
Рівень чорного
2017 年
ウクライナ
Harmata Film

90 分
イヤ・ミスリツカ、デニス・イヴァノフ、ヴァレンチン・ヴァシャノヴィチ
ヴァレンチン・ヴァシャノヴィチ
ヴァレンチン・ヴァシャノヴィチ
セルヒー・ステパンシキー
コスチャンチン・モフナチ、カテリーナ・モルチャノワ
https://www.imdb.com/title/tt5915734/

図 1

図 2

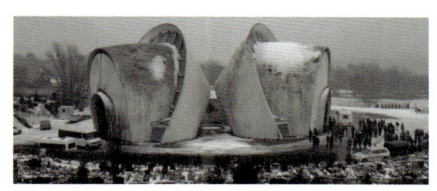

図 3

図 4

　冒頭、豪華な部屋の一室に並べられた椅子に男が座り、その前にウェディングドレスを着た女性が現れると、ポーズを決めてスマートフォンで自撮りを始める。男性が退場すると、花嫁姿の女性の数は次第に増えていき、同様に自撮りに耽る。やがて先の男性がカメラを手にして戻ってきて、新たに加わった正装した男性と女性たちを撮り始める【図 1】。撮影する男性は結婚式場のカメラマンを務めるコスチャで、被写体となっているのはモデルなのだ。

　コスチャは、体の自由が利かず車椅子生活の父親、歳とった愛猫とともに暮らしている。整えられた自宅の内装から、暮らしには余裕があることがわかる。自宅ではボルダリングの練習環境を整え、練習に励んでいる【図 2】。だがやがて、彼は恋人と車内で口論し、そのまま別れることになる。以来、職業的に人々の幸せを撮り続けてきた彼の元から、自身の身近な幸せが少しずつ離れていく。ある日、飼い猫の異変を察知して動物病院に連れていくが、しばらくして雪が積もった野原に弔うことになる。そして間も無く、コスチャは父の葬儀も続けて執り行う【図 3】。自宅でひとり正装したコスチャは、スライド投影した写真を眺めながら、酒を飲んで感慨に耽る。スクリーンの裏側の壁には、彼の誕生日であることを示す、50 の文字を形作る風船が並んでいた【図 4】。彼はそれを引き剥がすと、一つひとつ足で踏んで潰していく。映画の最後でコスチャは、古い建物の壁の前に立ちはだかると、独力で登っていくのだった。

　『ブラック・レベル』は劇映画でありながら、セリフが一切ない。のちの『アトランティス』（2019）と『リフレクション』（2021）で、余計な言葉を費やさず、映像の提示によって観客に訴えかける寡黙な作風を予告する作品である。コスチャは窮屈な車内で恋人と性行為に励むなど、作品に登場する身体も特徴的である。野外に設置されたジムで体を鍛え積極的に体を動かしてはいるが、ボルダリングに挑戦して不器用に失敗し続けることで、思い通りにならない中年男性の体を露呈させる。車内での窮屈な性行為は次作『アトランティス』でも反復される。シンメトリーに徹底的にこだわった構図など、ヴァシャノヴィチは現代ウクライナにおいてもっとも強い「作家性」を持った映画作家である。オールタイムベスト 95 位。

火山

 ロマン・ボンダルチュク

- Вулкан
- 2018 年
- ウクライナ＝ドイツ＝モナコ
- Tato Film
- ウクライナ語、英語、ロシア語
- 106 分
- オレナ・エルショワ
- ロマン・ボンダルチュク、ダリナ・アヴェルチェンコ、アッラ・チュチュンニク
- ワジム・イリコフ
- アントン・バイバコフ
- ヴィクトル・ジダノフ、セルヒー・ステパンシキー、フリスチナ・デイリク
- https://www.imdb.com/title/tt7186036/

図1

図2

図3

図4

　キーウ出身のルーカスは、OSCE（欧州安全保障協力機構）のメンバーを連れて外国人同僚とともにクリミアの検問所を調査するため車を走らせていた。途中で車のエンジンが停まると、ルーカスは外国人同僚からぞんざいな指図を受け、ひとり徒歩で助けを求めにいく【図1】。巨大なスイカのオブジェが、この果実の名産地として知られるヘルソン州にいることを示している【図2】。だが元の場所に戻ると、キーは彼が持っていたにもかかわらず、車は同僚とともに跡形もなく消えてしまっていた。その後、ルーカスは暴行を受けて財布や身分証など貴重品が全て入った上着も盗まれ、枯れたヒマワリ畑に打ち捨てられるなど、行く先々でさまざまな災難に見舞われる【図3】。その度にどこからともなく現れて彼を助けてくれるのが、少しおかしなところのある中年男性ヴォーヴァである。彼はここには仕事がないといいながら、不良品を回収して日銭を稼いでいる。ロシアとの前線も近く、警察も信用できない無政府状態の街で一文なしとなったルーカスは、ヴォーヴァの家に身を寄せることになる【図4】。

　ヴォーヴァは娘のマルーシカと老いた母との3人で暮らしている。母が終日眺めるテレビでは「歴史的にこの土地はノヴォロシアと呼ばれてきた」と主張するプーチンのプロパガンダが流れ、息子はくだらないものは見るなとテレビを消すよう促す。ヴォーヴァの母は、キーウに妻を残し、家も別荘も車もあるルーカスに対して「あなたたちには大統領も首相もいて、国会議員も警察もいる。でも私たちにはないのよ。給料も、大統領も、警察も」と静かに訴え、同じウクライナ国内でもこの土地での生活は異なることが強調される。テレビでは行方不明になったルーカスの情報提供を呼びかけているが、そうしたニュースには当の彼自身も無関心で、消えた車の方を気にしている。異邦人としてやってきた彼は、次第にこの土地の考え方に馴染んでいき、最後にはマルーシカの愛に応えて残ることを決断するのだった。

　本作のシナリオ執筆は2010年代初めに開始され、もともとアイスランドの火山が爆発してオデーサの空港で外国人が足止めされるという筋書きだったのが、2014年のクリミア併合とドンバス紛争が起きたことを受けて大幅に書き換えられた。その際、そのまま残された『火山』のタイトルが現在の作品で象徴的な機能を果たすことになった。それは、ドンバスでの銃撃戦がいつ飛び火してくるかもわからない危険を暗示しつつ、土地の名産品で内側に赤い果実を湛えたスイカ、あるいはヴォーヴァが回収するドイツ軍が残した不発弾にも通じている。『火山』は一風変わった登場人物として造型されたヴォーヴァを中心に時にユーモアも交えながら、無害な人物ルーカスが受ける暴力を通して、この土地の人々が受けている心身の傷を想像させる作品である。オールタイムベスト37位。

ドキュメンタリーの名手が劇映画で描く、ドンバスの「真実」

© MA.JA.DE FICTION / ARTHOUSE TRAFFIC / JBA PRODUCTION / GRANIET FILM / DIGITAL CUBE

ドンバス

- 👤 **セルゲイ・ロズニツァ**
- ⊖ **Донбас**
- 📅 2018 年
- 📍 ドイツ＝ウクライナ＝フランス＝オランダ＝ルーマニア
- 📕 Arthouse Traffic
- 💬 ロシア語、ウクライナ語
- 🕐 122 分
- ⚙ ハイノ・デッカード
- 📝 セルゲイ・ロズニツァ
- 🎥 オレグ・ムトゥ
- 🎞 ウラジーミル・ゴロヴニツキー
- 🎭 タマラ・ヤツェンコ、ボリス・カモルジン、トルステン・メルテン、アルセン・ボセンコ
- **IMDb** https://www.imdb.com/title/tt8282042/?ref_=fn_al_tt_1
- ▶
- 🌐 https://www.sunny-film.com/donbass

図1

図2

　親ロシア派勢力（分離派）が実効支配する東部ドンバスを舞台に、2014 年から 2015 年にかけて、実話を元にした複数のエピソードから成る劇映画。それぞれのエピソードは緩やかな繋がりを持ち、いくつかのエピソードでは最後に登場した人物がそのまま次のエピソードの冒頭に登場することで連鎖している。稀代のシュルレアリスム作家ルイス・ブニュエルが、『自由の幻想』（1974）で用いた手法である。人々の欺瞞や日常に隠された聖と俗の関係を明るみに出したこのスペインの映画監督の作品にも似て、『ドンバス』もまたロシアの支援を受けた分離派が支配するドンバスにおいて、フェイクニュースが飛び交い、現実と虚構が入り混じった奇怪な現実を映し出す。

　最初のエピソードでは、粗末な化粧室で 10 名ほどの男女がメイクをしている。トランシーバーを持った女性が突然現れ、現場へ向かうように「役者たち」に指示を出す。老若男女が混じった演者の中には、軍人やTV クルーの格好をした者もいる。共同住宅の物陰で彼らが待機していると、近くで激しい爆撃音がとどろく。「仕事にかかれ」という合図があり、皆が一斉に駆け出していく。ひとりの女がカメラに向かって、大きな音に驚いて外に出ると人が死んでいた、と真っ赤な嘘を語る。彼女の背後には死人のように人が横たわり、車が黒焦げになった「現場」の検証が行われている【図 1】。こうして恐るべき効率の良さでフェイクニュースが完成してしまう。

　続くウクライナ市議会でのスキャンダル、および産院での支給品の横流し現場といった挿話からは、ドンバスにおける政治腐敗の様子をうかがうことができる。取材に訪れたドイツ人ジャーナリストをからかう分離派兵士たちのエピソードで描かれるのは、彼らの際限ない醜悪さである。続く地下シェルターでの過酷な避難生活を取材した映像では、電気も水もない劣悪な環境下に置かれている市民の苦境が伝えられる。この時、部屋の一隅に置かれた TV では冒頭のフェイクニュースが放送されており、こうした映像がドンバスで浸透している様子がわかる。地方政府首長を訪問する宗教団体の思惑があり、規律違反を犯した分離派兵士には厳しい懲罰が待っている。占領地域警察での民間人への賄賂の横行や、ウクライナ人捕虜に対する市民の激しい私刑といった場面では、分離派のおぞましさが露悪的なまでに描かれる。ある男はその私刑を携帯で撮影し、結婚式に出席するとその映像を周囲の人間に見せて一同で盛り上がる。その後、結婚式に出席していた兵士は、両軍による激しい攻撃の応酬に巻き込まれて呆気なく命を失う。真実らしいフェイクニュースが横行する一方で、この映画では尊いはずの命が一瞬で失われていく。

　映画は最後に再び、冒頭と同じ化粧室で同じメイク姿の女をカメラに収める。新たなフェイクニュースの撮影が始まるのかと思いきや、銃を持った軍人が現れ、指示役の女性やメイク係も含めその場にいた全員が射殺される。軍人が去ると、間もなく警察や TV クルーの一行が到着し、現場検証とニュースの撮影が始まる【図 2】。証拠が隠滅され、事件の捏造を指示する黒幕の正体は不明なまま、フェイクニュースが別のフェイクニュースの素材となる。『ドンバス』は、この地において真実が幾重にも歪められている様を映し出す、地獄さながらのリアリティ・ショーである。

　カメラマンを務めたのはオレグ・ムトゥで、クリスティアン・ムンジウ『4 ヶ月、3 週と 2 日』（2007）において、チャウシェスク政権下のルーマニアで違法中絶を願う大学生の緊迫感ある映像を生み出し、広く名を馳せた。ロズニツァ作品では『やさしい女』（2017）に次ぐ 2 回目の起用で、ドンバスの奇怪なリアリティを演出することに貢献した。オールタイムベスト 14 位。

©Arsenal Films, ForeFilms 発売・販売：アルバトロス

アトランティス

👤 **ヴァレンチン・ヴァシャノヴィチ**
⊖ **Атлантиада**
📅 2019 年
📍 ウクライナ
🏛 Harmata Film、Limelite
🗣 ウクライナ語
🕐 106 分
⚙ イヤ・ムィスリツィカ、
　ヴォロディーミル・ヤツェンコ、
　ヴァレンチン・ヴァシャノヴィチ
📝 ヴァレンチン・ヴァシャノヴィチ
🎥 ヴァレンチン・ヴァシャノヴィチ
🎞 セルヒー・ステパンシキー
🎵 アンドリー・ルィマルーク、リュドミラ・ビレカ、
　ワシーリ・アントニャク
🎬 https://www.imdb.com/title/tt10749786/?ref_=tt_sims_tt_i_1
▶
🌐 https://atlantis-reflection.com/

図1　　　　　　　　　　　　　　　　　　　　　図2

　ヴァシャノヴィチの過去作『薄明かり』（2014）や『ブラック・レベル』（2017）のオープニングと同様、『アトランティス』の冒頭においても、観客はスクリーンで起きていることが何なのか、すぐに判断することはできない。映画の世界に入っていくため、その入り口で観客は目を凝らし、何が起きているのか、見極めることを要求されるのだ。それは赤外線サーモグラフィーの映像で、銃声が遠く木霊する中で、ヒト型の物体の熱が失われていく様子である。舞台は、2014年から続くドンバス紛争が終結して、1年後という近未来の設定である。ここでは、暴行を受けた兵士がまだ体が温もりを保っているうち、生き埋めにされているのだ。

　10年におよぶ戦争で、大地は荒廃し、街は廃墟となった。『アトランティス』はドンバス紛争後のウクライナの未来を舞台にした最初の映画作品で、全ての役を兵士、退役軍人、ボランティアなどのアマチュアが演じている。

　撮影は、ドネツィク州にあるアゾフ海に面した港湾都市で、交通輸送の中心都市として発展したマリウポリで行われた。この都市は、イリイチ記念マリウポリ冶金コンビナートとアゾフスタルという2つの大きな鉄鋼製造企業があることでも知られている。ヨーロッパ有数の穀倉地帯であるウクライナにあって、ドンバスはロシア帝国時代から工業先進地域として、国内の政治や経済など多方面に影響を及ぼしてきたが、その施設や設備の老朽化は以前から指摘されていた。

　『アトランティス』では主人公セルヒーが勤める製鉄所の閉鎖が、巨大なモニターを通じて外国人経営者の口から告げられる【図1】。ドンバスにおける産業の発展に、外国資本が大きな役割を果たしてきたことを踏まえた演出である。その後モニターが映し出すのは、第一次五カ年計画においてソ連国内の重工業化を牽引したドンバスについてのドキュメンタリー、ジガ・ヴェルトフ『熱狂：ドンバス交響曲』（1930）を編集した映像である。工業化が急速に進む様子を描き、明るい未来への期待に満ちたこのフィルムはウクライナ映画史にとっても重要な作品である。ヴァシャノヴィチは近未来を描いた作品における製造業の終焉を知らせる場面において、ソ連が工業国として舵を切る駆け出しの映像を対置させている。

　セルヒーはドンバスで従軍していた元兵士で、PTSDを負っている。彼の家族は戦争で犠牲となり、唯一の友人であったイワンも、製鉄所の溶鉱炉に飛び込んで自殺してしまう。仕事を失い、まったくの孤独となったセルヒーは、絶望しながらも、水質が汚染された地域に水を運搬する仕事に従事するようになる。ある日、道中でセルヒーはカーチャと出会う。文化人類学者の彼女は「ブラック・チューリップ」に所属し、戦死者の遺体を発掘して身元を特定する活動に無償で従事していた【図2】。

　セルヒーは死者の過去を復元していく彼女から、やがて未来を生きる希望を得ていく。その様子は、映画のラストシーン近くの場面で無言の映像によって示される。ここでは冒頭でも使用されていた赤外線サーモグラフィーが、セルヒーとカーチャが身を寄せ合う姿を捉える。戦争でも使用される物体から放射される赤外線を計測するこのカメラは、冒頭では地面に埋められて熱が失われていたのに対し、ここでは温もりの回復が描かれているのだ。ヴァシャノヴィチの作品は、一見してシンメトリーな構図への嗜好を認めることができるが、『熱狂：ドンバス交響曲』の引用と同様、冒頭とラストでは過去と未来が対置され、主題においても対照を成している。オールタイムベスト11位。

ソ連時代の暖房設備の保守に努める、市営会社で結成された合唱団

ヒート・シンガーズ：労働組合合唱隊

👤 ナディヤ・パルファン
⊖ Heat Singers
📅 2019 年
📍 ウクライナ
🎞 Phalanstery Films
🔊 ウクライナ語
🕐 63 分
⚙ イッリャ・グラトシテイン
📑 ナディヤ・パルファン
🎥 ドミトロ・ブルコ、ワシリ・ゴショフシキー
💿 マルガリタ・クリチョワ
🎦

🎬 https://www.imdb.com/title/tt10526632/?ref_=tt_sims_tt_i_4
▶
🌐

図 1

図 2

図 3

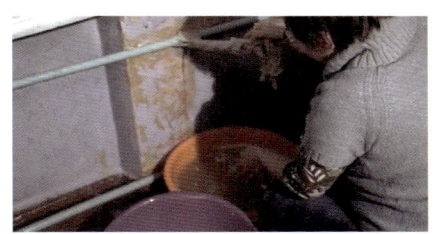

図 4

　イワノ・フランキーウシク市の市営暖房会社とその社内合唱団の活動を追ったドキュメンタリー映画。同社の組合委員長を長年務めてきたイワンは、組合員から構成される合唱団のリーダーでもある。映画は芸術祭に出場した合唱団の歌声が披露されるところから始まり、暖房会社の忙しい仕事ぶりの合間に、時折り合唱団が歌うウクライナ民謡が挿入される【図 1】。

　最近は、リハーサルに思うように人が集まらない【図 2】。合唱団のメンバーは、修理工、機械工、配車係、経理など、それぞれ仕事を抱えていて忙しい。イワンは個々の従業員に声をかけ、勤務後のリハーサルに来られるかを尋ねるが、反応は悪い。皆、仕事が山積みなのだ。イワンが言うように、音楽学校ではなく暖房会社なのだから、それも仕方のないことである。歌よりも大事なのは市民が暖をとれることだ、と彼は組合委員長を務める人物に相応しい言葉を述べる。だがカメラは彼のほころびを見逃していない。年金をもらったばかりの合唱団員に組合委員長が一杯奢るように真顔で迫り、相手が当惑する一幕がある。イワンが一見真剣にパソコンに向かい合っていると、カメラがモニターの方へ回りこんで、ただカードゲームに興じているだけであることが判明する【図 3】。

　受付係にかかってくる電話からは、繋がるなり罵りの言葉を浴びせられることも珍しくない。賃金も上がらず、現場の士気は上がらない。だが利用者の方も、電話をたらい回しにされ、真冬に暖房が故障してから数日間電話をかけ続けても誰も修理に来ないことに、苛立ちも限界である。わずかな利用料を支払えず、徴収される孤独な老人の姿もある。数十年前のソ連時代に設置されたセントラルヒーティングは、老朽化が激しい【図 4】。政治的な改善策が期待できない中、民間会社と競合することもできず、組合委員長であるイワンは自らの引き際を考えるようになっていた。総会で彼が合唱団の入賞を報告しても、拍手が起きるわけでもない。楽ではない生活の中で合唱が心の支えだった彼は、いつの間にか気力の限界を迎えていた。

　映画では、労働者も顧客もまるで社会主義時代のような不条理を生きている。ソ連は崩壊して久しいが、ウクライナ西部の貧しい地方都市の現実は非情である。監督のパルファンは本作が長編第 1 作目で、ウクライナ映画を対象とした唯一のストリーミング・プラットフォーム Takflix の創立者・キュレーターで、本作はオールタイムベスト 75 位に選ばれた。

動物の声を採集する男と母との珍道中を描いた大ヒットコメディ

わが思いは静か

🎬	**アントニオ・ルキチ**
🎞	**Мої думки тихі**
📅	2019 年
📍	ウクライナ
🎥	Toy Cinema
🗣	ウクライナ語、スルジク
🕐	104 分
⚙	アッラ・ビラ、ドミトロ・スハノフ、 ヴェロニカ・ステパンチュクチ
📝	アントニオ・ルキチ、ワレリヤ・カルチェンコ
🎥	イッリャ・エホロフ
📷	セルヒー・ステパンシキー
🎞	イルマ・ヴィトフシカ、リダゴウシキー
IMDb	https://www.imdb.com/title/tt7876510/
▶	
🌐	

図 1

図 2

エピローグとして、16 世紀のハンガリー王国での挿話が挿入されている。ウクライナと国境を接するルーマニアのトランシルヴァニア地方は、かつてこの王国の支配下にあった。ふたりの聖職者の前に、救い主の歯を聖遺物として携えた商人が現れ、売りつけようとする。本物であることを証明するため、商人は彼らに聖遺物へ触れさせて奇跡を待てと言い残し、一週間後の再会を約束して去っていく。白い羽毛をいっぱいに詰めたカゴが、風に揺られている。

時代は現代へと変わり、キーウでフリーの音響エンジニアとして働くワジム（ヴァディム）が、自身「労災」と呼ぶ歯の治療を受けている。医師から、顎の形が特殊なため、インプラント治療に特に高額な料金がかかると言われる。ワジムが仕事の取引相手であるウクライナ系カナダ人のジェームズに相談すると、ビデオゲーム「ノアの方舟」で使用する動物の声を採集するよう依頼される。カナダの飼い慣らされた動物と違い、危険に敏感で大洪水も察知するだろうウクライナの動物の声は、違うのだと言う。うまくいけばカナダ本社での採用を考えるという提案を、ワジムは喜んで引き受ける。

ワジムは博物館に通い、ルーマニアとの国境沿いの街ラヒウ周辺に生息するラヒウマガモ（通称：やかましマガモ）の存在を知る【図 1】。その羽毛は貴重で、独特の色を持っていたためデザイナーに重宝され、乱獲により個体数は激減してしまった。ワジムは、ザカルパッチャ州ウジホロドの実家に里帰りをする。駅で彼を出迎えるのは、母のハリーナである。彼女が登場する場面では、スパイス・ガールズの「Viva Forever」がBGM として流れる。ハリーナが憧れ、理想の母親と見なすヴィクトリア・ベッカムが一員だったこのグループの楽曲を用いた演出のため、映画予算の大半が使用料に費やされた。

ワジムはとある湖の古い写真を眺めていて、その陰影が鳥の鳴き声を取り込んだ編集画面の模様と重なることを発見し、興奮して母ハリーナを起こす。ワジムは母が運転する車に乗って、ルーマニア国境沿いの湖を目指した旅が始まる。道中では、夫と別れたハリーナは私生活がうまくいっていないことが明らかになる。彼女はイタリア人の若い恋人に騙されて財産を失ったことを息子に打ち明け、私生活に干渉するあまり口論になってしまう。ヴィクトリアに憧れて外面を取り繕っていた母のありままの姿を、息子は次第に受け入れていく。幻の湖へは、ワジムひとりで向かうことになる。ところが立ち入りが制限された場所に侵入してしまったため、地元の警察に拘束される【図 2】。マガモを含む動物の鳴き声を記録した USB を口の中に隠すが、警官に殴られて取り上げられた挙句、歯も折れてしまう。ワジムは国境でのスパイ容疑をかけられ、釈放のため全ての録音を消去することを余儀なくされるのだった。

最後の場面では、髪を短く切り、母がベルギーから送って寄こしたダウンジャケットを着たワジムが、ミサの執り行われている教会を訪問する。彼女は、新たに出会った年相応のベルギー人男性と現地でうまくやっているようである。教会を立ち去ろうとしたワジムは、讃美歌の美しさに足を止める。以前の自信がない様子と比べて、その表情には迷いがなく見える。彼がジャケットのほころびから出ている羽毛を引っ張ると、それはラヒウマガモの羽であった。

マイペースなワジムを主人公にした映画は終始見る者に笑いを引き起こし、国内で大ヒットとなった。ルキチ 27 歳の長編映画デビュー作で、日本では『ヴァディムの旅』のタイトルでも上映された。オールタイムベスト 20 位。

父子の世代の違いを描く、クリミア・タタール語映画の代表作

故郷へ

🎬 **ナリマン・アリエフ**

⊖ **Додому**

📅 2019 年

📍 ウクライナ

🎞 Limelite

🔊 クリミア・タタール語、ウクライナ語

🕐 97 分

⚙ ヴォロディーミル・ヤツェンコ

📝 ナリマン・アリエフ、マリシャ・ニキチュク

🎥 アントン・フルサ

💿 セルヒー・ステパンシキー

🎭 アフテム・セイタブラエフ、レムジ・ビリャロフ

🎬 https://www.imdb.com/title/tt9431740/

▶

🌐

図1

図2

　ムスタファの長男ナジムが東部の戦争で命を落とした。深く悲しむ父は医師に賄賂を渡し、息子の遺体を強引に引き取ると、次男アリムを連れて故郷で亡き母の隣に埋葬しようとする【図1】。病院を出て車に乗り、次男が通うキーウ大学の前を通るが、父親は見向きもしない。長男には結婚を約束していた女性オレーシャがいて、親元を離れて学生生活を送るアリムは彼らの元に身を寄せていた。親子はアリムの荷物を取りにオレーシャが待つ家へ立ち寄る。部屋にはイコンが飾られ、ナジムが所持していたはずのコーランが目のつく場所に見当たらないことにムスタファは不満気である。オレーシャはムスタファからクリミアで息子を埋葬することを聞かされ、自分もついて行こうとするが、それを許さないムスタファは彼女を部屋に閉じ込め、その隙にアリムを連れて家を後にする。車内を重苦しい沈黙が支配する中、父と息子のロードムービーが始まる。

　ムスタファは2日間休むことなく車を走らせる。道中、アリムとオレーシャが電話で通じていることを知ったムスタファは、運転中に息子から携帯を取り上げようとして道を外れ、危うく大事故を引き起こしそうになる。車は道を踏み外した際の衝撃で、修理を余儀なくされる。町の工場で修理する間、ムスタファの財布を入れたカバンが地元の不良少年たちに盗まれてしまうが、取り戻そうと奮闘する過程で親子の絆が次第に深まっていく。アリムがクリミアの外で生き方を模索していることにムスタファが理解を示すとき、息子もまた常に故郷を追われ生きてきた父親に歩み寄ろうとするのだ【図2】。途中、ムスタファが倒れる場面があり、彼の健康に問題があることが仄めかされる。

　その後、クリミアへ通じる検問所でムスタファが連行されると、アリムは不審火を起こし、ふたりはその隙に車に乗って逃走する。ムスタファは、疎遠になっていた兄弟レファト一家の元へ身を寄せ、車を捨てて、ボートでクリミアへ向かうことにする。レファトの妻ガーリャはムスタファの姿を認めてはじめは拒否するが、ナジムが死んだことを聞かされ親子を受け入れる。ムスタファが休んでいる間、叔父はアリムを彼の祖父の墓へと連れていく。叔父は墓の前で、祖父は戦後クリミアに帰還したクリミア・タタールの第一波に該当するが、当時、クリミアに住むことを許されず、この場所に住み着いたのだと言う。その時ムスタファにはすでに息子ナジムが生まれていた。レファトはこの地でガーリャと出会うが、結婚に反対する祖父によって家から追い出された。重い病気にかかっていた祖父は、最後は生まれた土地で死にたがったが、帰ることはまだ許されなかった。ムスタファは葬式にガーリャの出席を許さなかった。クリミアに住むことが可能になったとき、レファトはクリミア・タタールのエルサレムとも呼ばれるその土地に住むことに興味をなくしてしまっていたが、ムスタファは移住した。レファトから事の一切を聞いたアリムは、一緒に墓の前で祈りを唱える。

　同じ頃、ムスタファはレファトの幼いふたりの子どもに請われて一緒に凧揚げに興じ、映画で唯一の笑顔を見せる。しかし運動が災いしたのか、その後でムスタファは庭先で倒れているところをガーリャに発見されることになる。安静を命じるガーリャは、ムスタファにアリムの面倒を頼まれ、涙を流しながら無言でうなずく。ムスタファはナジムの遺体をボートに乗せてひとり故郷へ向かおうとするが、アリムは強引にボートに同乗する。ラストシーンはボートを降りた砂浜で、体調がみるみる悪化していくムスタファに代わり、アリムが祈りを唱えながら先導して兄の遺体を引きずっていく場面である。少し離れて父が復唱しながら後を追ってくるのが聞こえるが、次第にその音は小さくなっていくのだった。

　クリミア・タタールを代表する文化人で、監督としても活躍するセイタブラエフ演じる厳格な父親と、アマチュア俳優演じるアリムの生き方が対照を成して、世代の違いを際立たせている。クリミア・タタール語映画の代表作で、オールタイムベスト59位。

さまざまな乗客を乗せて「戦場」へ向かう、列車映画

キーウ発、戦場行き列車

🕵	コルニー・グリツュク
⊖	Поїзд Київ-Війна
🗓	2020 年
📍	ウクライナ
🎬	EasyLiving Films
🔊	ウクライナ語、ロシア語
🕐	72 分
⚙	セルヒー・プディチ
📝	コルニー・グリツュク
🎥	キリロ・ラザレヴィチ
💿	セルヒー・ジャダン
🎵	
IMDb	https://www.imdb.com/title/tt11439628/
▶	
🌐	

図1

図2

　キーウ在住の監督グリツュクはドネツィク出身で、2014 年にドンバスで紛争が勃発すると、故郷の家族はバラバラに住むことを余儀なくされた。電話が鳴ると親しい人間の不幸を告げる知らせではないかと恐れるようになり、不眠にも陥った。撮影時の 2019 年、キーウとドンバスを結ぶ列車はすでに運行されていなかったが、ドネツィク州のコスチャンティニウカ行きに乗れば、終着点から前線まではわずかの距離である【図1・2】。コスチャンティチニウカ行きの列車は常に満席で、時に「キーウ発、戦場行き」と呼ばれている。列車には土地を追われた人々、ボランティア、兵士、住民たちが 12 時間乗り合わせ、戦争に対して相反する意見を持っていることも珍しくない。『キーウ発、戦場行き列車』は監督自らキーウを発車する列車に乗り込み、乗客のさまざまな声を拾っていく。

　戦場でウクライナ兵もロシア兵も分け隔てなく助けていた夫をルハンシクで亡くした女性もいれば、マイダン革命以降、ロシア寄りの意見を持つようになったため別れた元恋人の戦死を SNS で知ったという女性もいる。年老いた女性は「なぜ誰がこんなことを……。これはきっとアメリカが全部仕向けてるんだ。彼らは銃を売る必要があるから」といって混乱している。そばにいる若い女性が「彼らはマイダンで蜂起する人間にお金を払っていた」と補足する。「中立地帯」に住んでいた老夫婦のところには、双方から軍隊がやってきていた。「私たちは皆同じなのに、ちょっとしたことで二手に分かれ、敵となってしまった」のだ。あるコンパートメントの男性は、現在のドンバスの元凶だとして第 5 代大統領ポロシェンコを非難し、プーチンを肯定している。向かいの座席には両親と息子の 3 人家族が並んで座り、母親はドンバスについて、分離したいならさせてあげればいい、と主張する。彼女にとって、傍にいる息子を戦争に行かせることほど恐ろしいことはない。彼女は当然、プーチンにも否定的であり、こうして同じ一室にいながら正反対の意見を持っているという、ドンバスの縮図を映画は垣間見せる。政治的なテーマになると、時には車掌同士さえ声を荒げて議論を始め、監督には止める術もない。

　列車の中では、非公式ながらロシアの通貨ルーブルでの支払いも可能である。車掌たちの中にはドンバスに住んでいる者もおり、終点に近づくほど、ルーブルの必要性は高まっていく。列車の終着駅であるコスチャンティニウカで、監督は現地に住む祖母との再会を果たす。以前は駅まで 40 分の道のりだったのが、道路が破壊され、検問所を通過しなければならなくなって数時間かかるようになった、と彼女は語る。2014 年以降、コスチャンティニウカより先に行くことのなかったグリツュクは、その先がどうなっているのか自分の目で確認するためタクシーに乗り込む。運転手はアブハジアを逃れてやってきたジョージア人で、かつて祖国で経験した悲劇が今度はウクライナ人に降りかかるさまを目撃している。アブハジアは国際的にはジョージアの一部とされるが、アブハジア共和国として事実上独立状態にある「未承認国家」で、2008 年にはロシアが初めて国家として承認した。

　タクシーは検問所で渋滞に巻き込まれて停止する。渋滞がひどい時には数日足止めされるというこの検問所では、場所取りをして金を稼ぐ地元民もいる。戦争は、それまで存在しなかったビジネスも生み出していた。

現代ウクライナ音楽の巨匠が、自身の音楽と半生を語る

ヴァレンチン・シルヴェストロフ

セルヒー・ブコウシキー

В.Сильвестров

2020 年

ウクライナ

Magika-Film

ロシア語、ウクライナ語

143 分

ゲンナジー・コフマン

ヴィクトリア・ボンダル、
セルヒー・ブコウシキー

セルヒー・ミハリチュク

ヴァレンチン・シルヴェストロフ

ヴァレンチン・シルヴェストロフ

https://www.imdb.com/title/tt11854142/

図 1

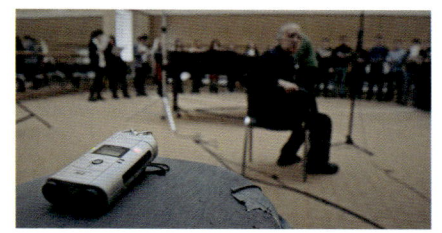

図 2

図 3

図 4

　現代ウクライナの作曲家ヴァレンチン・シルヴェストロフ（1937-）のドキュメンタリー映画で、「表現力のウィルス」「記憶の領域」「ハレルヤ」の３部から成る。

　第１部は、合唱団のレコーディング風景である。合唱団が歌う様子を見守るシルヴェストロフは、不満な点に関しては苛立ちを隠さず、彼らへの要求は厳密である【図 1】。音楽に対して妥協することを許さない作曲家の姿勢が示され、歩き回る撮影スタッフにも音を立てずじっとしているよう注意した後で、最終的には彼にも満足のいく演奏が録音される【図 2】。

　第２部では、シルヴェストロフが自分の音楽と半生について、監督に存分に語る【図 3】。作曲家とは映画監督と同様、学ぶものではなく、自然となるものである。少年の時分の彼も、誰に教わったわけでもなく、人知れず作曲を始めていた。だが彼が興味を惹かれていたのは現代音楽だった。当時、国内でそうした音楽は好まれていなかったため、ソ連作曲家同盟を除名されることになった。カンタータと言えばレーニンについてのものであると決まっていたソ連時代、シルヴェストロフはロシアの詩人アレクサンドル・ブロークのカンタータを作曲し、役人を困惑させたのだった。作曲家同盟に加盟していれば、文化省が曲を買い取り、すなわち演奏される機会も自動的に得ることになる。友人であり、同じくジョージアの作曲家ギヤ・カンチェリ（1935-）についてのエピソードも語られる。ソ連時代、不遇だったこの作曲家は、ゲオルギー・ダネリヤ『不思議惑星キン・ザ・ザ』（1986）の映画音楽を手がけたことで、生活資金を得ることができたのだという。シルヴェストロフ自身、多くの映画音楽を手がけ、その中には『この広い世界を知って』（1978）や『調律師』（2004）などのキラ・ムラートワ作品も含まれている。作曲家の口からは、ロシア・ソ連の詩人の名前やエピソードが次々に登場し、老子からブリューゲルに至るまで、芸術談義の話題は多岐にわたる。

　第３部は、シルヴェストロフが最後のバガテル（形式を持たない小曲）と呼ぶ、自身のピアノ曲を自ら演奏する場面から始まる【図 4】。第３部の中心を成すのは、キーウの児童合唱団「シチェドリク」が彼の作曲した「アレルヤ」を歌ってみせる場面である。ここでも子どもたちを監督している指揮者に対しての指示は細かいが、最後にはシルヴェストロフも褒め讃える合唱が行われ、幼い合唱団を眺める彼の表情もほころぶ。オールタイムベスト 88 位。

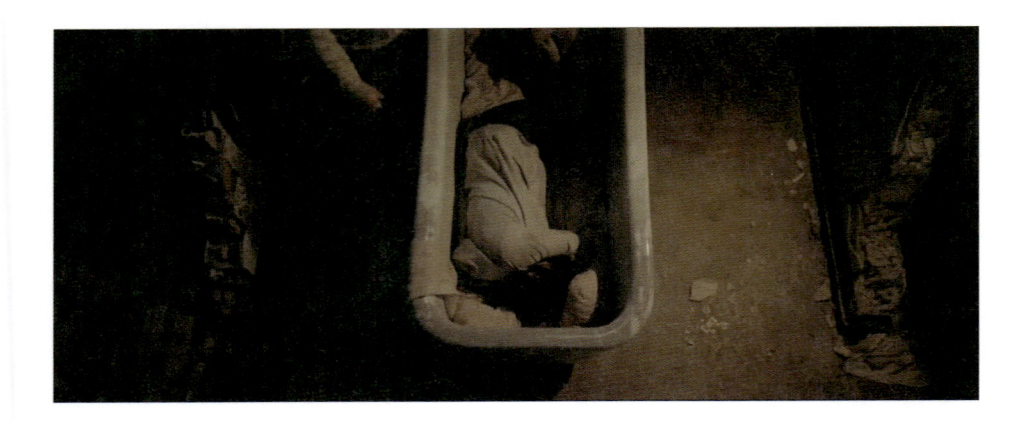

悪路

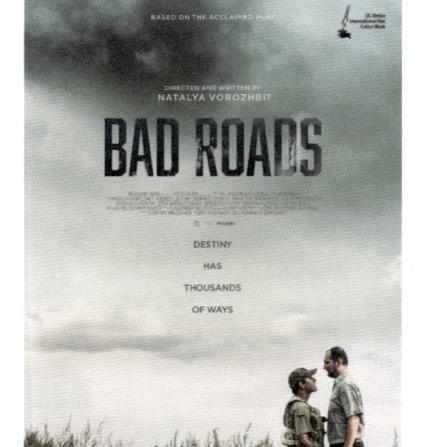

ナタリア・ヴォロジビト
Плохие дороги
2020 年
ウクライナ
Kristi Films
ロシア語
100 分
ユーリー・ミンズャロフ、ドミトロ・ミンズャロフ
ナタリア・ヴォロジビト
ヴォロディーミル・イワノフ

イーホリ・コルトフシキー、アンドリー・ペリュフ
https://www.imdb.com/title/tt8126172/

図1

図2

図3

図4

　長年、ロシアとウクライナで脚本家として活躍してきたナタリア・ヴォロジビトが、初めて映画監督を務めた作品。戦時下のドンバスを舞台に、四つの悪路にまつわるエピソードが語られる。各物語はいずれもひとつの場所で完結する演劇的な空間演出で、人間が他者に向ける、普遍的な剥き出しの悪意が提示される。

　ひとつ目の物語では、ある学校の校長が検問所を通過する際、自分の身分証をすぐに出せなかったためにウクライナ軍に拘束されそうになる【図1】。しばらくして身分証を発見した彼は、その場を安全に立ち去る権利を獲得するのだが、自分の学校の生徒を発見して家族の元へ連れ帰ろうとする。だが兵士に脅されて、結局校長はしぶしぶその場を去っていく。

　ふたつ目の物語では、ロシアとの国境に近い街のバス停で、3人の少女たちが暇を持て余しながら、性にまつわるあけすけな会話をしている【図2】。彼らはウクライナ軍の兵士の若者と親しい関係にある。ふたりの女性が軍人の恋人と去っていき、ひとりの少女が残される。そして彼女を心配して祖母が迎えにやってくるのだが、少女は余計な世話を焼く親代わりの老人を激しく罵る。しかしやがて銃撃の音が接近し始め、ふたりは身の危険を察知してその場を急いで立ち去り、最後には一帯が停電して闇が訪れる。

　三つ目の物語は、ウクライナ人女性ジャーナリストが親ロシア派の兵士に捕らえられところから始まる【図3】。彼女は兵士に乱暴されると、彼を好きだと主張し始め、そのまま犯そうとするも調子が狂って未遂に終わってしまう。放置されて朝を迎えた彼女の体の上に、兵士が鼻歌を歌いながら放尿をして去っていく。その後再び現れた兵士は女性に向かって、ユーロマイダン革命がアメリカ人の仕業だといった類の話をし始め、女性も調子を合わせる。スクリーンが暗転し、どれくらい時間が経過したのか、女性はバスタブの中で寝ている。兵士は彼女の体を洗ってやり、恋人のように振る舞う。彼女は兵士のキスに心から応じるフリをして油断させ、後頭部を殴打して気絶させると、さらに彼の顔を激しく打ちたたく。

　四つ目の物語では、ある村で誤って運転中にニワトリを轢いてしまった若い女性が、老夫婦に正直に自分がしたことを告白する。女性はニワトリの代金を支払って償おうとするが、現金の持ち合わせがなく、近所のATMでお金を引き出して戻ってくる。その善良さに付け込み、夫婦は代金をさらに上乗せし、彼女が身につけている金目の物も次々に奪おうとする【図4】。そのエスカレートしていく要求は止まりそうにないが、近所の住人の声が近くで聞こえたところで、夫婦は諦めたように若い女性を解放してやるのだった。

　ヴォロジビドはもともとこの作品を劇場で上演するために書いたが、映画化するにあたってアクションや登場人物を追加することはほとんどしなかった。彼女の狙いは、目撃者のいない閉鎖した状況下で人間が働く悪を露呈させることにあり、屋外の挿話でも室内劇のようにその空間は閉塞している。これが、2014年以降のドンバスで起きていることなのだ。各エピソードの最後は、諦めること、有無を言わさぬ環境の変化、自分の力だけを頼りに状況を打破することなど、いずれもが異なる終わり方で結ばれている。

映画好き一家がカメラを手にとり、超現実「ドンバス」を撮影する

地球はオレンジのように青い

"AN INTIMATE AND SURPRISINGLY PLAYFUL FAMILY'S
EYE VIEW OF LIFE IN THE UKRAINE WARZONE."

🎬 イリーナ・ツィリク
⊖ **The Earth Is Blue as an Orange**
📅 2020 年
📍 ウクライナ＝リトアニア
🎞 Albatros Komunikos, Munmeikers
🗣 ロシア語、ウクライナ語
🕐 74 分
⚙ アンナ・カプスティク、ギエドレ・ジツキーテ
📝 イリーナ・ツィリク
🎥 ヴァチェスラウ・ツヴェトコフ
💿 ジョナス・マクスヴィティス
👥 ハンナ・グラトカ、ミロスラワ・トロフィムチュク、
　　スタニスラウ・グラトキー、アナスタシア・トロフィ
　　ムチュク、ヴラディスラウ・トロフィムチュク
📺 https://www.imdb.com/title/tt11394290/?ref_=tt_
　　sims_tt_i_5
▶
🌐

図1

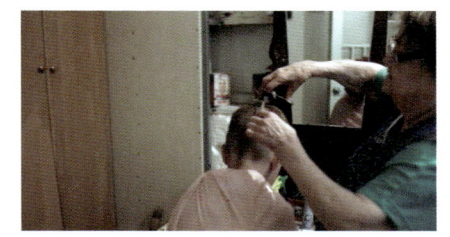

図2

図3

図4

　映画監督を目指すミロスラワがカメラを回して、家族をホームムービーに収めている【図1】。家族は彼女に加え、妹のアナスタシア、幼いふたりの弟、母ハンナという構成である。数年前に映画制作のワークショップに参加したミロスラワは、映画の魅力にハマってしまい、今では撮影監督になることを夢見ているのだ。家族もスタッフ・出演者として、彼女の映画制作を支える。幼い弟はカメラを前にすると困って何も喋れなくなり、剽軽なアナスタシアは普段通り軽口を飛ばす。和やかな雰囲気の家庭内場面は、突然の大きな爆発音によって切り裂かれる。一家があるのはすでに戦争が始まって6年になるドンバスの前線に近い「レッドゾーン」で、近くの民家に爆弾が落ちたのだ。爆撃があると、一家は物置にしている地下室に避難する。夫の姿は見えない。幼い弟の髪を切っている女性が、夫はカナダに行ったきり音沙汰がない、と不平をこぼすと、ハンナがうちも同じだと相槌を打っている【図2】。ここでは男たちは当てにならない。だがその分、家族の絆は深く、映画の共同制作によっても彼らは結びついている。

　戦争は終わる気配がないが、子供たちは成長していく。ミロスラワは家族の元を離れて進学し、映画撮影を本格的に学ぶ道を選択する。母は受験にも付き添い、合格を電話で告げられると娘と一緒に泣いて喜ぶ【図3】。ハンナに何があってもあなたの味方だと力強く励まされ、ミロスラワはひとり暮らしを始める。年末年始の休暇で、ミロスラワは借りた撮影機材を抱えて帰省し、久しぶりに集まった家族や親戚たちとの再会を楽しむ。同時に彼女の進学で一時中断していた家族との映画制作も、クライマックスへと向かっていく。撮影の方針をめぐっては、時に母と娘が口論することもある。撮影した素材を編集するのはハンナの仕事で、完成した映画の上映会が、近所の小さなホールにて開かれる。映画を見る観客たちは皆、固唾を飲んでスクリーンを見つめている【図4】。ドンバスで生きる家族の物語を誰よりも理解できる観客は、同じくドンバスで必死に生きる者なのだ。

　本作のタイトルは、シュルレアリスムの詩人ポール・エリュアールの詩の一節からとられている。ドンバスという、通常の世界では起こらないことが起こり得る超現実を映し出すため、ミロスラワは映画カメラを手にとる。本作は世界中の映画祭で上映されて好評を博し、オールタイムベスト34位に選出された。

墓地で働く生きる気力を失った男が、自らの手で人生を取り戻す過程

俺は墓地で働いている

- 🦹 **オレクシー・タラネンコ**
- ➖ **Я працюю на цвинтарі**
- 📅 2021 年
- 📍 ウクライナ、ポーランド
- 🎞 Good Morning Films、Mainstream、Stewopol
- 🔊 ウクライナ語
- 🕐 101 分
- ⚙ アンドリー・コルニエンコ、マクシム・レシチェンコ、アルチョム・コリュバエフ
- 📄 パウロ・ベリャンシキー
- 🎥 ヴァチェスラフ・ラコフシキー
- 🎵 ミキタ・ブダシ、マリヤ・フメリオワ、キリロ・ボロディン
- 👥 ヴィタリー・サリー、ヴィクトリア・ゴロデッカ、アンナ・イワノワ
- IMDb https://www.imdb.com/title/tt8268302/
- ▶
- 🌐

図 1

図 2

図 3

図 4

　映画は、語り手による説明を挟みながら進行していく。35 歳のサーシャは、墓地で墓石を売る仕事をしている。事務所には深い悲しみを抱えた注文主がひっきりなしにやってくるが、彼は顧客の気持ちには関心がない【図 1】。息苦しさを覚えた老人が窓を開けようと懇願しても取り合わず、時には心ない言葉さえ口にする。サーシャには、別れた妻との間にできた 14 歳の娘アリサがいる。彼女は離れて暮らす父親に懐いていて、頻繁に墓地を訪れるが、彼は実の娘にも素っ気ない。生きることに意味を見出せないサーシャは、何事にも無気力で、実際はそんな自分に一番腹を立てているのだった。

　墓地の管理人を務めているのはペトローヴィチで、その地位を狙う者は多い。顧客が絶えない墓地は、安定した収入が見込まれるからである。マフィアはペトローヴィチとサーシャを追い出すため、暴力に訴えるようになる。注文した墓石のデザインに納得せず、やり直しを求める客もいる。女手ひとつで子供を育ててきたオレナは仕事では成功したが、多忙のあまり体調を崩したひとり息子の面倒を十分見れず、亡くしてしまった。自らの過失を許すことができず、そのために墓の完成を先延ばしにしているのだ【図 2】。それでも何とか立ち直ろうとする彼女は、敢えて息子の墓石にハンマーを打ち下ろすことで気持ちを整理することに成功する。こうして、それまで捨てきれなかった自殺願望から自由になる。

　ある日、仕事を終えて帰ろうとしているサーシャのところへ、老婆とその娘が墓石の相談にやってくる。まだ生きている老婆のために、墓石を建てられるかという相談であった。彼女は娘の子供、すなわち孫娘の面倒を見なかったために死なせてしまったのだ。自責の念に駆られた老婆は、孫の墓の隣に横たわるつもりである。老婆の意図を説明する娘はサーシャに向かって、「墓は建てられるけど、どうやって許せばいいの？」と尋ねる。彼はこの親子の言葉に激しく動揺する。彼らが去って屋外で心を落ち着かせていると、酔っ払ったオレナが現れ、ふたりは成り行きで激しくお互いの体を求め合う。そこに折が悪くアリサが現れ、さらにマフィアの手下によって事務所に火炎瓶が投げ込まれてしまう。サーシャはアリサに危ないから家に帰るように言うが、彼女の逆鱗に触れ、サーシャが「彼」にまったく会いに来ないと言って激しく非難する。アリサが頻繁に墓地にやってくるのは、「彼」のためだったのだ【図 3】。

　この一連の出来事が他人に無関心だったサーシャに変化をもたらし、顧客のリクエストにも応えようとし始める。さらに、彼はオレナから謝礼として受け取った大金をマフィアに敢えて流し、警察に逮捕させて墓場から彼らを一掃することに成功する。居場所を取り戻したペトローヴィチに、サーシャはもう一箇所、行く場所があると言う【図 4】。それは、サーシャが開けっ放しにしていた窓から転落して命を落とした、息子の墓である。この時、語り手は自らの存在を明らかにし、サーシャが自分の死と向き合おうとしなかったため、この場を離れられなかったことを告白する。生きる気力を失うことになった根本的な原因と向き合うことで、サーシャは娘との関係を修復し、オレナとともに新しい人生を始めようとしていた。

マイダン革命以降

© Atoms & Void サニーフィルム提供

バビ・ヤール

🎬 **セルゲイ・ロズニツァ**
⊖ **Babi Yar. Context**
📅 2021 年
📍 オランダ＝ウクライナ
🏛 Atoms & Void、Babyn Yar Holocaust Memorial Center
🎧 ウクライナ語、ロシア語、ドイツ語
🕐 121 分
⚙ セルゲイ・ロズニツァ、マリヤ・シュストワ
📑 セルゲイ・ロズニツァ
🎥
📀 ウラジーミル・ゴロヴニツキー
🎞
🎬 https://www.imdb.com/title/tt9850492/
▶
🌐 https://www.sunny-film.com/babiyar

図 1

図 2

　1941 年 9 月 29、30 日の 2 日間で、ナチス・ドイツの占領下にあったキエフ北西部の峡谷「ヤール」において、ドイツ軍によって 33,771 人のユダヤ人が銃殺された【図 1】。その後も捕虜となったソ連軍兵士なども含め、数ヶ月にわたって殺害された人々の数は 10 万人にものぼる。映画『バビ・ヤール』は、一件でもっとも多くの犠牲者を出した歴史上最悪のホロコーストを、ドイツ、ウクライナ、ロシアの公的・私的アーカイブ映像を駆使して構成したドキュメンタリーである。映画はソ連軍の撤退からナチス・ドイツを歓迎して迎え入れる市民、ソ連軍によるキエフ奪還、戦後になってバビ・ヤール虐殺の跡地に工場が建設される様子まで、歴史の一部始終を映し出す。中には今回、ロズニツァがあらたに発掘した、1946 年 1 月に推定 20 万人の市民の衆人環視のもと実行された、キエフでのナチス関係者 12 人の公開処刑という衝撃的な映像も含まれている【図 2】。

　第二次世界大戦が始まるまでは、キエフを中心とする中部ウクライナ、ドンバスを中心とする東部ウクライナがソ連領だったのに対して、リヴォフ（現在のリヴィウ）を中心とする西部ウクライナはポーランド領であった。1939 年 9 月、大戦の口火を切ることになったドイツとソ連のポーランド侵攻が始まると、ポーランドは両国に分割され、西部ウクライナはソ連領となった。

　『バビ・ヤール』の序盤、進軍するナチス・ドイツを解放者として歓迎するリヴォフ市民の感情の裏には、この地の帰属を巡る複雑な経緯が存在する。ユダヤ人の撲滅を掲げていたナチス・ドイツはキエフにまで到達すると、同市において「民族浄化」に着手した。この時、ユダヤ人の命は直接的にはドイツ軍が引き金を引いた銃によって奪われたが、ウクライナ補助警察や地元市民も協力することで、ホロコーストは速やかに実行された。やがてソ連軍の反撃が始まり、ウクライナからドイツ軍が退却すると、ナチスによる殺戮の全貌が明らかになっていったのだった。

　古今東西、ユダヤ人は高利貸しというイメージとともに語られがちだが、それは帝政ロシアからソ連時代にかけても同様であった。そもそもこのステレオタイプの形成には、ユダヤ人が歴史的に置かれていた立場が大きな役割を果たしている。かつて土地所有が認められていなかったユダヤ人は農業に進出しづらく、利子をとる金貸しが禁じられていた昔のキリスト教社会において、そうした役割を担ったのが部外者のユダヤ人だったのだ。ロシア社会に浸透した反ユダヤ主義が戦後のソ連でも特別改善することがなかったのは、1951 年から 1953 年にかけてスターリン主導ででっち上げられた、医師団陰謀事件といったスキャンダルが起きたことからもわかる。ソ連時代、バビ・ヤールを含め、大戦中にユダヤ人がドイツ軍から受けた迫害について語ることは長い間タブーとされていた。『バビ・ヤール』の終盤に映し出される、残虐な行為が行われた跡地に淡々と工場が建設される様子は、あたかも暗い過去を覆い隠すかのようである。しかし内省がなくては同じ過ちが繰り返される。ロズニツァは現代を生きる観客に、歴史の暗部を正視することを静かに要求する。

愛する人を失った人間の、傷と回復を目撃することを要請する

©Arsenal Films, ForeFilms 発売・販売：アルバトロス

リフレクション

- 👤 **ヴァレンチン・ヴァシャノヴィチ**
- ⊖ **Відблиск**
- 📅 2021 年
- 📍 ウクライナ
- 🎬 Arsenal Films、Limelite / ForeFilms
- 🔊 ウクライナ語、ロシア語
- 🕐 126 分
- ⚙️ イヤ・ムィスリツィカ、ヴァレンチン・ヴァシャノヴィチ、ヴォロディーミル・ヤツェンコ、アンナ・ソボレフスカ
- 📄 ヴァレンチン・ヴァシャノヴィチ
- 🎥 ヴァレンチン・ヴァシャノヴィチ
- 💿 セルヒー・ステパンシキー
- 🎞 ロマン・ルーツキー、ニカ・ムィスリツカ、アンドリー・ルィマルーク、
- IMDb https://www.imdb.com/title/tt14225832/?ref_=tt_sims_tt_i_5
- ▶
- 🌐 https://atlantis-reflection.com/

図1

図2

　ドンバス紛争が始まった 2014 年。外科医のセルヒーは、別れた妻オリハとの間にできた娘ポリーナの誕生日を祝うため、サバイバルゲームの会場を訪れる【図1】。映画はガラス板を背景にした、大人たちの日常会話から始まる。間も無く、ガラス板の向こう側でペイント弾を使った子どもたちの「戦争ごっこ」が始まると、大人たちの声はかき消されてセリフよりも映像が優先してくる。実際に戦争が起きている状況で、観客は子どもたちが殺し合いの真似事をする様子を訳が分からないまま目にすることになる。ヴァシャノヴィチ作品の例に漏れず、この作品の始まりでも、観客は何が起きているのか見極めることが求められている。

　サバイバルゲームの会場には、オリハとその新しいパートナーであるアンドリーも来ていた。軍人のアンドリーは、ロシア軍の援助を受ける親ロシア派勢力から成る人民共和国軍の攻撃を受け、九死に一生を得たところだった。後日、ポリーナとドライブインシアターに行ったセルヒーは、車中で娘から、アンドリーが再び戦場へ向かったことを伝えられる。ポリーナから「パパは戦場へ行かないの」と尋ねられ、負傷した軍人の命を救えなかったことから自責の念に駆られたセルヒーは、従軍医師として働くことを選択する。

　勤務中、人民共和国の検問所に迷い込んでしまったセルヒーは、捕虜として捕らえられる。捕虜収容所で行われている残酷な拷問の数々を目にしたセルヒーは、絶望して自殺を試みるがうまくいかない。外科医であった彼の元に、絶命寸前の捕虜が運ばれてくる。血まみれで苦しむその男は、アンドリーであった。助かる見込みのないことを認めると、セルヒーは彼の首を絞めて楽にしてやり、移動火葬車の運転手と取引して、遺体を外に運び出してもらう約束を取り付ける【図2】。

　収容所の克明な描写のため、ヴァシャノヴィチは多くの証言を集めた。特に依拠したのが、2015 年以降、ドンバスで取材を続けていたドネツィク生まれの作家・ジャーナリストのスタニスラフ・アシェーイェフ（1989-）のものである。アシェーイェフは 2017 年 6 月にドネツィクで突然消息を断ち、その後、「ドネツク人民共和国」軍に捕らえられていたことが判明した。同共和国の裁判により過激思想とスパイの罪で 15 年の判決を受けるが、962 日の囚人生活ののち捕虜交換によって解放されると、ウクライナ人捕虜の解放を訴える活動に力を入れ、収容所の実態を克明に描いた著作もある。

　捕虜交換によって自宅へと戻ったセルヒーは、消息不明のアンドリーを心配するオリハとポリーナに再会するが、真実を告げることはできない。ある日、セルヒーが自宅にポリーナを招いている時、ハトが大きな音を立てて窓に衝突する事故が起きる。彼は窓に残った痕跡を拭おうとするが、手が届かない。人生に突然訪れる死が周りの者に与える痕跡は、簡単には消し去れないのだ。セルヒーはポリーナと共にハトを弔いながら、自らの死生観を語って聞かせ、アンドリーが娘とした約束を少しずつ叶えてやろうと心に決める。そして、アンドリーの遺体が発見されたというニュースが、彼らの耳に届く……。

　映画の最後でセルヒー、オリハ、ポリーナの 3 人は、足音だけを聞いて自分の家族を当てる「ゲーム」に参加している。冒頭の不気味なゲームとは対照的に、それは傷ついた彼らにとってのリハビリであり、心の回復が図られている。対照性や不自由な身体といったヴァシャノヴィチ特有の作家性を発揮しながら、『リフレクション』は美しい映像と長回しによって、恐ろしい暴力の有り様と傷ついた者が回復する物語へ、眼差しを注ぐことを要求する。

見る者が想像する、 祖国を離れて宙を舞うオルガの着地点

画像提供：パンドラ

オルガの翼

- 🎬 **エリ・グラップ**
- ⊖ **Olga**
- 📅 2021 年
- 📍 フランス＝スイス＝ウクライナ
- 🎞 Point Prod、Cinéma Defacto
- 🔊 ウクライナ語、ロシア語、フランス語、ドイツ語、イタリア語、英語
- 🕐 90 分
- ⚙ トム・デッカート、ジャン＝マルク・フロール
- 📄 ラファエル・デプレシャン、エリ・グラップ
- 🎥 ルシー・ボディノー
- 🎙 ピエール・デプラッツ
- 👥 アナスタシア・ブジャシキナ、サブリナ・ルプツォワ
- IMDb https://www.imdb.com/title/tt13145186/
- ▶
- 🌐 http://www.pan-dora.co.jp/olganotsubasa/

図1   図2

　映画は 2013 年のまだ政治的な喧騒が訪れる前、キーウにあるトレーニングセンターでの体操選手の練習風景から始まる。街には次々と新しいビルが建設されているが、政治は汚職にまみれ、国民の暮らしは楽にならない。ある日、練習を終えて母親が運転する車で自宅へと向かうオルガたちは、何者かに車をぶつけられ命を狙われる。母イローナは政権の腐敗を追及するジャーナリストで、ヤヌコーヴィチを批判する記事を書いたことが原因だった。襲撃の後、命からがら逃げる彼らの車の窓から見えるのは、この時はまだ数ヶ月後にここで革命が起こるとは誰も知らない、美しくライトアップされたマイダンの夜景である。体操選手のオルガはすでに亡くなっている父親がスイス人であったことから、身の安全を考慮して練習拠点をスイスに移し、同国のナショナルチーム入りを目指すことになる【画像 1】。

　『オルガの翼』では、親戚の元に身を寄せたオルガが新天地で練習を重ねる姿と並行して、マイダン革命の進行を実際のデモ参加者の映像を使用して提示している。キーウの独立広場では、治安部隊とデモ隊の衝突が次第に激しくなり、市民にも犠牲者が出るようになってくる。ウクライナ代表の親友サーシャはオルガにビデオ通話で、同国代表のコーチを務めていたワシーリーがロシア代表チームに移ったことを報告する。移籍の理由は明らかではなく、オルガたちは買収されたのかもと軽口を叩き合うが、ウクライナでは極右の民族主義者たちによるロシア人狩りが活発化し始めてもいた。国内のロシア系住民は命を守るためにロシアへ移る人も多く、ロシア人とウクライナ人の分断が市民の間でも急速に進んだ。ドイツの欧州選手権でオルガたちに再会したワシーリーは、「スポーツと政治は別だ」と言って、以前と同様にウクライナ代表に接しようとするが、にべもなく拒絶されてしまう。

　オルガははじめ、デモに参加し一体感に夢中になっているサーシャの報告を嬉しそうに聞いているが、親友が暴力化していく革命を行き過ぎだと非難し始めると、ふたりの仲は決裂してしまう。同じ頃、オルガの母は取材中に怪我を負い、外国にいて助けることもできないオルガは苛立ちを募らせていたのだった。スイスにいるオルガの親戚たちは、ウクライナで起きている革命が危険過ぎると眉をひそめる【画像 2】。当時の西側の率直な反応がここにはある。

　映画の前半部分でオルガは、過去にその大会に参加したことを示す「ウクライナ選手権／ルハンシク」と、ウクライナ語で書かれたパーカーをよく着用している。この衣装自体に政治的なメッセージがあるわけではないが、それでもこの着衣は彼女のウクライナ人としてのアイデンティティと関連している。ロシア系住民らによって「人民共和国」となったルハンシクで、ウクライナの大会が開かれることはもはや不可能になり、同地ではウクライナ語の排除が進んだ。スイスチームの一員として活躍し出すと、オルガはこのパーカーを自然と着なくなる。しかし、ウクライナへの思いが強くなった時、彼女はこの服を再び着ていることだろう。その先には、人生の岐路に立たされた彼女が、ウクライナとともにどう生きていくかという、決断すべき問題が横たわっている。

マイダン革命以降

親露派の誤爆により半壊した家で、出産を迎える女性の物語

世界が引き裂かれる時

🦹 マリナ・エル・ホルバチ

⌒ Клондайк

📅 2022 年

📍 ウクライナ＝トルコ

🏛 Kedr Film、Protim Video Production

🎙 ウクライナ語、ロシア語、チェチェン語、オランダ語

🕐 100 分

⚙ マリナ・エル・ホルバチ
スヴャトスラウ・ブラコウシキー
メフメト・バハディル・エル

📑 マリナ・エル・ホルバチ

🎥 スヴャトスラウ・ブラコウシキー

🎬 ズヴィヤド・ムゲブリシヴィリ

🎭 オハナ・チェルカシニャ、セルヒー・シャディン

IMDb https://www.imdb.com/title/tt16315948/?ref_=tt_
sims_tt_i_2

▶

🌐 https://unpfilm.com/sekaiga/#modal

図1

図2

　ロシアとの国境に近いウクライナ東部ドネツィク州のフラボヴェ村で、出産を控えたイルカは夫トーリクとともに暮らしていた。ある晩、突然の激しい衝撃が彼らの住む家を襲う。夜が明けると、壁の一面が瓦解して小高い丘の風景がむき出しになっていることが明らかになる【図1】。トーリクの親露派の友人が誤って砲撃したのだ。幸い夫婦に怪我はなく、トーリクは妻を連れて家を離れようとするが、車を友人に取り上げられて移動もままならない。村の外は分離派によって移動を制限されており、村を出ることさえ簡単ではない。家を出ることだけに固執するトーリクをよそに、イルカは大きなお腹を抱えながら、壁のなくなったリビングの片付けを始め、マヤと名づけて可愛がる牛の乳をしぼり、野菜を収穫して保存食の備蓄に勤しむ。怒りを外にまき散らしている夫とは対照的に、妻は冷静に現実を見て覚悟を決めている。

　イルカにはキーウの大学で学ぶ弟ユーリクがいる。彼は親ロシア派が優勢なこの地域でも彼らへの憎しみを隠さず、姉の家でウクライナ語の歌を大音量でかけ、トーリクと激しく対立する。トーリクは特別親露派というわけではなく、ただ政治に無関心なのだが、愛国心に燃えたユーリクにとってはそうした態度が許し難いものである。ユーリクが姉に、生まれてくる子どもの名前を尋ねる場面がある。トーリクが横から「ヴォーフカ（ヴォロディーミルの愛称）だ」と答えると、ユーリクは「育ててくれた祖国への愛はないのか」と非難する。ユーリクが怒ったのは、ヴォロディーミルがプーチンのファーストネームであるウラジーミルと同根なためで、ウクライナにはよくある名前だが、ロシア人への憎しみが極度に高まっている様がうかがえる。トーリクもユーリクがどういう反応をするかがわかった上で、敢えて挑発しているのだ。

　分離派の未熟さに起因する誤爆は、彼らの自宅を半壊させただけに止まらなかった。2014年7月14日、アムステルダムを出発しクアラルンプールへと向かっていたマレーシア航空機が、ドンバス上空を通過中、分離派がウクライナ軍機と誤認して発射したミサイルによって撃墜された。300人近い乗客と15人の乗務員全員が死亡した、マレーシア航空17便撃墜事件として知られる、実際に起きた事故である。イルカたちの自宅のすぐ近くにも、遺体や飛行機の破片が飛び散っており、犠牲者の身元の確認は困難を極めた。車を取り戻したトーリクはイルカとともに、航空機事故で行方不明になった娘を探しに来たオランダ人夫婦の道案内を引き受ける。何も得るものがなく引き返すしかない母親は、帰り道で娘が生きているはずだと繰り返し、車内は重い沈黙に支配される。オランダ人夫婦と別れた後、初めて事故の現場を訪れ、激しく取り乱すイルカをトーリクがなだめる【図2】。もうすぐ母親になる彼女に、娘を失った母親の苦しみが伝わったのだ。落ち着いたイルカはトーリクに、砲撃された際に壊れてしまったベビーカーを直してくれるように頼む。そして帰宅して間もなく、イルカの体は破水が始まるのだが、彼らの家には武装した分離派兵士が訪れようとしていた。

　監督のマリナ・エル・ホルバチは、1981年にキーウに生まれ、トルコ人パートナーのメフメト・バハディル・エルとともに映画制作をおこなっている。『世界が引き裂かれる時』で描かれるマレーシア航空17便撃墜事件のあった7月14日は、エル・ホルバチの誕生日でもあり、当時、彼女は娘を出産したばかりだった。そこから、分離派の誤爆により半壊した家で出産を控える女性の物語が着想された。

監督が自らの命と引き換えに遺した、爆撃下のマリウポリ市民の姿

マリウポリ：7 日間の記録

マンタス・クヴェダラヴィチウス

Mariupolis2

2022 年

リトアニア＝ドイツ＝フランス

Extimacy Films、Studio Uljana Kim、Easy Riders Films、Twenty Twenty Vision

ロシア語

112 分

マンタス・クヴェダラヴィチウス、ウジャナ・キム、ナディア・トリンチェフ、オマール・エルカディ、タナシス・カラタノス、マーティン・ハンペル

マンタス・クヴェダラヴィチウス

https://www.imdb.com/title/tt20221546/

https://www.odessa-e.co.jp/mariupoli7days/

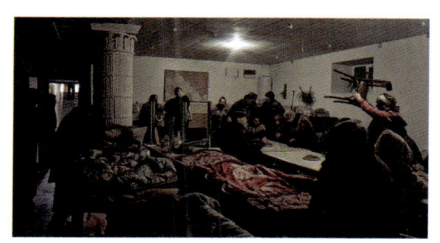

図1

図2

　リトアニア出身で、海外の大学院で文化人類学を学んだマンタス・クヴェダラヴィチウスは、ユーロマイダン革命後にマリウポリを訪れ、同地の市民たちの日々の暮らしを記録した『マリウポリ』（2016）を撮った。2022年2月24日、ロシアがウクライナへの侵攻を開始すると、マリウポリの街並みはロシア軍の激しい砲撃を受け、たちまち廃墟と化してしまう。原題を『マリウポリ2』という本作は、『マリウポリ』で撮影した人々が開戦後どのように暮らしているのかを収めた、続編でもある。

　クヴェダラヴィチウスはロシア軍侵攻のニュースを聞くと、3月13日、同市の旧知の人々との再会を目指し、婚約者のビロブロワとともにリトアニアを自家用車で出国した。食料品を積み込みながら、ポーランドを経由し、同月19日にマリウポリに到着する。市民はアゾフスタリ製鉄所近くにある教会をシェルターにしていて、クヴェダラヴィチウスもここを拠点にして撮影を開始する【図1】。ロシア軍の砲撃が終始降り注ぐなか撮影された本作が湛えた緊張感は、数多ある戦場ドキュメンタリー映画の中でも屈指のものがある。世界の映画史を振り返れば、パトリシオ・グスマン『チリの闘い』第1部（1975）やオサーマ・モハンメドとウィアーム・シマヴ・ベデルカーンの共同監督作『シリア・モナムール』（2014）など、カメラマンが撮影中に実際に撃たれた瞬間が収められた映画は複数存在し、前者の映画では撮影者は命を落としている。ただし、常に砲撃の危険に晒されており、スクリーン内で爆撃がいつ起きてもおかしくない『マリウポリ』は、市民がスープを煮込んでいる映像でさえ死と隣り合わせの緊張感がある。

　クヴェダラヴィチウスは、あくまで市民の生活を収めることに注意を払い、埋葬できずに至るところに放置されたまま存在する死体を、必要以上に映さないように努めた。教会に避難している人々は家を失いながらも、崩壊した家の片付けや修理に精を出して、熱心に働いていた【図2】。クヴェダラヴィチウスは、彼らの勤勉に働く姿に感銘を受けたのだった。撮影を開始してから数日後の3月30日、周囲はすでにロシア軍の支配下になっていた。教会に避難している人々に対して、これ以上留まることはできない、と告げられる。体が不自由な老人も多く、離れたがらない者も多い。映画では、これより先、彼らがどうなったのか映像には収められていないが、実は直後に砲弾が教会を直撃している。撮影に同行したビロブロワの証言によれば、その後に起こったことは以下の通りである。教会から脱出したクヴェダラヴィチウスは、知人の男性と街を出る相談をしていたところ、彼から避難者の救助を手伝うことを打診される。クヴェダラヴィチウスはビロブロワを残して、男性とともに車で出かけていった。

　翌朝、ビロブロワは同行者の男性と再会するが、クヴェダラヴィチウスの姿はなかった。リトアニアのパスポートを持っていたため、NATO軍の兵士だと疑われ、拘束されてしまったのだという。ビロブロワは死に物狂いでクヴェダラヴィチウスを探すが、見つからない。彼と別れてから3日後、ロシア軍の兵士が彼女の元にやってきて、無情にも恋人の死を告げた。殺された理由も明らかにはされなかった。ビロブロワは、クヴェダラヴィチウスの遺体とともに撮影済みの素材を持って帰国した。その後、監督の意志を継ぐ製作チームが映画を完成に漕ぎ着けた本作は、戦場でなく市民の生活を淡々と映し出すことで、侵略戦争の惨ましさを暴きたてる作品として、世界中で上映されている。

ナチス・ドイツの市民虐殺が次々と明かされる裁判の一部始終

© Atoms & Void サニーフィルム提供

キエフ裁判

☠ **セルゲイ・ロズニツァ**
➖ **The Kiev Trial**
📅 2022 年
📍 ウクライナ＝オランダ
🎭 Atoms & Void、Babyn Yar Holocaust Memorial Center
💬 ロシア語、ドイツ語、ウクライナ語
🕐 106 分
⚙ セルゲイ・ロズニツァ、マリア・シュストワ
📄 セルゲイ・ロズニツァ

📷 ウラジーミル・ゴロブニツキー

🎬 https://www.imdb.com/title/tt21376884/
▶
🌐

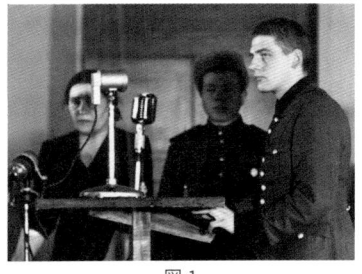

図1

図2

図3

図4

　戦後間もない 1946 年 1 月 17 日に開廷した、ナチス・ドイツの戦争犯罪を裁く 2 日間にわたる裁判を収めた『キエフ裁判』は、キエフの街並みを静かに捉えたアーカイブ映像から始まる。冒頭に提示されるのは、1853 年に建立され、丘の上から街を見下ろすヴォロディーミル大公像である。キエフ大公国にキリスト教を導入したため聖公とも呼ばれる、ヴォロディーミル 1 世（958-1015）に捧げられたこの像は、建立以来、ソ連時代も含めて街のシンボルとして君臨している。映画の冒頭で下から見上げられた姿で登場すると、カメラは切り返され、戦禍で半ば廃墟のようになったキエフ中心部の街並みが次々に映し出される。それはあたかもヴォロディーミル大公の眼差しが、私たち観客を裁判が行われる場へと、手際よく導いていくかのような手順である。

　街中の映像では、通りの名を示すふたつのプレートが映し出されている。ひとつ目のエンゲルス通りは、現在では名前が変更されている。1991 年のソ連からの独立以降、ウクライナ・ソヴィエト社会主義共和国の痕跡は書き換えられていったためである。ふたつ目のフレシチャーティク通りは、現在も同じ名前で街の中心部を走る、キエフ随一の大通りである。1941 年に街がナチスに占領されると、この通りはドイツ軍人の名前にちなみ、アイヒホルン通りと改称されていた。2 年間の支配を経て、ソ連軍による再統治の結果、元のフレシチャーティク通りに戻されて現在に至っている。『キエフ裁判』に挿入された映像において、半壊した建物に掲げられた不釣り合いに新しい「フレシチャーティク」と書かれたプレートには、ナチス・ドイツからの街の奪還という歴史が背景にある。ただし、ここで映像として記録されている建物の荒廃は、ソ連の秘密警察組織である NKVD（内務人民委員部）がテロ工作を行った結果、もたらされたものであった。

　こうして観客が目撃することになる裁判は、軍事検察によって名前を呼ばれた 15 名の被告人全員が、その罪状をすべてあるいは一部認めるところから始まる。だがその後の個々の被告人たちの陳述には、ナチスと自己の関係性について曖昧な部分が多い。司令部にいたある大尉は、パルチザン活動の恐れがあるという村の情報を伝え聞き、討伐を実行した。子どもたちも銃殺したことについて問われると、「村を完全に絶滅させるためで、深い考えはなかった」と淡々と返答する。この大尉は、子どもや女性を含む 600 人以上の住民を殺害

マイダン革命以降

した討伐隊の責任者であるが、銃殺したのは野戦警察で、自分はそこにいなかったといって、批判的に自己検討することを拒否する。ソ連による外側からの糾弾によって罪が告発されるのだが、自らの行った悪を客観的に見つめることのできない、彼らの構造的な欠陥が浮き彫りになっていく。その後も、子どもを含む一般市民を容赦なく殺していった罪が続々と告発されていく。

　目撃者として、市民も証言台に立つ。ある女性が、異民族間の子という理由で殺される我が子と離れられず、付き添ってともに銃殺されたという母親について語る。別の市民が法廷のドイツ人将軍を指して、あるユダヤ人射殺現場にいたと証言すると、その将軍が自分はそこにいなかったと激昂して反論する一幕もある。延々と続く蛮行を暴く証言の中でも、1941 年 9 月 29、30 日のバビ・ヤールでの虐殺に関するある女性の証言には、裁判官や聴衆たち一同が固唾を飲んで耳を傾けている様子が伝わってくる。バビ・ヤールの虐殺とは、キエフ近郊で 33,731 名のユダヤ人が銃殺された、ホロコーストにおける一件でもっとも多くの犠牲者を出した事件である。以前、ロズニツァが過去作『バビ・ヤール』（2021）でも引用しているこの映像で、ウクライナ人である彼女はユダヤ人虐殺現場に連行され、死体の間に息を潜めて殺されるところを免れて帰還した一部始終を生々しく物語る。

　裁判最終日、軍事検察副長官が「こうした悲劇を二度と繰り返さず、ファシズムの恐怖から世界を守る」と誓った上で、被告人全員に対して絞首刑を求刑すると、即座に大きな拍手が起きる。その後の最終陳述で意見を述べる者たちの中には罪を潔く認める者もいれば、「ウクライナの人々が受けた深い悲しみを私は今知ったばかりであり、遺憾に思う。私は大きな歯車のひとつに過ぎない」と無責任な答弁をして、ウクライナ人の哄笑を誘う者もいる。彼らは最後まで、自分が所属していた集団の内側の論理に囚われたままなのだ。そして、12 名に対して絞首刑の判決が瞬く間に言い渡されると、法廷は再び大きな拍手に包まれる。

　最後に『キエフ裁判』のクライマックスである、1946 年 6 月 29 日に執行された公開絞首刑の場面が訪れる。処刑場所となるのは、フレシチャーティク通りも交わる、キエフの中心に位置するカリーニン広場である。旧ソ連諸国において、街の名や通りの名は頻繁に変更されたものだが、特にさまざまな支配を受けたウクライナにおいては顕著で、キエフの中心を成すこの広場の名前は目まぐるしく変更された。ロシア革命から間もない 1919 年から 1935 年にかけてはソヴィエト広場、1935 年から 1941 年にかけては革命家ミハイル・カリーニン（1875-1946）の名をとってカリーニン広場と名付けられた。現在、ポーランドとリトアニアと国境を接しているロシアの飛地、カリーニングラードにその名が残っている人物である。それが、1941 年から 1943 年にかけてナチス・ドイツの支配を受けると 9 月 19 日広場に改称され、ソ連再統治後の 1943 年から 1977 年にかけては、再びカリーニン広場と呼ばれていた。1977 年から 1991 年にかけては十月革命広場に変更されるが、基本的には一貫してソヴィエトにちなんだ名前がつけられている。ソ連からの独立を果たすと独立広場と呼ばれるようになり、2014 年に尊厳の革命（ユーロマイダン革命）の舞台となることで、「マイダン（ウクライナ語で「広場」の意）」の呼称も広く浸透するようになった。

　広場で処刑が実行されると、詰めかけたおよそ 20 万人の市民から歓声があがる。ナチス・ドイツをファシストとして糾弾し、彼らの命を奪うことに熱中している市民の姿には、侵略者を前にしてウクライナ・ソヴィエト社会主義共和国が一体となっている様子を認めることができる。戦争で兵士・民間人合わせて 3,000 万人近い犠牲者を出した、ソ連の国民が受けた傷は大きかった。だが『キエフ裁判』のクライマックスに見られる熱狂の延長上に、戦後のウクライナを含むソ連映画は、たびたび独ソ戦を主題とする映画を製作することにもなった。『キエフ裁判』においては、ナチス・ドイツの自己批判不可能な集団倫理とともに、適正な手続きよりもスピードが重視されたわずか 2 日の裁判によって判決が下された、死刑囚の絞首刑執行に拍手喝采する群衆の姿も提示されている。その一部始終の目撃者として招き入れられた私たち観客に求められているのは、絶えずスクリーンを鑑にして自己を内省することであり、その反復行為に混迷を極める世界を抜け出す希望が託されているのだ。

コラム6　世界市民ロズニツァとナショナリズムをめぐる緊張

2024年2月24日にロシア軍の侵攻が始まってから間もない3月19日、ウクライナ国籍を有するセルゲイ・ロズニツァが、ウクライナ映画アカデミーから除名されるという事件があった。除名の理由は、戦時中において国家の独立を全力で守っている今、ウクライナ人として「世界市民」を名乗るロズニツァは断じて許されず、すべてのウクライナ人の言論においてもっとも重要なコンセプトは国民的アイデンティティだ、というものだった。ベラルーシに1964年に生まれ、キエフで育ち、ロシアで映画制作を学んだロズニツァは、以前から世界市民＝コスモポリタンを名乗ってきた。活動の拠点をヨーロッパに置くロズニツァは、コスモポリタンが古代ギリシャに由来する言葉であることに触れ、「彼ら（ウクライナ人）は、自分たちがどうしても属したいと思う、現代ヨーロッパの文化や社会の基礎を成す価値観を否定するのだろうか。彼らに〈コスモポリタン〉という概念の詳細な定義と背景を説明する必要性を感じる」と痛烈な返答をしている。

侵略戦争が始まって以来、マイダン革命の一部始終をいち早く記録映像としてまとめた『マイダン』（2014）やドンバスにおける親露派の醜悪さを露悪的に描いた劇映画『ドンバス』（2018）など、進行中の戦争の背景への理解を深める作品が特に注目を集めたが、彼自身はファシズムをロシアに限定したものとして作品を制作しているわけではない。『バビ・ヤール』（2021）は、1941年9月29日から30日にかけて33,731人のユダヤ人が虐殺されたという、一件のホロコーストとしては最大の犠牲者を生んだバビ・ヤールの虐殺の一部始終を描いたドキュメンタリー映画である。地元警察も協力し、市民の抵抗もなく速やかに実行されたこの虐殺事件は、1970年代まで公に語ることはタブーとされてきた。ナチス・ドイツがキエフに進軍した日を記念して、マイダンはかつて「9月19日広場」とも呼ばれていた。ウクライナ人の中には、ナチス・ドイツをボリシェヴィキから解放する存在として歓迎し

た者もいたのだ。ロズニツァは『バビ・ヤール』を撮ることで歴史を学ぶ必要を訴え、それが「現在置かれているソヴィエト／ポストソヴィエトの沼地から抜け出す唯一の方法」だという。

除名に際してロズニツァは、「ガーディアン」紙のインタビューで、ウクライナ映画アカデミーに近いウクライナ・オスカー委員会が、過去に同国のオスカーの候補作をウクライナ語とクリミア・タタール語で撮られた映画に限定するよう規則を変えようとした動きがあったと明らかにした。ロズニツァは、国内にはロシア人に加え、ハンガリー人やギリシャ人やユダヤ人、その他のマイノリティもいることを理由に断固反対し、同僚の委員を説得して考えを改めさせたという。さらに同インタビューで彼は、2014年にロシアの捕虜となったウクライナの映画監督オレフ・センツォフの裁判を撮影し、彼の解放を訴えるウクライナの世論形成に大きな貢献をしたロシア映画があったことを強調している。ロシア人映画監督アスコルド・クロフが自らの命さえ危うくしかねないリスクを犯して撮影した映画『裁判：ロシア国家 VS オレフ・センツォフ』（2017）である。こうした作品を前にして、ロズニツァは言語に基づく断罪を一刀両断する。

プーチンはNATO拡大による脅威とロシア系住民の擁護を理由として挙げ、ウクライナへの全面侵攻が始まると、ウクライナ＝ナチという言説が大量にばら撒かれ、そのために多くの命が失われる事態になった。こうした状況下で、ウクライナの歴史に刻まれたナチズムを明らかにしようとする映画は、ロシアの侵略プロパガンダに与するものになりかねない、という論理がウクライナでは働いたのだ。世界市民ロズニツァは短期的でない恒久的な勝利に重きを置くが、そうした戦略は国内の高揚するナショナリズムとは相容れない。それでもロズニツァは、ウクライナの外から世界に蔓延したファシズムを告発していく。ロシアを含むあらゆるファシズム根絶のため、広い視野に立って映画を制作している。

どの川も

🏴‍☠️ **オレーシャ・モルフネツ＝イサエンコ**

😐 I кожна річка

📅 2022 年

📍 ウクライナ

🏛

🎙 ウクライナ語、ロシア語

🕐 80 分

⚙️ オレナ・ヤコヴェンコ、
オレーシャ・モルフネツ＝イサエンコ

📄 アナスタシア・マテシコ、
オレーシャ・モルフネツ＝イサエンコ

🎥 エヴゲン・キレイ、オレクサンドラ・ズプチェンコ

🎦 オクサナ・ヤコヴレワ

🎵

IMDb https://www.imdb.com/title/tt21990200/?ref_=nm_knf_t_3

▶️

🌐

図1

図2

図3

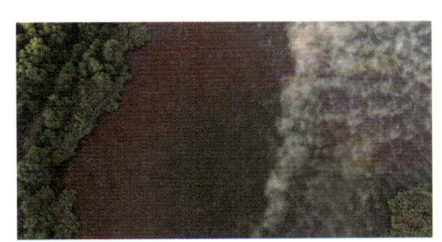

図4

　監督自身の個人的な川への思い入れから語り起こされる本作は、ソ連時代の映像をふんだんに引用しながら、ウクライナの美しい自然とその破壊が進む現状を広く伝える。ウクライナは国土の56%が農地で、ヨーロッパの穀倉庫と呼ばれてきたが、そのために大きな代償を支払ったのだ。ソ連時代の灌漑工事のために設けられた水路のため、森の木は伐り倒された。川沿いに植えたトウモロコシやひまわりは、川の水を吸い取ってしまう。井戸を掘るにも、以前より深く掘らなければいけなくなっているのだ。

　環境破壊は、もちろんソ連時代だけに起因するものではない。現代においても、国中の至るところで川は汚染されている。自分の農地を拡大するため、河岸を削る農家もいる。市民が捨てたゴミは散乱し、生活用水がそのまま川に流れ込んでいることもある。リサイクルを名乗る会社は、プラスチックごみを川のそばに大量に廃棄している。

　ソ連時代、ウクライナ北部に位置する広大な湿地帯ポリーシャでは埋め立てが進められ、記念碑さえ建てられた【図1・2】。ある科学者たちは、埋め立ての結果、周囲の川や湖の面積は縮小し、同地を流れるプリピャチ川やドニプロ川の流域面積も減少すると予測していたが、別の科学者たちはその反対を主張していた。結果、前者が正しかったことが判明するのだが、すでに手遅れである。湿原は干上がり、肥沃な大地も失われてしまった。

　ドナウ・デルタの河口に位置するヴィルコヴェは、かつて水上を人々が自在に行き交い、「ウクライナのヴェニス」と呼ばれていた【図3】。現在、観光客を乗せたボートが走る川は確実に水量を減らしており、住民の生活を支えていた魚の漁獲量も激減してしまった。リヴィウ州では硫黄が発見されると巨大なコンビナートが建造され、現在その工場は環境汚染のリスクを抱えたまま廃墟となっている。だがもうすでに周辺の住民の多くはガンを発症している。工場周辺の井戸水を飲んでいるためである。

　ソ連時代に建設されたドニプロ水力発電所は、ウクライナ経済を支えるドンバスの工業地帯に長年電力を共有してきた。しかしその繁栄の裏側では、汚染水が流出して川を赤く染めていた【図4】。2014年以来、この地では領土と資源を求めての戦争が続いていることにも言及される。将来、水を求めての戦争が起きると言われる中で、子供たちのため、今流れる川を大切にすることを監督自らが訴える。

マイダン革命以降

20 年前に姿を消した父を追って、兄弟はルクセンブルクへ向かう

ルクセンブルク、ルクセンブルク

- 👤 **アントニオ・ルキチ**
- ⊖ **Люксембург, Люксембург**
- 📅 2022 年
- 📍 ウクライナ
- 🎞 ForeFilms
- 🔊 ウクライナ語、スルジク、ドイツ語
- 🕐 110 分
- ⚙ ヴォロディーミル・ヤツェンコ、アンナ・ヤツェンコ
- 📝 アントニオ・ルキチ
- 🎥 ムィハイロ・ルバルシキー
- 🎞 マリヤ・ネステレンコ
- 👥 アミル・ナシロフ、ラミル・ナシロフ、ナタリヤ・フニチィ
- IMDb https://www.imdb.com/title/tt19783714/
- ▶
- 🌐

図 1

図 2

　映画は、1998 年、ポルタヴァ州の街ルブヌィに住む 7 歳の双子の兄弟コーリャとワーシャについて、フラッシュバックで語るところから始まる。現在の視点から語り手を務めるのは、コーリャである。彼が語るところでは、母はジーンズと皮ジャンを求めてセルビアへ行き、代わりに双子と夫を手にして帰ってきたのだという。浅黒い肌の色ゆえ、双子はロマと呼ばれることもある。ともに腕白な兄弟だが、機敏なワーシャに比べてコーリャはドジなところがある。忍び込んで遊んでいた貨物列車が走り出すと、ワーシャはすぐに飛び降りるが、コーリャは降りることが出来なくなって、父の助けを借りることになる。経済がどん底にあり、犯罪が横行していた独立から間もないウクライナではマフィアが暗躍していたが、双子の父もそうしたひとりだった。父は線路の上に立ちはだかって進路をふさぐことで列車を停め、息子を救出する。だが父はやがて、家族の前から姿を消してしまう。幼い子どもの記憶力を反映して父の顔が映ることはなく、記憶に残った身体の特徴は、父が手の甲に入れていたタトゥーだけである。

　20 年後、ワーシャは結婚し、警察官になっている。その一方、コーリャはバスの運転手を務め、その裏で密かにドラッグの売買に手を出していた。問題の多いコーリャはワーシャの出世の妨げとなり、稼ぎが増えず、妻や義父の不満の種となっていた。ある日、コーリャは在ルクセンブルクのウクライナ領事館からの電話を受ける【図 1】。領事館の職員から、彼の父親がルクセンブルクの病院に入院しており、危篤だと知らされるのである。コーリャは父の元に駆けつけようとして母とワーシャに電話のことを告げるが、父親を裏切り者だと考えるふたりは、会わない方が身のためだという。コーリャはパスポートを申請し、仕事をしながら発行を待つ。その間、彼は乗客が駆け込んできたにもかかわらず無理にバスを発車させたことで、彼女に両手骨折の重傷を負わせてしまう。コーリャはまったく悪びれることなく責任は女性にあると主張するが、彼女が訴訟を準備していると聞いて、自宅に通って日常生活の手助けをすることになる。改心するまでには至らないながら、彼なりの良心を示している間、ワーシャはコーリャがバスに隠していたドラッグを発見した同僚から、もう庇いきれないと警告を受ける。コーリャを地元に置いておけないと判断したワーシャは、ある魂胆を持ってルクセンブルクへ兄弟とともに車を走らせる決心をする【図 2】。

　ルクセンブルクの病院へ到着すると、父はすでに一日前に亡くなっていたことが判明する。双子の兄弟は対面した遺体の手にタトゥーがないことを確認して、父でないと断定する。領事館の調べで、その遺体の正体は父のパスポートを所有していた不法移民であったことがわかり謝罪される。お詫びとして招待されたレストランで、ワーシャがトイレに席を立った際に電話が鳴り、コーリャは兄弟のフリをして受け取る。電話の相手はウクライナにいる警察の同僚からで、コーリャは自分が母国に帰ればすぐ逮捕されるため、ルクセンブルクへ置き去りにされる計画があったことを知る。トイレでは、計画を打ち明けられないワーシャがひとりで悶々としていた。映画はその後、ワーシャがひとりでウクライナへと戻る道中を映し出す。彼は立ち寄ったガソリンスタンドで、年老いた店員の手の甲に、父と同じタトゥーが彫られているのを認める。立ち去る際、ワーシャは店員がタバコの空き箱を拾う姿を見て、涙を流すのだった。

分離派の攻勢に遭う国境警備隊の孤立した戦いで浮かぶ、双方の論理

オン・ザ・フロント・ライン：極限戦線

アフテム・セイタブラエフ

Мирний-21

2023 年

ウクライナ

Istmen Films

ウクライナ語、ロシア語

117 分

ヤロスラフ・ヤリシ、セルヒー・カストルヒフ、
アナトリー・コツュルバ

アンドリー・サニン、マクシム・デヴィゾロフ、
パヴロ・リー、ヴィクトル・ジダノフ、
マリヤ・シトファ

https://www.imdb.com/title/tt26225074/?ref_=nm_
flmg_t_1_dr

図1

図2

冒頭はマイダン革命のドキュメンタリー映像である。ヤヌコーヴィチが秘密裏に国外へ逃亡する、防犯カメラが捉えた実際の映像も流される。本作は、革命後の国内の混乱の中、不安定化した東部のルハンシクでロシアとの国境を守った警備隊に捧げられている。国内が混乱状態に陥る中、クリミアはロシアに併合された。ルハンシクでは、クリミアの例を参考に、武力衝突を避けてロシアに併合させようとする工作が活発化していた。

2014年5月、国境警備隊のマクシムが、勤務中に父親と電話で言い争っている。新興財閥で多方面に顔の利く父親は、いつもマクシムの不祥事の尻拭いをし、息子の方でも口やかましい彼を疎ましく思っていた。マクシムの目の前に、国境を侵犯してきた老人が現れる。マクシムは父親との会話を優先し、一見無害に見える老人を見逃すのだが、実は彼こそが工作員なのだった。このように、この若い兵士にはいつも間の悪いところがある。国境警備隊を率いるアヴジェエフは、不安定化する国境を守るため、ルハンシク州政府に支援を頼みに赴くが、「誰と戦うためだ？」と一蹴される。彼が建物の外へ出ると、入り口の周囲にはゲオルギーリボンをつけた親ロシア派の兵士に取り囲まれている。分離派の多いこの地域で、彼らの任務はきわめて困難なものだった。マクシムはオーリャと知り合い、自宅に呼ばれるが、彼女の父親は分離派で、そこに仲間が集まっていたために、またトラブルに巻き込まれてしまう。実際はオーリャにはヴラドという恋人がいて、マクシムとの仲は発展せず、ただ男たちの間に時々緊張が走ることになる。ヴラドはベッドでオーリャに、西部に転属になったらついてきてくれるかと尋ねる。「ヨーロッパに近い」というのが口説き文句なのだが、オーリャは「向こうでは私たちは他人だし、こっちにいる方が安全」と現実的である。

「ロシア！」と連呼しながら国民投票を呼びかけるデモ隊が街を行進する中、アヴジェエフが今度はウクライナ保安庁のルハンシク地方事務局へと向かう。そこには分離派を率いるモロトフがいて、アヴジェエフが捕らえられた彼の部下について尋ねると、右派と取り違えただけだと嘘ぶく。モロトフは、アヴジェエフを自らの陣営に勧誘する。分離派は個々の国境警備隊員に寝返るように働きかけ、両者の間の緊張が高まっていく。モロトフは警備隊の基地までやってきてアヴジェエフに投降を勧め、最後の警告をする【図1】。アヴジェエフが断り、やがて分離派の基地への攻撃が始まる。ロシアの支援を受けた分離派には追撃砲があり、武力の差は歴然としている。空軍の援助により追撃砲を斥けるが、分離派の元に装甲車が調達されると、警備隊は退却を余儀なくされる【図2】。退却の際、反目するマクシムとヴラドが後方支援を名乗り出、互いに命懸けで敵を追い払おうとする中、マクシムが負傷する。朦朧とする意識の中でマクシムが父親に電話をかけ、ヴラドが自分たちの居場所を座標で伝える。父親がどこかへ電話をかけると、黒塗りの車がマクシムたちの元へ即座に駆けつけ、ふたりを国境警備隊の脱出ポイントまで連れていく。マクシムたちのおかげで、全員が無事脱出することに成功する。アヴジェエフがマクシムの父に電話をかけ、勇敢な息子だと伝えると、父は肩を震わせて涙を流す。

映画はパヴロ・リーに特別の謝辞が捧げられている。本作で一時捕虜となる兵士を演じた彼は、映画完成直後に義勇軍に加わり、ロシア軍の爆撃を受けイルピン郊外で亡くなった。きわめてナショナリスティックな題材を扱いながら、クリミア・タタール人監督のセイタブラエフは、分離派の攻勢に遭う国境警備隊の孤立した戦いを、驚くほど冷静に双方の論理を並行させて描いている。

マイダン革命以降

参考文献

【ウクライナ語文献】

Брюховецька, Л.І. Іван Миколайчук. К. 2007.

Кіно часів своєї юності. К. 2008

Кіносвіт Юрія Іллєнка. К. 2017.

Приховані фільми: Українське кіно 90-х. К. 2003.

Зубавина І.Б. Кінематограф незалежної україни: тенденції, фільми, постаті. К. 2007.

Час і простір у кінематографі: монографія. К. 2008.

Миславський В.Н. Історія українського кіно 1896-1930: факти і документи. Т. 1-2. Харків. 2018.

Олександр Довженко: маловідомі сторінки. Харків. 2015.

Перше десятиліття кінематографічної творчості Олександра Довженка. Харків. 2019.

【ロシア語文献】

Абдуллаева З.К. Кира Муратова: Искусство кино. М. 2008.

Григорян Л.Р. Параджанов. М. 2011.

Корниенко И.С. Кино Советской Украины: Страницы истории. М. 1975.

Миславський В.Н., Гергеша В.Г. Механик-изобретатель Иосиф Тимченко в документах и воспоминаниях. Харьков. 2012.

Ямпольский М.Б. Муратова: Опыт киноантропологии. СПб. 2008.

【英語文献】

Joshua First, *Ukrainian Cinema: Belonging and Identity During the Soviet Thaw (Kino: the Russian and Soviet Cinema Series)* (London: Tauris Academic Studies, 2014).

Nancy Condee ed., *Soviet Hieroglyphics: Visual Culture in Late Twentieth-century Russia* (London, BFI Publishing, 1995).

Richard Taylor, Ian Christie eds., *Inside the Film Factory: New Approaches to Russian and Soviet Cinema* (London: Routledge, 1994).

Sander Brouwer ed., *Contested Interpretations of the Past in Polish, Russian, and Ukrainian Film: Screen as Battlefield (Studies in Slavic Literature and Poetics, 60)* (Leiden: Brill Academic Pub, 2016).

【日本語文献】

岩本憲児『ロシア・アヴァンギャルドの映画と演劇』（水声社、1998 年）。

大石雅彦、田中陽編『キノ：映像言語の創造（ロシア・アヴァンギャルド）』（国書刊行会、1994 年）。

衣川靖子「映画の中のウクライナ：オデッサの階段、ひまわり畑、愛のトンネル」原田義也、服部倫卓編著『ウクライナを知るための 65 章』（明石書店、2018 年）、240-244 頁。

山田和夫『ロシア・ソビエト映画史：エイゼンシュテインからソクーロフへ』（キネマ旬報社、1997）。

ネーヤ・ゾールカヤ（扇千恵訳）『ソヴェート映画史：七つの時代』（ロシア映画社、2001）。

パトリック・カザルス（永田靖、永田共子訳）『セルゲイ・パラジャーノフ』（国文社、1998 年）。

マレク・ハルトフ（西野常夫、渡辺克義訳）『ポーランド映画史』（凱風社、2006 年）。

紙幅の都合上、ここでは映画関連の文献のみを挙げた。その他、雑誌論文や筆者が寄稿したものも含む日本劇場公開時のパンフレットを多数参考にしたが、割愛する。

あとがき

2022 年 2 月 24 日以降、日本でウクライナへの関心が急速に高まったとき、ウクライナ映画をどう紹介するかは皆手探りの状態だった。私にとっては、大学院の先輩である安達大輔さんに声をかけられて、SRC 緊急セミナー「ウクライナ情勢：文化面での反応」に参加したのが最初の活動だった。間もなく前東京国際映画祭ディレクターの矢田部吉彦さんを中心として、ウクライナ映画人支援緊急企画なるチャリティーイベントの上映会が考案され、同映画祭元スタッフの有川理恵さんを通じて企画に加わり、たいへん得難い経験を得ることができた。

その後、当時アルバトロス・フィルムの北神奈津子さん、パンドラの中野理恵さんと高橋芽惟さんとは、それぞれウクライナ映画作品の劇場配給のため、毎日膨大なメールをやり取りすることになった。未知のウクライナ映画を紹介するため、パンフレットの記述や関係者インタビューに細心の注意が払われたのだ。サニーフィルムの有田浩介さんには、セルゲイ・ロズニツァ『キエフ裁判』の劇場用パンフレットに掲載した解説を本書に転載するに際して、快諾してもらった。ムヴィオラの武井みゆきさんには、ウクライナ映画 100 本について話すというマラソンのような講演の機会を与えてもらい、その経験は本書を書く際、大いに役立つことになった。

大阪公立大学の大山万容さんにはたびたび大阪に呼んでもらい、ウクライナ映画に関する講義の機会を提供してくれた。教育学を専門とする大山さんとは、ウクライナ映画をどのように見せるかという共同研究の最中で、今後も映画の見せ方について一緒に考えていく予定である。大学院の先輩である守屋愛さんには、主宰されているロシア語映画発掘上映会での解説役をたびたび任命され、ロシア語映画という観点からウクライナ映画を考えるきっかけを得た。大学・大学院・留学先まですべて同じ先輩である鴻野わか菜さんには、地方および芸術祭でのウクライナ映画紹介という任務を授かり、活動に新たな幅を得ることができた。

友人のナタリヤ・ホメンコさんには、ウクライナ語やウクライナ文化の分からない点について、いつも丁寧に教えてもらった。これまで黙々とウクライナ文学の紹介に貢献してこられた原田義也さんには、短い時間で原稿をチェックしてもらった。原田さんに曲がりなりにもお墨付きをいただいたことで、本書を江湖に問うことができる。もちろん本書に何らかの間違いがあれば、それは私の不注意と不勉強ゆえである。

以上の全ての方々、その他ここに名前を全て挙げることのできない、ウクライナ映画について執筆あるいはお話しする機会を与えてくれた大勢の方々に心からお礼を申し上げる。SNS を一切やらない私に代わって、いつも積極的に情報を発信してくれる、Mitte の渡辺千里さんと松川充さんにも、感謝の気持ちを忘れたことはない。編集者の濱崎誉史朗さんには、最初にお話をいただいてから、自分の怠慢ゆえに原稿をしばしばお待たせすることになってしまった。本書は世界シネマ読本の vol.1 と銘打たれている。実は、濱崎さんと最初に企画していたのは、今回刊行されたものとは異なる本であった。世界はあまりに多彩である。情報の氾濫と反比例してよその世界への関心が薄れているように感じられる昨今、映画は今ここにいる場所とは違った世界を見せてくれる、貴重な窓である。紹介すべき映画は星の数ほど存在し、まだまだやるべきことは多い。

私はこれまで映画を見て勉強しようとか、何かの役に立てようなどとは一度も思ったことがなかった。ただ自分が使える語学の知識を用いて、関心の赴くままに、ひたすら映画を見てきただけに過ぎない。自分の人生の時間を映画で満たしていれば、満足だった。この極めて個人的な営みが、気付けば多くの人と出会うきっかけになり、日本の観客に未知の映画を届けることになっていた。映画を見るということは他者や世界に関心があるということなのだから、映画があふれた世界はもっとより良いものになるだろう。こうして私はこれからも、映画を紹介していく。

世界シネマ読本 Vol.1

ウクライナ映画完全ガイド

ロシア帝国時代からマイダン革命以降の現代まで

2024 年 9 月 1 日初版第 1 刷発行

梶山祐治（カジヤマ・ユウジ）

ロシア・ウクライナ・中央アジア映画研究者。東京外国語大学卒業後、ロシア国立人文大学大学院留学を経て、東京大学大学院博士課程単位取得退学。博士（文学）。中央アジア今昔映画祭やオンラインによるロシア・中央アジア映画上映会、その他の上映企画・映画祭等で日本未公開作品の紹介を行う。字幕翻訳・監修多数。

著者	梶山祐治
装幀＆デザイン	合同会社パブリブ
発行人	濱崎誉史朗
発行所	合同会社**パブリブ**
	東京都中央区東日本橋 2 丁目 28 番 4 号
	日本橋 CET ビル 2 階
	Tel 03-6383-1810
	https://publibjp.com/
印刷 & 製本	シナノ印刷株式会社